物业服务

仲勇◎著

清华大学出版社
北京

内 容 简 介

物业行业的快速发展导致物业服务的边界越来越模糊，物业行业迫切需要更科学的理论和方法去指导实践，一方面可以解决当前面临的一系列问题，另一方面还可以促进行业的可持续发展。

本书结合实践案例，从物业服务的提出、物业服务的需求、物业服务交付体系、物业服务的运作和物业服务的发展 5 个部分系统剖析和探讨了物业服务。

本书不仅适合物业服务从业人员使用，也可作为高等院校物业管理及相关专业学生的教材，还可供政府部门物业行业管理人员参考。

本书封面贴有清华大学出版社防伪标签，无标签者不得销售。
版权所有，侵权必究。举报：010-62782989，beiqinquan@tup.tsinghua.edu.cn。

图书在版编目(CIP)数据

物业服务 / 仲勇著. -- 北京：清华大学出版社，2025.5. -- ISBN 978-7-302-68700-9

Ⅰ.F293.347

中国国家版本馆 CIP 数据核字第 2025QY0076 号

责任编辑：梁媛媛
封面设计：李　坤
责任校对：周剑云
责任印制：丛怀宇

出版发行：清华大学出版社
网　　址：https://www.tup.com.cn, https://www.wqxuetang.com
地　　址：北京清华大学学研大厦 A 座
邮　　编：100084
社 总 机：010-83470000
邮　　购：010-62786544
投稿与读者服务：010-62776969, c-service@tup.tsinghua.edu.cn
质量反馈：010-62772015, zhiliang@tup.tsinghua.edu.cn
课件下载：https://www.tup.com.cn, 010-62791865

印 装 者：三河市铭诚印务有限公司
经　　销：全国新华书店
开　　本：185mm×260mm　　印　张：13.5　　字　数：328 千字
版　　次：2025 年 5 月第 1 版　　印　次：2025 年 5 月第 1 次印刷
定　　价：59.00 元

产品编号：107189-01

前言

物业服务在我国已经发展40多年，为我国的经济发展做出了巨大贡献。如今，物业产品包括住宅、学校、医院、写字楼、产业园区、公共场馆、城市管理等多种业态。物业服务人员的辛勤付出使得整个行业在城市化进程的大背景下取得了长足的进步。

很多人小时候都玩过万花筒，只要往筒眼里一看，就会出现一朵美丽的"花"，如果将它稍微转一下，又会出现另一种花的图案，不断地转，图案也在不断变化。我国的物业服务行业就类似于万花筒这样一种形态，因为城市空间类型的不同及相应使用者的需求不同，物业服务内容呈现了多样性。随着我国经济的进一步发展、改革的进一步深化，物业服务行业未来将日新月异，并将改变我们的工作、学习和生活方式。

物业行业属于服务业，本书从服务科学的视角构建物业服务知识体系，希望带领更多的学者和从业人员从服务的视角去分析、探讨物业服务行业的发展。服务科学从20世纪至今已经发展得比较成熟，本书运用服务科学的理论和方法构建物业行业的知识体系，从客户需求出发，树立"客户需求是物业服务的起点"的理念，建立在新时代背景下物业服务的交付体系，希望能解决行业当前面临的一系列问题，促进行业的可持续发展。

本书共分为5个部分16章，具体包括物业服务的提出、物业服务的需求、物业服务交付体系、物业服务的运作和物业服务的发展。第一部分提出了物业服务的概念，剖析了物业服务的本质。第二部分借助服务科学的工具，探讨了物业服务需求的识别、分析和管理。第三部分阐述了如何构建物业服务的交付体系。第四部分从组织、人力资源、供应关系、外部利益相关者、建筑物管理、质量管理、服务补救等方面探讨了物业服务的实施运作。第五部分阐述了物业服务未来在新技术应用、区域化、品牌化方面发展趋势的思考。

由于笔者学术水平和实践经验有限，书中难免有疏漏或考虑不周的地方，敬请广大读者批评、指正。

仲 勇

目 录

第一部分　物业服务的提出

第一章　物业管理与物业服务 3

第一节　物业管理的起源 3
　一、我国古代和物业管理相关的服务 3
　二、现代物业管理的起源 4
　三、现代物业管理的发展 5

第二节　现代物业管理在我国内地的产生与发展 5
　一、现代物业管理在内地的产生 6
　二、现代物业管理在内地的发展 6

第三节　物业管理与物业服务的思考 7
　一、物业管理行业产生的原因 8
　二、物业管理行业在我国快速发展的原因 8
　三、物业服务的思考 9

本章参考文献 10

第二章　物业服务的概念 11

第一节　提出物业服务的原因 11
　一、传统物业管理理念 11
　二、物业行业像万花筒 12
　三、"物业服务"视角的优势 13

第二节　服务的定义与分类 14
　一、服务的定义 14
　二、服务的分类 15

第三节　物业服务的定义 16
　一、物业的内涵 16
　二、基于物业所产生的服务 17
　三、定义物业服务 18

本章参考文献 19

第三章　物业服务的剖析 21

第一节　服务互动的本质 21
　一、服务接触 21
　二、服务互动 22

第二节　服务的整体视角 24
　一、服务剧场理论 24
　二、角色和剧本理论 25

第三节　物业服务的本质 25
　一、我国目前物业行业的服务种类 25
　二、物业服务接触-互动模型 27
　三、物业服务是服务组合 29

本章参考文献 31

第二部分　物业服务的需求

第四章　物业服务的需求及相关概念 35

第一节　需求的概念及分析过程 35
　一、需求的概念 35
　二、需求的分析过程 35

第二节　常用的需求分析工具 36
　一、客户旅程地图 36
　二、KANO 模型 37

第三节　物业服务的需求分析过程 38
　一、物业服务的需求识别 38
　二、物业服务的需求分析 39
　三、物业服务的需求管理 42

本章参考文献 43

第三部分 物业服务交付体系

第五章 服务理念与服务设计 47

第一节 服务理念 47
一、服务理念的确定 47
二、服务理念的重要性 48
三、服务理念的贯彻 49

第二节 服务设计 49
一、服务设计的概念 49
二、为什么需要服务设计 50
三、服务设计的内容 52
四、服务设计的方法 53

第三节 服务蓝图 53
一、服务蓝图的产生 53
二、服务蓝图的构成 54
三、服务蓝图构建的步骤 55

本章参考文献 56

第六章 物业服务交付体系的构建 59

第一节 描绘客户旅程地图 59
一、目标客户分析 59
二、A演艺中心的客户旅程地图 59

第二节 A演艺中心物业服务的需求分析 65

第三节 物业服务设计 66
一、确定服务理念 66
二、描绘物业服务蓝图 66
三、服务接触的梳理 71

第四节 物业服务交付体系 72

本章参考文献 74

第四部分 物业服务的运作

第七章 物业服务的实施 77

第一节 物业服务的计划 77
一、为什么要制订物业服务计划 77
二、项目的物业服务目标 77
三、项目的物业服务计划 78

第二节 物业服务的组织 82
一、物业服务项目的组织架构 82
二、物业服务项目组织设计要素 83

第三节 物业服务的制度框架 84
一、项目的物业服务制度框架 84
二、作业规范的制定 85

本章参考文献 88

第八章 物业服务的人力资源实践 89

第一节 物业服务员工的角色 89
一、物业服务员工是客户满意的基石 89
二、物业服务员工的角色压力 90

第二节 物业服务的人力资源策略 91
一、一线员工的人力资源策略 91
二、物业服务管理者的人力资源策略 94

第三节 物业服务的培训实践 95
一、物业服务培训的基本类型和步骤 95
二、一线物业服务人员的培训实践 96
三、物业服务管理者的培训实践 98

本章参考文献 100

第九章 物业服务的供应关系 101

第一节 物业服务供应关系的分类和选择 101
一、物业服务供应关系的分类 101
二、物业服务企业供应关系的选择 102
三、物业服务业务外包的优缺点 103

第二节　供应商的选择与常见的合同
　　　　类型 104
　　一、供应商的选择 104
　　二、物业服务供应商的常见合同
　　　　类型 106
第三节　物业服务供应商的管理和
　　　　评价 107
　　一、物业服务供应商的管理 107
　　二、服务供应商的评价 109
本章参考文献 111

第十章　物业服务外部利益相关者关系管理 113

第一节　物业服务主要的外部利益
　　　　相关者 113
　　一、与物业企业相关的主要外部
　　　　利益相关者 113
　　二、为什么要关注外部利益
　　　　相关者 114
第二节　物业服务的客户关系管理 116
　　一、物业服务的客户细分 116
　　二、物业企业客户的分层管理 117
　　三、提高客户忠诚度 119
　　四、减少目标客户流失的措施 122
第三节　其他外部利益相关者关系
　　　　管理 123
　　一、其他外部利益相关者的
　　　　影响 123
　　二、其他外部利益相关者影响的
　　　　程度 123
　　三、其他外部利益相关者的关系
　　　　管理 124
本章参考文献 125

第十一章　物业服务的建筑物管理 127

第一节　物业服务的建筑物承接 127
　　一、建筑物的承接查验 127

　　二、承接查验阶段基础资料的
　　　　收集和建立 129
　　三、承接查验阶段建筑信息模型的
　　　　构建 129
第二节　物业服务的建筑物改进 130
　　一、建筑物的安全和功能实现
　　　　方面 130
　　二、建筑物的服务场景方面 132
第三节　物业服务的建筑物维护 134
　　一、建筑物的维护管理 134
　　二、建筑物的维护策略 135
第四节　物业服务的建筑物能源管理 137
　　一、建筑物的能源管理 137
　　二、能源管理措施 139
本章参考文献 140

第十二章　物业服务的质量管理 143

第一节　物业服务质量 143
　　一、物业服务质量的概念 143
　　二、客户感知物业服务质量的
　　　　特点 144
第二节　测量物业服务质量 145
　　一、物业服务质量的测量 145
　　二、物业服务质量的软性测量 146
　　三、物业服务质量的硬性测量 149
第三节　提高物业服务质量 150
　　一、服务质量差距模型 150
　　二、客户期望的引导 152
　　三、物业服务质量的提高 152
本章参考文献 156

第十三章　物业服务失误与补救 159

第一节　物业服务失误 159
　　一、服务失误 159
　　二、物业服务失误的类型 160
第二节　服务补救及其作用 161
　　一、服务补救 161
　　二、服务补救的作用 161

第三节 物业服务补救机制的建立 163
　一、物业服务补救机制 163
　二、服务补救的前期准备 164
三、失误补偿措施 165
四、失误分析改进 167
本章参考文献 168

第五部分　物业服务的发展

第十四章　新技术在物业服务中应用的思考 171

第一节　新技术与物业服务 171
　一、新技术对物业服务的影响 171
　二、物业服务应用新技术的目的 173
第二节　现有服务体系框架下需求对象的视角 174
　一、确保建筑物功能实现方面 174
　二、建筑空间内使用者方面 175
第三节　现有服务体系框架下企业自身的视角 177
　一、提高服务运营方面 177
　二、提高经营绩效方面 178
第四节　新技术促进服务能级提升的思考 179
第五节　物业服务企业新技术应用的建议 181
　一、管理层面 181
　二、技术层面 182
本章参考文献 183

第十五章　物业服务区域化的思考 185

第一节　物业服务的区域化 185
　一、物业服务的区域化趋势 185
　二、物业服务区域化的优势 186
第二节　物业服务区域化推进 187
　一、物业服务区域化推进的总体思考 187
　二、物业服务区域化推进的步骤 188
第三节　物业服务区域化推进的难点思考 192
　一、员工从"项目化"到"区域化"的意识转变 192
　二、区域化对员工有更高的要求 192
　三、项目工作和区域工作的平衡 193
　四、条线经理和物业经理工作矛盾的化解 193
本章参考文献 194

第十六章　物业服务品牌建设的思考 195

第一节　物业服务品牌及其建设框架 195
　一、服务品牌 195
　二、物业服务品牌的建设框架 195
第二节　物业服务品牌策略和定位 196
　一、物业服务品牌策略 196
　二、物业服务品牌定位 197
第三节　物业服务内外品牌建设 198
　一、内部品牌建设——品牌实现 198
　二、外部品牌建设——品牌承诺 200
　三、塑造品牌文化 203
本章参考文献 204

第一部分
物业服务的提出

- 物业服务的提出
- 物业服务的需求
- 物业服务交付体系
- 物业服务的运作
- 物业服务的发展
- 客户

第一部分提出了物业服务的概念，剖析了物业服务的本质。随着我国经济的快速发展和改革开放的进一步深化，物业行业所处的内外部环境也发生了巨大的变化，传统的物业管理理念已经不适应行业的发展。提出第一部分"物业服务"概念，从服务科学的视角审视行业，应用服务接触、服务剧场等理论剖析物业服务，理解了物业服务的本质，就可以科学地构建物业服务交互体系。

第一章　物业管理与物业服务

第一节　物业管理的起源

一、我国古代和物业管理相关的服务

物业管理和我们日常的工作、生活息息相关,并且扮演着越来越重要的角色。现代社会对物业管理的理解,主要是常规的保安、保洁、维修、绿化等服务内容,其实这些基础服务自古以来就存在于人们的生活中。保安服务类似于我国古代官宦人家的看家护院,图1-1是我国古代大户人家的门房间,窗户朝外,门对着主人家的大门[1],这和我们现在新建住宅项目的门卫室非常接近。保洁服务也是一样,过去俗称的"仆人"的"仆"字,繁体字写作"僕",其来源于甲骨文,右半部的"业"字代表"簸箕",该字就有清理垃圾的意思。

图1-1　我国古代的门房间

自古以来,物业管理的各项职能就一直伴随着人类社会的发展而存在,究其原因是因为人们生活中存在着相关的需求。马斯洛需要层次理论将人的需要分为生理需要、安全需要等五种基本需要,以及满足这些基本需要而应具备的一些先决条件,如求知需要、审美需要等[2]。物业管理的服务内容和其他行业一样,都是从不同角度、在不同程度上去满足人们的某种需要。例如,保安服务是为了满足人们的安全需要,如紧急状况下的应急响应、秩序维护等;绿化养护,使建筑空间内环境干净、美观等都是为了满足人们的审美需要。

物业管理是我国近四十年来发展起来的一个新兴行业,但仔细推敲可以发现,目前常

规的物业服务内容如保洁、保安、绿化养护、工程维修等，一直存在于人类发展的历史长河中，只是随着社会的不断发展，它的称谓及满足需求的方式逐渐发生了改变而已。

二、现代物业管理的起源

现代物业管理起源于英国，是英国城市化发展的产物。18世纪60年代，英国的工业革命不仅促进了各行各业的发展，同时也加快了英国的城市化进程，大量农村人口涌入城市。以伦敦为例，18世纪中叶到19世纪初期，其人口从67.5万人增长到236.2万人，几十年间人口的成倍增长，使其成为当时英国首个百万人口的大都市[3]。人口的无序涌入，对城市原有的市政管理模式、公共设施建设及生活方式等提出了极大挑战，一系列社会问题接踵而来，各种矛盾凸显，其中之一就是住房问题[4]。

弗里德里希·恩格斯(Friedrich Engels)在《英国工人阶级状况》中对伦敦当时的贫民区有这样一段描述："这里有1400幢房子，里面住着2795个家庭，共约12 000人。安插了这么多人口的空间，总共只有不到400码(1200英尺)见方的一片地方，由于这样拥挤，往往是丈夫、妻子、四五个孩子，有时还有祖母和祖父，住在仅有的一间10~12英尺见方的屋子里，在这里工作、吃饭、睡觉。"[5] 奥克塔维亚·希尔(Octavia Hill)在《伦敦穷人的家》(Homes of the London poor)中也写道："这个地方到处都是害虫；纸上沾满了灰尘，长长地挂在墙上；排水管被堵住了，供水中断了。……因此，居民们不得不在他们的小房间里洗衣服、做饭、吃饭和睡觉。"[6]

工人们恶劣的居住环境和住房问题给城市管理带来卫生、安全等方面的隐患，引起了英国政府和社会有识之士的广泛关注。英国各地方政府一方面成立市工程局、市卫生局等部门加强对城市工作的管理，另一方面相继出台了《公共寄宿法》《工人阶级住房法》等相关法律法规和制度来规范城市的住房。英国民间的一些慈善家也积极参与到住房建设中，力求改变这种状况堪忧的局面，其中最成功的案例就是奥克塔维亚·希尔1864年在伦敦马里波恩实施的住房实践改革。她所创建的这套合理有效的管理制度在1881年被慈善组织协会住房委员会命名为"奥克塔维亚·希尔制度"[7]。

奥克塔维亚·希尔认为，如果最差的房子管理得当的话，价值远超管理不善的房子[8]。她对名下的住房采取了如下措施加强管理[9]：①改善卫生状况；②防止过度拥挤；③鼓励定期支付租金；④保护安静、值得尊重的人不受声名狼藉的邻居的影响；⑤通过精心管理，尽可能降低租金；⑥改善房东和房客的关系等。针对房屋的管理者，奥克塔维亚·希尔认为过于年轻的人并不适合这项工作，所以她招募了一些有责任心、坚定、温柔、品格坚毅的女性来从事住房管理工作，并对她们进行专业技术培训，包括基本的财务知识、伦敦的税收政策、相关的法律问题等[10]。奥克塔维亚·希尔的这些措施在今天看来，仍旧有借鉴意义。

住房改革成功实施的第二年，奥克塔维亚·希尔开始接手其他住房项目，而且基督教会也把位于萨瑟克的财产委托给她，由她在那里培训妇女管理集体住房[11]。实施改革的同时，她还发表了《伦敦穷人的家》一书，一方面提请大家注意城市住房糟糕的环境，另一方面宣传她在住房改革方面的理念和经验。这本书后来吸引了很多有影响力的赞助者，包括维多利亚女王的二女儿爱丽丝公主，她还将这本书翻译成了德文[12]。自此，奥克塔维亚·希尔的经验不仅被推广至英国的其他城市，而且逐步传播到欧洲大陆及美国，从而被今天行业内的许多学者认为是现代物业管理的起源。

三、现代物业管理的发展

现代物业管理起源至今已经100多年，经历过城市化进程的国家势必都发展这样一种产业。由于每个国家城市化进程的方式不同，以及文化背景、发展阶段、政治体制等方面存在差异，现代物业管理在不同国家各有特色。

北美的物业管理让人印象最深的是服务的专业化和内容的多样化。美国房地产管理协会(Institute of Real Estate Management)对从业人员的认证分为三种：注册物业经理(Certified Property Manager，CPM)、认证住宅经理(Accredited Residential Manager，ARM)、认证商业经理(Accredited Commercial Manager，ACoM)[13]。这种按照产品类别和服务内容的不同，对从业人员的职业生涯进行专业化引导的思路值得我们借鉴。服务内容的多样化是指大多数物业公司的服务并不局限于通常所说的保安、保洁、工程服务、客户服务等，其宗旨是以客户为中心，客户的非核心业务就是自己的核心业务，服务范围非常广泛。以在纳斯达克上市的北美物业服务领域的领导者福思特斯维公司(First Service Corporation)为例，他们的服务内容不仅涵盖房屋修复、地板设计、安装服务及家庭存储等关于房屋内部的解决方案，还延伸至住宅外部的油漆刷涂、窗户清洁、房屋保险、消防等服务[14]。

日本的物业管理有两个比较鲜明的特点：一是环境的干净整洁；二是执行建筑物长期修缮计划。到日本旅游的游客都对日本干净的环境赞不绝口，究其原因是日本政府对建筑物的环境非常重视，并从国家层面对清洁工作进行了立法，颁布了《关于保护建筑物卫生环境法》《关于建筑环境卫生管理标准》《清洁作业及清洁用机械器具的维护管理方法等相关标准》等。因此，无论建筑物新旧与否，无论是哪家清洁公司，政府的要求完全一样，工作内容和标准也比较接近。同时，日本政府非常重视对建筑物的管理，并提出一个"建筑物百年"的计划。以前日本大楼的设计使用寿命在50~70年，但是政府认为，这个寿命太短，必须保证能够使用100年，所以物业管理工作中有一项内容是执行该建筑物的长期修缮计划。

可以看出，北美的物业管理特点和日本的物业管理特点并不相同。尽管都是城市化发展的产物，但物业管理和其他行业一样，会受到各个国家自身文化、地域、习俗等因素的影响，从而导致行业今后的发展路径有很大差别，在我国同样如此。

第二节 现代物业管理在我国内地的产生与发展

中华人民共和国成立后，中央政府将房屋收归全民所有，为了解决老百姓住房困难的问题，于1951年指示各级政府和各大城市尽量加大住宅建设投资，从而确立了我国计划经济时代这种以政府福利分房为主、个人自主租房为辅的住房分配制度和房产管理体制[15]。

居民的住房由国家统一分配,形成了计划经济时代在房屋管理上的三种形式:一是由房管所负责公房的管理、修缮和房租收缴;二是企事业单位成立后勤部门自行实施管理;三是少部分私房由业主自己管理。

这种模式一定程度上缓解了中华人民共和国成立初期老百姓的住房困难问题,但随着时间的推移,计划经济模式下的住房管理制度给整个国家经济的发展及老百姓的生活带来了许多问题。首先,福利分房体系下的公有住房租金收取与房屋日常管理、维护的支出不匹配,给国家财政带来很大负担;其次,计划经济模式下的住房分配制度显然和市场需求不匹配,因为住房建设投资完全依靠国家,渠道单一、数量有限,供需严重失衡,住房问题成为摆在每个家庭面前的头等大事,四世同堂现象非常普遍;最后,产权不是自己的,导致住户对房屋的修缮、维护没有积极性,而"大锅饭"式的房管所模式和住户的需求也严重脱节。

计划经济背景下的房屋管理模式形成了一种观念:每个公民是"单位人",单位包办一切,大家在住房管理上从来不花钱,没有付费的习惯。这种沿袭下来的思想观念在物业管理产生初期阻碍了行业的发展,导致住宅小区的物业管理费收不抵支,小区物业从业人员的积极性不高,直至今日一些城市依然存在政府补贴居民物业管理费的现象。

一、现代物业管理在内地的产生

1978 年,国务院批转了当时的国家建委提交的《关于加快城市住宅建设的报告》,拉开了我国商品房开发建设的序幕。随着深圳特区的建立和发展,特区房地产公司与香港妙丽集团合作开发了第一个涉外商品房小区——东湖丽苑,但这个商品房小区建设完成后由谁来管理呢?如果沿用传统的计划经济模式,涉及的相关政府部门不少于 15 个。鉴于上述困惑,特区房地产公司组织相关人员到香港地区学习,并于 1981 年 3 月 10 日成立了我国内地第一家物业管理公司——深圳市物业管理公司,对东湖丽苑小区实施专业化的物业管理,自此现代物业管理行业在我国内地诞生了[16]。现代化的住房管理模式很快获得了社会的认可,全国各地的物业公司像雨后春笋般快速出现,到 1999 年我国内地已有 12 000 家物业管理企业,从业人员达 150 万人[17]。

在全国各地城市化进程的推动下,新建商品住宅物业管理的需求越发凸显,而新事物带来的矛盾也层出不穷,当时的建设部和各地方政府陆续出台一些相应的法律法规指导行业的发展。尤其是 2003 年 9 月 1 日,国务院《物业管理条例》正式施行,从国家层面立法规范物业管理行业,理顺各相关主体的法律关系,并要求通过竞争机制选聘物业公司,为行业能够健康、有序地发展奠定了法律基础。这使得万科、中海等一大批优秀的物业管理公司脱颖而出。

二、现代物业管理在内地的发展

现代物业管理在我国内地发展已经 40 多年了,从全国组织机构统一社会信用代码数据服务中心获悉,截至 2024 年 7 月 31 日,我国物业管理企业数量为 54 万家[18],产品包括住宅、学校、医院、写字楼、产业园区、公共场馆、城市管理等多种业态。随着改革开放的进一步深化，物业行业也步入了快速成长期，尤其是资本的介入和物联网等新技术的应用，成为当前推动整个行业发展的双引擎。

2014年，彩生活服务集团在中国香港联交所主板上市。这家集物业服务、楼宇智能、社区服务为一体的科技型、综合型的物业管理企业成为我国第一家上市的物业管理公司，标志着物业管理行业得到了资本市场的认可，行业的发展步入了一个全新的时代。彩生活服务集团从传统物业管理的"四保"服务向社区服务提供商转型的突破，不仅是盈利模式的创新，更将大家的视线带进了拥有万亿体量的社区消费市场，使得"解决最后一公里"的智慧社区在一段时间内成为物业行业的一种时尚。资本市场的介入颠覆了人们传统的物业管理理念，有利于提高行业的集中度，促进物业企业逐步实现规模经济。同时，资本市场的介入为行业的技术创新带来了资金支持，企业可以更好地由传统服务业向现代服务业转型。据统计，截至2024年9月13日，A股和港股共有66家上市物业管理公司，总市值达到1969亿元。[19]

技术创新是行业发展的另一个助推器，国际电信联盟于21世纪初提出物联网的概念，给物业管理行业带来了巨大的冲击，使传统的劳动密集型服务逐步萎缩，取而代之的是借助物联网技术的新型服务方式。射频识别技术(Radio Frequency Identification，RFID)的应用将逐步减少物业管理企业对人工的依赖，保安、保洁、工程等各工种之间的联动将更加便捷，并且各工种之间的边界也会越来越模糊。建立在传感器上的传感网技术赋予了建筑物以新的生命，使得物业公司对建筑物的管理更加科学、有效，逐步摆脱了传统粗放的人工巡检模式。建立在云计算基础上的大数据分析，也让物业从业人员对客户的服务更加精准、贴心，从而推动物业管理行业从劳动密集向技术密集转型。

第三节　物业管理与物业服务的思考

物业管理行业从诞生之日起就得到了全社会的关注，但消费者对物业管理的投诉一直居高不下。2017年4月，上海市消费者权益保护委员会联合相关单位发布了《上海市民用物业管理现状调查》，针对徐汇区、长宁区、杨浦区、闵行区、浦东新区和松江区40个居委会2000名业主的调研显示，消费者对于物业管理公司的总体满意程度仅为69.7分。数据显示，对物业公司服务不满意的消费者中，29.0%的消费者认为物业公司支出不合理，26.5%的消费者认为物业公司支出不透明，25.5%的消费者认为物业公司的基础服务不到位，还有24.5%的消费者表示物业公司对外出租小区业主的车位，18.4%的消费者表示物业公司接到投诉后不管或管理不到位[20]。

而从事小区物业服务的从业人员却是叫苦不迭，他们调侃自己，"上辈子作孽，这辈子做物业"。北京中物研协信息科技有限公司在《2020物业服务企业综合实力测评报告》中统计，全国500强物业公司从业人员学历构成中，高层次学历人员相对较少，本科、硕士、博士三者总和占比不到10%。消费者和物业从业人员的认知为什么会有这么大的差别？这不能不引起我们深层次的思考。这个问题需要从物业管理行业产生的原因，以及它为什么在我国能得到快速发展两个角度进行分析。

一、物业管理行业产生的原因

本章第一节的阐述说明了现代物业管理所包含的服务内容,无论国内还是国外,自古以来就一直存在。18、19世纪的工业革命使人类社会的生产组织形式发生了根本改变,推动了各个国家城市化的发展,人口一方面从农村向城市迁移,一方面从小城市向大城市聚集。人口向城市聚集直接推动了城市住房的建设和基础配套设施的建设,那么,新建的建筑物如何有效管理,如何让城市井然有序,是城市管理者必须要面对的现实问题,至此现代物业管理应运而生。

尽管现代物业管理是城市化发展的产物,但其包含的服务内容自古就有,只是这些服务以前是零散的,现在被组合成一种集成服务,所以市场上有些公司提出了类似的企业使命——"服务商的集成商",其本质是随着社会的发展进步,满足消费者居住需求方式发生的改变。城市化的发展催生了房地产业的繁荣,城市居民在住房条件改善后,对生活的品质有了进一步要求,且需求变得多样化,对物业管理行业的期望值也越来越高。如果明白了这个道理,就理解了物业管理其实并不存在什么范式。它是城市化进程大背景下人们工作、学习、居住等空间改善后,所产生的新的市场需求,哪种方式能满足市场需求,哪种方式能让消费者满意,就是最满意的物业管理。

二、物业管理行业在我国快速发展的原因

现代物业管理是社会发展到特定阶段的产物,在我国特有的城市化进程、特定的文化传统及政治体制等大背景下,整个行业才有了现在的规模,这其中既有行业从业人员的主观因素,也有我国从计划经济向市场经济转型的客观因素。

从主观层面来说,最初的物业管理从业人员面临的整体市场环境并不是很好,相当一部分消费者习惯了以前政府打包一切的做法,没有支付物业管理费的习惯,所以最初物业管理费定价不高,价格调整机制也没有形成。随着人工成本的逐年上涨,管理住宅小区的物业公司逐渐收不抵支,在经营压力之下,物业从业人员不得不另行寻找商机,逐步突破了最初从香港地区引入的物业管理的内涵,有的经营者尝试向产业链上下游探索,如二手房买卖(万物云旗下朴邻·万科物业二手房专营店)、装修(南都物业旗下乐勤装饰工程有限公司)、家政(雅生活社区商业)等;有的经营者尝试延展产品结构,向非居住物业转型,如写字楼、机构物业、医院物业等;有的经营者尝试搭建商业平台,探索社区消费市场,围绕"最后一公里"做文章;有的经营者围绕消费者需求拓宽服务内容,如餐饮服务、咖吧服务、票务服务等。我国物业管理从业人员勤劳、勇敢、智慧,为物业行业探索出了很多有价值的经验和做法,推动了整个行业飞快地发展。

从客观层面来说,我国的改革开放使得整个社会发生了翻天覆地的变化,很多客观因素也促成了物业管理行业规模的指数级增长:①城市化所带来的房地产业的蓬勃发展,给物业管理行业带来了巨大的蓝海市场,大多数房地产公司都自行组建物业公司管理自己开发的项目;②政府相关部门的机构改革、事业单位的转企改制、后勤部门的剥离,使得大量闲置资产进入物业管理市场;③国有企业的改革,使得原来在国企后勤部门的工作人员

分流、下岗，成为物业行业从业人员；④房管所改制，房管所从以前的事业单位整体转制为物业公司。

上述主、客观因素使我国的物业管理行业的规模，从1999年的1.2万家发展至2024年的54万家，并且产品类别越来越丰富，已经突破了最初的服务内容，且服务的边界也越来越模糊。

三、物业服务的思考

从前面的分析可以发现，无论是奥克塔维亚·希尔采取的管理房屋的措施，还是后期物业管理在各个国家的发展，其实都是城市化的产物，是社会发展到一定阶段后，人们产生了这样的生活需求，自然而然也就出现了满足这些需求的服务。换句话说，物业管理所包含的服务是由市场决定的，是为了满足城市发展后人们生活的需求，也就是马斯洛需要层次理论中的人相应的需要。

和20世纪八九十年代相比，今天我国消费者的需求已经不仅仅是基本的生理需要、安全需要，人们对生活的期望在不断增长，现在更多的可能是社交需要、尊重需要等。通过分析上海市消费者权益保护委员会的统计数据可以发现，消费者不满意的地方大多是小区管理是否透明、停车难是否能解决，他们希望享有相应的权益，自己的诉求能得到尊重，物业管理所提供的服务能解决他们目前所面临的问题。马斯洛需要层次理论指出，人的需要是随着生活水平的提高而逐步改变的，而有些物业从业人员认为应当按照相关格式合同履行，所提供的服务就是"保安、保洁、维修、保绿"。这种消费者的需求和物业企业所提供服务之间的不匹配，是导致双方认知差距如此之大的主要原因之一。

现代物业管理诞生初期，大家都很期待，也正是因为消费者当时的需求得到了满足，才有了今天的市场规模。但今天消费者的需求发生了改变，他们希望物业企业收费更加透明、小区停车需求能得到满足、工作人员服务态度友善、物业企业能参与调解邻里纠纷……那么，如何满足大家今天的期待呢？难道物业管理指的就是"保安、保洁、维修、保绿"吗？

奥克塔维亚·希尔最初开创的是在当时社会环境下的一套住房管理经验，但其服务的内容并不仅仅局限于这些所谓的"基础服务"。她根据伦敦住房的现状梳理出工人阶级的住房需求，进而总结出的一套行之有效的做法，包括她专门为管理住房的妇女设置的培训课程，都是基于当时社会客观的市场需求。传统"四保"服务的认知误区也引起了物业行业很多有识之士的关注，他们认为目前我国很多非居住物业所从事的工作其实是国际上的"Facility Management"，翻译成中文叫"设施管理"，国内的物业管理应当向设施管理转型。Facility Management 的定义是"通过整合人员、场所、流程和技术等多个学科来确保建筑物环境功能的专业"[21]，应该说这个概念比较接近我们所从事的物业行业，但这个概念也很容易和我们平时所说的"设备设施管理"相混淆，后者的概念非常狭隘，立脚点是设备管理。

其实，现代物业管理从香港地区引入内地，经过40多年的积累和沉淀，已经走出了一条属于中国特色的发展之路，即确保一定建设规划区域内建筑物的功能实现，为满足建筑空间内使用者的需求而提供服务的这样一个行业。基于这个阐述，物业管理所提供的是一

种服务。那么，究竟是叫物业管理？还是叫设施管理？抑或是叫物业服务？哪种概念才能准确表达其内涵，这值得每一个物业管理从业人员深思。目前，行业内对物业管理隶属服务业已经达成共识，但实践运作中从服务科学的视角审视物业管理的却并不多。服务科学至今已经发展得相对成熟，用服务科学的理论方法去探讨、研究物业管理，是让行业回归本源。

本章参考文献

[1] 你们单位的保安室真的发挥作用了吗？[EB/OL]. (2020-10-14)[2024-10-25]. https://zhuanlan.zhihu.com/p/265598910?utm_id=0.

[2] Maslow A H . Motivation and personality, 3rd ed. , 1987.

[3] 汪蒙. 19 世纪英国城市工人阶级住房问题及对策分析[D]. 安徽师范大学，2011.

[4] 舒丽萍. 19 世纪英国的城市化及公共卫生危机[J]. 武汉大学学报(人文科学版)，2015，68(005)：86-92.

[5] 弗里德里希·恩格斯. 英国工人阶级状况[M]. 北京：中央编译出版社，2022.

[6] HILL O. Homes of the London poor[M]. Cambridge University Press, 2010.

[7] 丁建定. 从济贫到社会保险：英国现代社会保障制度的建立(1870—1914)[M]. 北京：中国社会科学出版社，2000.

[8] MALPASS P. Octavia Hill and the Social Housing Debate: Essays and Letters by Octavia Hill[J]. Housing Studies, 1998, 13(5)：739.

[9] HANKINSON A. Miss Octavia Hill's System of Management of Working-class Property by Trained Ladies[J]. Charity Organization Review, 1912, 32(187): 8-21.

[10] HILL O. Management of Houses for the Poor[J]. Charity Organization Review, 1899, 5(25): 20-28.

[11] Encyclopaedia Britannica. Octavia Hill[EB/OL]. (2024-08-0-9)[2024-10-25]. https://www.britannica.com/biography/Octavia-Hill.

[12] Octavia Hill Birthplace House. Social Housing[EB/OL]. [2024-10-25]. https://octaviahill.org/social-housing/.

[13] Institute of Real Estate Management. Certifications[EB/OL]. [2024-10-25]. https://www.irem.org/certifications.

[14] FirstService Corporation. Brands[EB/OL]. [2024-10-25]. https://www.fsvbrands.com/.

[15] 蔡玉卿. 建国前后的城市房地产管理工作——以 1949—1956 年的上海为个案[J]. 党史研究与教学，2010(5)：73-77.

[16] 彭武锦. 难忘的历程——内地首家物业管理公司成立及运作回忆[J]. 城市开发：物业管理，2017，5(505)：18-19.

[17] 张玉亭. 春江水暖唱大风——忆 1999 年第三次全国物业管理工作会议[J]. 中国物业管理，2011(5)：2.

[18] 沈慧. 我国服务业企业总量近 4700 万[N]. 经济日报，2024-08-16(002).

[19] 华泰|物管中报：业务收敛聚焦,国央企盈利改善[EB/OL]. (2024-09-20)[2025-03-19]. https://finance.sina.com.cn/stock/stockzmt/2024-09-20/doc-incptzku6341544.shtml.

[20] 徐晶卉. 消费者对物业管理满意度不高[J].文汇报，2017(3).

[21] DAVID C. The Facility Management Handbook[M]. American Management Association, 2014.

第二章 物业服务的概念

第一节 提出物业服务的原因

一、传统物业管理理念

所谓传统物业管理理念指的是目前社会上有相当一部分消费者和从业人员一提到物业管理，就联想到小区里面的保安、保洁、维修、绿化等基础服务。这种观念的形成有其时代背景，20 世纪 80 年代初从香港地区引入现代物业管理时，是基于东湖丽苑这样一个住宅产品，当时消费者的需求就是这些基础服务。随着社会的进步和人们生活水平的提高，消费者的需求已经发生了改变，产品类别也不再局限于住宅物业，导致市场上物业项目所包含的服务和业态呈现多样化的特征。

传统理念制约着物业行业的发展，使很多物业公司在开拓市场时仅仅考虑居住物业、写字楼物业，而忽略了医院、轨道交通、学校、公园、企业外包服务等蓝海市场，进而使市场上各种类型的消费需求无法得到有效满足。传统理念同样制约着物业企业的进一步发展，很多行业内曾经发展很好的公司，因拘泥于传统的基础服务，对不同类型业主方的服务需求缺乏针对性的解决方案，而无法实现可持续发展。在以下案例中，上海科瑞物业管理有限公司在上海松江巨人生物科技产业园项目上的失败值得我们深思。

【案例】上海科瑞物业的"恍然大悟"[1]

2010 年 7 月 1 日，上海科瑞物业管理有限公司(以下简称"科瑞物业")经过半年多的前期介入，正式开始负责位于上海市松江区的巨人生物科技产业园的物业管理。巨人生物科技产业园是史玉柱领导的巨人集团在上海的总部，占地面积为 688 亩，是集办公、商务、休闲、娱乐、生活为一体的综合性多功能园区。

科瑞物业对该项目极为重视，派了有园区工作经验的项目经理，配备了得力的工程人员和各条线主管，根据物业管理的服务范畴，制定了详细的管理方案，选择了专业技能最佳的秩序维护员、保洁员、绿化维护外包方，充满信心地开始了该项目的服务。

然而，接连不断的事故让双方都感到了问题的严重性。第一件事是业主方的领导对园区内的保洁工作不满意。由于该项目处于后期装饰阶段，边交付边施工，管理区域施工工人不断穿梭，保洁人员按计划频次刚刚清洁完的地面，很快又被弄脏了，尽管保洁人员增加了清洁频次，但业主方对保洁工作仍不满意。第二件事，科瑞物业接管该项目后不久就进入了盛夏季节，一次暴雨过后，由于建筑设计的缺陷和设备功率的不足，雨水灌入了地下室、设备房，造成了一定程度的设备损坏，影响了部分园区的功能运行，而这些设备还处于调试阶段，科瑞物业尚未正式验收接管。第三件事，当年10月的一天，有领导来园区考察，业主方领导陪同考察领导一起乘坐电梯时电梯发生故障，而电梯还在调试中尚未获得运行证。

分析这些事故的原因，的确可以将科瑞物业的责任撇得干干净净，业主方分管领导也认为确实不是科瑞物业的责任，管理处根据物业服务合同约定的责任，把认真履行的过程也说得明明白白，但业主方从上到下对科瑞物业都不满意。2011年6月30日，业主方以分管领导变动为由，在合同到期后重新招标，最终选择了一家外资物业管理企业，科瑞物业仅管理了一年就黯然退出。

经过事后总结和分析，科瑞物业才恍然大悟，巨人生物科技产业园项目失败的原因其实是认知出了问题，是传统的物业管理理念局限了大家的认知！

(资料来源：张一民. 由一个失败案例引发的观念变革——上海科瑞物业对转型升级的认识与行动[J]. 中国物业管理，2014(1)：15-17.)

事后，科瑞物业管理团队痛定思痛，对企业实施了大幅度的改革。这个案例也给我们带来了警示，国家的飞速发展，科技的日新月异，以及深化改革的种种举措正逐步改变我们现有的生活方式，也给物业行业的发展带来了蓬勃生机。突破原有观念的束缚，重新定义物业管理，更好地适应整个社会的发展迫在眉睫。

二、物业行业像万花筒

很多人小时候都玩过万花筒，只要往筒眼里一看，就会出现一朵美丽的"花"，如果将它稍微转一下，又会出现另一种花的图案，不断地转，图案也在不断变化。我国的物业管理行业就类似于万花筒的这样一种形态，因为随着服务业态的不同及相应使用者需求的不同，物业管理的服务内容呈现出了多样性。

当前，我国物业管理行业囊括的产品类别有医院、学校、机构、公共场馆、住宅、公园、园区、厂房、商业物业、写字楼、机场、地下空间、部队营房、城市物业等多种业态，并且还有逐步增加的趋势。不同的业态及相应使用者不同的需求，相当于万花筒被不同的人转动，可能会出现形形色色的服务场景。例如：除基础服务外，医院物业的服务内容还有医疗辅助服务、供应室服务、医废处理、设备运维、餐饮服务等，学校物业有搬运服务、整理书籍、校车服务、活动保障、外勤服务、会务服务等，机构物业有资产管理、司机服务、会务服务、总机服务、咨询服务、采购服务等。物业行业在我国呈现出"万花筒"这样一个形态(见图2-1)，给行业发展带来了更多的市场空间，但也对行业内的企业提出了更高的要求。

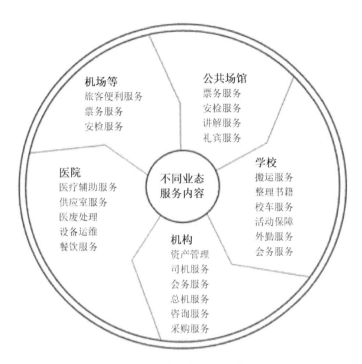

图 2-1 物业服务"万花筒"

三、"物业服务"视角的优势

"物业服务"概念，是从消费者的需求出发，从服务业的视角探讨物业管理行业而提出的，可以为行业健康、可持续发展提供一种新的思路，能够解决行业目前面临的某些困境。

物业服务的视角更切合实际，"万花筒"中所包含的服务，都是基于物业的业态和相应物业使用者的需求而产生的，这个视角把服务提供者的视线聚焦到鉴别和满足客户的需求上，而不是拘泥于传统的基础物业服务。这种从需求出发的思路，可以使服务提供者有针对性地进行服务活动，而活动的结果恰恰是客户的预期。同时，物业服务的视角要求服务提供者持续进步，提供的服务要随着客户需求的变化而变化，服务的内容不再是一成不变的，这样服务接收者和服务提供者认知上的鸿沟就得以弥合，行业的满意度必然也会上升。

同时，物业服务的视角可以将服务理论的研究成果加以应用，通过理论联系实际促进物业管理行业的第二次飞跃。物业行业本质上属于服务业的范畴，但我国当前的实践和服务业有所脱节，部分从业人员把它孤立地看成一个新兴行业，或者看成房地产业的延伸，甚至从管理学四大职能的角度出发构建理论体系，从而无法有效地指导实践。学术界关于服务的研究始于 20 世纪，至今理论成果颇丰，体系也较为成熟，从服务业的角度探讨物业管理行业可以使其回归本源，用服务科学的理论成果来指导实践，可以使所提供的物业服务更科学、更精准、更贴切地满足客户。

第二节　服务的定义与分类

一、服务的定义

20世纪中叶，服务业在发达国家国民经济中的地位越来越重要，许多学者尝试描述和定义服务，但由于视角或侧重点不同，加上服务活动的复杂性，导致其很难界定。最初大家普遍接受的是美国营销协会于1960年所给出的定义，"为销售提供的活动、利益或满足，或与商品销售相关的活动、利益或满足"[2]。20世纪70年代，以布鲁斯(Blois)为代表的部分学者认为这样定义服务很容易被解释为商品，建议修改为"服务是一种提供销售的活动，它产生利益和满足感，而不会导致商品形式的物理变化"[3]。部分学派认为服务活动有无形性、易逝性、同时性、异质性四大特性，他们从这四个特性出发去界定服务，今天看来还是值得商榷的。菲利普·科特勒(Philip Kotler)为了突出服务的"无形性"和"所有权"，将服务定义为"一方提供给另一方的无形且不会产生任何所有权的行为或利益"[4]。关于服务的定义有很多，相关研究领域的学者们众说纷纭，无法形成统一的意见。

近年来，随着研究的深入，服务活动无法造成所有权转移这一特性得到了学者们的一致认可。也就是说，无论是何种类型的服务，都不会涉及所有权的转移。沃茨(Wirtz)和洛夫洛克(Lovelock)在整合其他学者思路的基础上，将其定义为"服务是一方向另一方提供的经济活动。在特定的时间内，服务会给服务接收者(人或物或资产)带来预期的结果。顾客付出货币、时间和精力，期望通过服务组织所提供的货物、劳动力、专业技能、网络和系统等获得价值。但对于服务过程中出现的任何有形要素，顾客通常都无法获得其所有权"[5]。这个定义比较准确地界定了服务活动的特征。

该定义首先阐述了"服务是一方向另一方提供的经济活动"，说明服务行为是两个经济体之间的活动，否则就不存在提供服务的可能性。任何性质上不能委托或外包给另一个人或经济单位的活动，必须本质上视为非服务型活动[6]。这类活动，例如人的日常行为，吃饭、喝牛奶、睡觉、游泳，以及其他不能由一个人(或经济体)代表另一个人(或经济体)完成的功能。这些活动不可能有专门的生产单位，不可能有产业，也不可能有市场。

其次，服务接收者有预期的结果，而这个结果就是"物"或"人"状态的改变。无论服务提供者做什么，都必须以改变服务接收者状况的方式直接影响他，否则，实际上不提供任何服务。在绝大多数情况下，服务预期的结果可以通过比较提供服务前后属于接收者的人员或货物的状况来观察。服务提供的数量或程度大小必须以接收者的这些变化程度来衡量，而不是以提供者的行为来衡量。对于物品来说，服务预期的结果就是服务过程与该过程的产出之间的区别。以理发服务为例，其区别就是服务接收者的发型发生了改变，从原来某种发型变成了他所期望的发型。服务提供的过程是影响属于某一经济单位的人或物品的活动，而产出就是受影响的人或物状况的变化，这个变化是服务提供者和服务接收者事先都有预期的。

最后，整个服务活动不涉及所有权的转移。以快递服务为例，疯狂的"双 11"背后是无数个快递员忙碌的身影，快递服务所达到的服务效果是将购买者网购的物品从商家的仓库里运送到服务接收者的手中(服务接收者不一定是购买者)。快递员在提供服务活动时，网购物品的所有权不发生转移，快递员提供的服务仅仅是运送服务，和物品的所有权无关。

二、服务的分类

为了提炼服务活动的特征，各个学派从不同的视角对服务进行了分类，如无形性、顾客接触、服务对象、服务定制化等。如果单纯地为了把服务纳入某个分类系统则没有任何意义，因为类别不同，服务的本质、特性也不相同，其管理方式、运作方式也不同。服务的分类要和实践相关，要能促进现实服务的管理实践[5]。服务的结果是"物"或"人"状态的改变，基于这个视角，希尔(Hill)和沃茨对服务的分类是目前比较有代表性的。

希尔从对"物"或"人"状态的影响，服务影响时间的长短，物理改变还是精神改变，以及服务影响效果是否可逆四个维度，构建了一个服务分类框架[6]，如表 2-1 所示。长期服务和临时服务的区别，取决于所发生的改变一般持续多长时间。例如，医院物业中的洗涤服务可以被视为临时服务，因为在日常使用中，工作服很快就会变脏；而工程维保服务中的油漆粉刷可以被视为长期服务。服务影响效果的区别取决于服务结果带来的变化是否可逆。有些服务尽管是长期的，但可能会被进一步的服务活动所逆转。例如，设备房的油漆颜色可能会再次发生变化，即使它只是最近刚刚被油漆过；学校物业中外勤运送的资料也有可能会返回其最初的状态。这一区别也适用于影响"人"的服务，如所有形式的车辆引导服务都是可逆的，而许多形式的医疗服务则不是。

表 2-1 服务分类框架

服务的分类		影响物的服务		影响人的服务	
		长期的	临时的	长期的	临时的
物理变化	可逆的	油漆粉刷	运送服务	—	车辆引导
	不可逆的	设备维修	洗涤服务	手术	会务服务
精神变化	可逆的	—	—	—	温馨提示
	不可逆的	—	—	教育	—

沃茨和洛夫洛克将服务分为四种类型：人体服务(People Processing)、所有物服务(Possessing Processing)、精神服务(Mental Processing)、信息服务(Information Processing)，如表 2-2 所示。这种分类在"人"和"物"的基准上增加了"有形"和"无形"两个指标。有形服务是指针对"人"或"物"的服务过程和结果是看得到的；对"人"的无形服务是精神层面的服务，其目的是矫正人的态度或影响人的行为，对"物"的无形服务是指服务提供者利用信息与沟通技术对信息进行处理。

表 2-2 服务对象不同的分类框架

服务活动的性质	服务对象	
	人	所有物
有形活动	人体服务 • 护工服务 • 校车服务 • 陪诊服务	所有物服务 • 搬运服务 • 医废处理 • 设备维修
无形活动	精神服务 • 讲解服务 • 咨询服务 • 调解服务	信息服务 • 服务报告 • 评估报告 • 安全信息

上述两种分类框架都有学者提出异议,如希尔的分类框架中长期服务和临时服务难以清晰地界定,沃茨和洛夫洛克的分类框架中信息服务和精神服务、有形活动和无形活动的边界比较模糊,但对于围绕两大服务对象"物"和"人"去构建服务分类框架,学者们意见完全一致。总体而言,服务分类是否能促进实践,对后续客户需求的辨别、服务的设计、流程的制定、管控模式的制定等具有十分重要的意义,在实际操作时需要考虑不同服务类别所具有的特征,从而更科学地提供服务。

第三节　物业服务的定义

一、物业的内涵

"物业"这个词译自英语"Real Estate"或"Property",20 世纪 70 年代末 80 年代初,由香港地区传入沿海地区,后来在内地逐渐流传,现在成为一个普遍应用的专有名词[7]。我们平时经常将 Property 和 Real Estate 混淆,Property 在维基百科中的定义是:一种权利体系,赋予人们对有价值事物的法律控制权,同时也指有价值事物本身。Property 指的是一系列的权益,范围很广,不仅包括有形的有价值的物品,如土地、车辆和建筑物,还包括收入或财富等无形物品。Real Estate 在维基百科中是指由土地和土地上的建筑物及土地上的自然资源(如农作物、矿产或水)组成的财产,其属性是不可移动的,归属于该不动产的权益,更一般地说是建筑物或住房。显然,这两个单词的内涵并不一样,主要区别如表 2-3 所示。

表 2-3 Property 和 Real Estate 的区别

Property	Real Estate
指个人或企业拥有合法所有权的任何有形或无形的物品	指土地和土地上的建筑，以及与之相关的树木、矿产和水等自然资源
包括可移动和不可移动的物品	只包括不可移动的物品
包括有形的物品，如土地、车辆和建筑物，以及被视为收入或财富来源的无形事物	包括土地和与土地相连的任何永久性开发项目(包括天然的或人造的)，如建筑物、围栏、桥梁、水、树木和矿产

国务院颁布的《物业管理条例》将物业管理定义为："业主通过选聘物业服务企业，由业主和物业服务企业按照物业服务合同约定，对房屋及配套的设施设备和相关场地进行维修、养护、管理，维护物业管理区域内的环境卫生和相关秩序的活动。"可见，《物业管理条例》中对物业的界定是"房屋及配套的设施设备和相关场地"。因此，把物业翻译成 Property 并不是很妥当。条例中的定义和 Real Estate 比较接近，我国实践中物业服务的对象就是土地及土地上的建筑物、构筑物、设备设施等不可移动的物品。以上海市政府采购中心某物业服务格式合同为例，双方确定其服务对象为"物业建筑产权标注区域及其配套设施设备等资产在内的管理服务，不涉及资产的所有权"。《江苏省物业管理条例》第 7 条第 3 款规定，建设单位应当根据物业建设用地规划许可证确定的红线图范围，结合物业的共用设施设备、社区建设等因素划定物业管理区域。

在我国现行的法律框架下，当前实施的物业应当界定为"服务对象建设规划区域内的场地、建筑物、构筑物以及配套的设施设备"，其属性是不可移动的，这个区域可以是一个住宅小区、一所学校、一个园区，甚至是一片城区。

二、基于物业所产生的服务

上一节对服务活动进行了剖析，服务行为的结果就是"物"或"人"状态的改变。具体到物业服务，其中"物"主要是"物业"，指的是建设规划区域内的场地、建筑物、构筑物及配套的设施设备，"人"指的是整个物业服务区域内的使用者，如业主、办事人员等，一系列的物业服务活动都是基于这两大对象而产生的。物业服务和其他服务有根本上的区别，其中的"人"和"物"随着物业服务区域内场地、建筑物、构筑物及配套的设施设备所要实现的建筑功能的不同而不同。建筑功能是指人们在建造房屋时所希望实现和满足的具体目的和使用要求。物业服务区域内的场地、建筑物、构筑物及设备设施，无论是单体建筑还是建筑群，都是为实现某个具体功能而建造出来的。

物业服务中基于"物"所产生的服务，如对建筑物的承接查验、巡检，对设备设施的预防性维保、维修，高压配电房的值守，对整个物业服务区域的节能管控等，都是围绕这些"物"所展开的。建筑的功能不同，场地、建筑物、构筑物及设备设施类型也不尽相同，提供服务的内容、方式、程度也不同，例如对地下管廊的维修养护和机械式停车位的维修养护，对医院设备设施的巡检和学校设备设施的巡检，其侧重点都不一样。

物业中的"人"是为了实现某个建筑功能而汇聚在一起的,但人员性质有差别。建筑功能差异带来了人员性质的差别,使用者在建筑空间内的目的不同,产生的服务需求也不一样。医院是病人看病的场所,其使用者包括医生、病人,但两者的需求不完全一样,病人平时需要医护、导医等服务,医生却不需要;学校是学生上课的场所,其使用者主要是老师、学生,老师需要外勤、资产管理等服务,而学生却不需要。

基于物业所产生的这些服务活动完全符合服务的定义,整个服务行为并不涉及物业所有权的转移;物业服务是两个不同的经济体之间的活动,服务的提供者是物业公司,服务的接收者是物业服务区域内的使用者,如小区的业主、学校的老师、医院的医生等;这些服务活动的结果必须和接收者期望的服务效果相匹配,双方都有一个预期,并且只有在预期达成一致的基础上,才有可能签订物业服务合同。

三、定义物业服务

基于服务行为结果的思路审视物业服务,可以发现围绕"物业"的建筑功能产生了两大类服务:一类是确保建筑物的功能实现,另一类是满足建筑空间内使用者的需求。由此,可以将物业服务定义为:在特定的时间内,服务提供方通过整合人员、场所、流程和技术等来确保一定建设规划区域内建筑物的功能实现,满足建筑空间内使用者需求的经济活动。

物业服务属于服务,是两个经济体之间的一项经济活动。首先,物业服务属于一项经济活动,它是可交易的,是在销售者和购买者之间的一种价值交换。一个人的自行车坏了,他找来工具自行将其修复,谈不上是经济活动,因为他没有交易,没有销售,也没有购买。物业企业和业主委员会签订物业服务合同,两个经济体之间发生了服务价值的交换。其次,它必须是两个经济体之间的活动。物业服务企业通过自己的专业技术输出服务,以满足服务接收者的预期,这其中物业企业是销售者,和购买方业主委员会交换的是相应服务在市场上的价值。

确保一定建设规划区域内建筑物的功能实现,指的是物业服务围绕"物"所产生的服务。一幢单体5万平方米的办公大楼,其建筑功能是为了满足办公的需求;整个建筑面积为8万平方米的学校,其建筑功能是教书育人;一座4万平方米的大剧院,其建筑功能是满足人们观看演出的需求。功能不同,其建筑构成、建筑物的特点、空间的布局、配套的设备设施也不相同。物业服务首先要确保建设规划区域内建筑物的功能的有效实现,由此产生了一系列围绕"建筑物"的服务,如建筑物本体的巡检、危险源的识别、节能管控、预防性维保、各类管网的维护等。

满足建筑空间内使用者的需求,指的是物业服务中围绕"人"产生的服务。以办公项目为例,建筑空间内工作的使用者可能需要餐饮服务、会务服务、茶歇服务等。这些服务可以由物业企业自己提供,也可以分包给专业的第三方公司。在这里,使用者并不仅仅是购买服务的人,还包括建筑空间内的工作人员、办事人员和来访人员。以住宅物业为例,小区的居民是业主方人员,在此区域内的目的是居住生活;物业公司的员工、居委会的人员是区域内的工作人员,主要目的是从事相应的工作;户籍警察、自来水公司的员工属于办事人员,来到小区是为了办理某件具体事项;家里的亲朋好友是来访人员,是带着拜访的目的来到物业服务区域。住宅区域内这四种类别的使用者,都是围绕着居住功能而活动的，但对物业服务的需求并不完全一样。物业企业应当根据使用者的特性辨析其需求，在服务内容、服务设计、服务程度等方面予以匹配。

本章参考文献

[1] 张一民. 由一个失败案例引发的观念变革——上海科瑞物业对转型升级的认识与行动[J]. 中国物业管理，2014(1)：15-17.

[2] REGAN W J. The service revolution[J]. Journal of marketing, 1963, 27(3): 57-62.

[3] BLOIS K J. The marketing of services: an approach[J]. European Journal of Marketing, 1974.

[4] 菲利普·科特勒. 营销管理[M]. 10 版. 北京：清华大学出版社，2001.

[5] WIRTZ J, LOVELOCK C. Services marketing: People, technology, strategy[M]. World Scientific, 2021.

[6] HILL T P. On goods and services[J]. Review of income and wealth, 1977, 23(4): 315-338.

[7] 王青兰，齐坚，关涛. 物业管理理论与实务[M]. 4 版. 北京：高等教育出版社，2018.

第三章 物业服务的剖析

第一节 服务互动的本质

一、服务接触

小王去上海迪士尼乐园游玩,他首先在迪士尼的官方网站上预订门票,这时该公司网站开始和小王发生服务接触,随后小王取票入园、乘坐七个小矮人矿山车、在迪士尼商店里购物,小王的这些活动处处在和迪士尼公司设计的服务交付体系接触,一系列接触是小王整个游玩感受的核心。在服务过程中,像小王这样的服务接收者会和服务系统有不同程度的接触,了解服务接触有助于理解服务过程中提供者和接收者双方的真实行为,从而更好地理解物业服务活动运行的机理。

服务接触是指服务接收者直接和一项服务互动的一段时间(有些服务接触时间很短,有些服务接触时间很长),包括服务接收者在给定时间段内可能与之互动的服务公司的所有方面,涵盖人员、物理设施和其他有形要素[1]。它是服务提供者和服务接收者之间的交互行为,这种互动的性质被认为是服务满意度的关键决定因素[2]。服务接触区别于其他社会互动,主要有如下几个特征[3]:①有明确的目的;②服务提供者在执行一项工作;③双方无须事先了解;④服务接触的焦点狭窄;⑤和任务有关的信息交换占主导地位;⑥服务接收者和服务提供者的角色明确;⑦可能会出现暂时的地位差异,例如地位较高的人可能会向地位较低的人提供服务。服务接触按接触水平分为高接触度服务和低接触度服务,接触的程度不同,服务活动的特点不同,管理方式也不一样。

高接触度服务就是在服务传递过程中,服务接收者自己在服务场地,服务提供者与服务接收者之间存在大量的互动。高接触度服务提供的是多维度的服务,如环境、语言、服饰等,并且工作人员是服务的一部分,需要具备一定的语言技能和专业知识,且劳动报酬一般和劳动时间有关[4]。上述案例中,小王在迪士尼乐园游玩的经历就属于高接触度服务,他一进入园区就相当于来到了迪士尼公司所提供的服务传递场所,整个过程会接触到该公司很多有形线索。服务环境是这些有形线索中非常重要的一类,作为迎宾入口的米奇大街、标志性的奇幻童话城堡、员工们的角色服装等,都属于这一类接触元素。还有一类是小王与工作人员的互动,如服务人员的态度、眼神的交流、令人愉悦的花车巡游、特定角色的表演等。在整个游园过程中,迪士尼公司服务交付体系的这些大量接触元素为小王提供了引人入胜的体验。

在低接触度服务中,服务接收者与服务提供者之间直接的、物理上的有形接触非常少,一般通过电话、网络等方式远距离接触。例如,"双 11"期间,快递公司在网上接到订单后,安排快递员收件(到客户家上门收取)、查检(检查是否为违禁品、禁寄品)、包装(对托寄物进行包装，尤其是易碎品)、赶车(在规定时间内赶回各个分点部交件)、派件(及时送到客户手上)，整个服务过程中，服务接收者和快递员很少接触，即使接触双方的互动也非常少，而作为服务对象的物品，被快递员从一个地方运送到了另一个地方。除了快递服务外，物业服务中的工程巡检、公区保洁、搬运服务等都属于低接触度服务。

对有些服务类别来说，如宿管服务，是属于高接触度服务还是低接触度服务，两者之间并没有一个特别明确的接触频次基准来进行界定，所以图3-1采用了一个渐变的方式加以表现。但在实际应用中大多数高接触度服务和低接触度服务的区别还是比较明显的，这样可以帮助我们分析不同物业服务行为中接触点的数量、接触点的类别、接触的程度，在最初分析物业服务活动特点时可以系统地、针对性地进行服务设计，提高客户满意度。

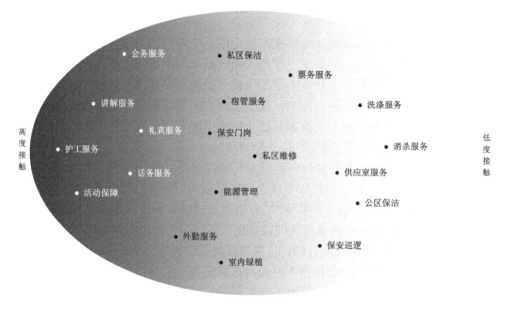

图3-1　高接触度服务和低接触度服务

二、服务互动

我们知道，"接触"一词的中文含义是挨着、碰着，所以服务接触更多的是强调服务提供者和服务接收者之间的有形接触。而"互动"的意思是相互作用、相互影响，日常中的互动是指社会上个人与个人之间、群体与群体之间等通过语言或其他手段传播信息而发生的相互依赖性行为的过程。若要进一步对服务活动进行剖析，则必须理解在整个过程中服务提供者和服务接收者之间互动的本质。

服务是指服务过程中服务提供者给服务接收者带来预期结果的一项经济活动，服务公司为满足服务接收者的需求构建了整个服务交付体系。服务行为不同，服务提供者和服务接收者互动的本质和强度有很大的差异，如小王到银行办理存款业务和他到律师事务所咨询法律诉讼事宜，两种互动模式的差别导致了后续交付体系构建的差别。服务提供者和服务接收者之间有三种互动模式：维护交互型服务、任务交互型服务、人际交互型服务[5]。

(1) 维护交互型服务是指服务提供者与服务接收者之间是一种标准化的、常规化的、表面的互动，双方传输的信息数量少，仅限于基本的社交礼节，其目的是建立信任或信心，在一段时间内维持好双方的关系[5]。在这种互动模式下，服务接收者占主导地位，输入的信息非常重要，因为只有他本人知道自己需要什么；服务提供者处于从属地位，通常只需要做出一些常规性的判断。在维护交互型服务中，双方的互动能否成功，主要取决于服务提供者是否能树立稳定的形象。这类服务行为本质上很少发生变化，服务提供者和服务接收者之间的直接互动具有广泛的可交换性，这种类型的服务人员能够为很多客户提供服务，定制化程度不高。

比如工商银行在各地网点提供的窗口服务就属于维护交互型服务。客户到某一支行办理存款业务，窗口工作人员应当有基本的礼仪礼节，需要熟悉办理存款的相关流程，同时具备一些操作电脑的基本技能。客户向工作人员提出需求并提供自己的相关证件，窗口工作人员只需做一些简单判断，双方的互动是标准化的，客户很少会咨询资金运作等非常专业的问题，礼貌、便捷、舒适是工商银行在服务设计时需要考虑的，对员工的能力要求不高。

(2) 任务交互型服务是指服务提供者和服务接收者聚焦于某一类技术问题的解决而产生的互动[5]。这种类型的互动存在一定的不确定性，这种不确定性来源于服务接收者对服务提供者如何完成服务的预期并不是很了解，因为他不具备解决这类问题的专业知识。在整个服务过程中，服务接收者处于一种从属地位；而服务提供者由于掌握解决问题的知识和技术，在互动中处于主导地位。双方互动地位的差距源于服务提供者拥有特定的知识体系，掌握了比服务接收者更多的信息。这种互动以需要完成的任务为中心，服务提供者做出的专业决策相对复杂，完成任务需要大量的信息交换。在任务交互型服务中，服务提供者拥有的知识具有技术壁垒，服务黏性较强，服务接收者隐含较大的转换成本。

工程咨询服务就属于任务交互型服务，包括前期立项阶段的咨询、勘察设计阶段的咨询、施工造价的咨询、投产或交付使用后的评价等工作。大多数甲方在投资一个新的工程项目时，通常都组建临时的管理团队，项目一结束，团队就面临解散，很难留住特别专业的技术人才，这时就需要有熟悉工程设计、工程管理、工程预决算类的专业公司来提供咨询服务，以满足甲方特定的需求。例如，湖北国展中心广场是由湖北交投海陆景置业公司与上海农工商房地产集团联合组成的项目公司投资的，甲方非常注重项目建设的成本，中国国际工程咨询有限公司利用其自身具备的专业优势为服务接收方提供了准确的项目成本测算，为项目建设提供了更加专业的造价方案[6]。这整个服务过程中，湖北国展中心广场的投资方是服务接收者，处于从属地位，而中国国际工程咨询有限公司凭借其专业的知识主导着整个服务过程。

(3) 人际交互型服务是指服务接收者向服务提供者提出了有关自身特性的问题，这种互动的重点是为了满足与服务接收者自身特性相关的需求。这类服务行为具有很大的不确定性和模糊性，是最具动态的服务类型，定制化程度较高。服务接收者掌握的信息并不充分，对最终需要达到何种目的不十分清楚，对如何解决现有的问题也不具备相应的专业知识。服务提供者除了需要具备解决问题的专业技术外，还需要掌握沟通技巧等人际技能，从而与服务接收者进行更为深入的交流，为其提供个性化服务。整个互动行为比较复杂，因为解决问题的方案最初并不明确，需要双方共同参与、努力加以解决。人际交互型服务关注的重点是人，所以很难建立服务标准和准则加以复制，服务接收者和服务提供者一旦建立起关系，一般不会再寻找其他服务提供商替代。

以某家装修公司为例，该公司与一家广告公司签订了《装修施工协议》，装修公司依照合同约定按质按量地履行了义务并顺利交付，可广告公司却没有按照合同约定支付装修款，多次催收无果后，装修公司委托律师诉讼追讨。在最初和律师沟通时，装修公司并不知道法院最终判决的结果是什么，而委托律师也不能确保打赢官司。最终的判决结果对服务双方来说都具有不确定性，律师一方面向施工方了解行规和细节，一方面多处搜集证据，后来发现被告欠债较多，存在转移财产的可能。双方经过多次协商，没有急于起诉，而是先依法进行诉前财产保全，将被告的几个银行账户冻结。由于被告自知理亏，加上账户被冻结，担心引起其他债权人的连锁反应，于是主动提出调解。

不同互动类型的服务本质上有很大区别，必须围绕其互动特征来构建服务体系。以体系构建中的员工培训环节为例，有些学者将员工的技能分为概念技能、人际技能、技术技能，在编写员工培训内容时，维护交互型服务的工作人员应当具备较高的人际技能和一般的技术技能，任务交互型服务的工作人员应当具备较高的技术技能和一般人际技能，而人际交互型服务的工作人员对三种技能都必须有较好的掌握。这样培训出来的员工在服务传递过程中将更加专业、更加精准、更具有亲和力。

第二节　服务的整体视角

一、服务剧场理论

1983年，格鲁夫(Grove)和菲斯克(Fisk)将社会学中的戏剧表演法引入服务活动中，提出了服务剧场理论，让实践者可以从整体上系统地去把握服务活动的特征。他们建立了一个分析框架，将整个服务活动描绘成戏剧，其中包括四个关键的戏剧组成部分[7]：演员、观众、场景、表演。该理论适用于为许多人同时提供服务的服务性组织，以及服务提供者和服务接收者关系密切的服务活动，不适用于提供个人化服务的服务性组织[8]。

服务活动中的提供者相当于戏剧中的演员，服务活动中的接收者相当于观众[9]。服务剧场理论认为，戏剧演出的成功与否取决于演员的表演，服务接收者的服务体验在很大程度上受服务提供者行为的影响。服务提供者，即服务的传递者，通常被他们的受众视为服务本身，他们的外表和行为对服务接收者的服务体验至关重要。因此，正如戏剧表演者为进行一场精彩的演出而必须精心准备一样，服务提供者也必须解决各种各样的问题，希望达到或超过服务接收者的预期，其中需要具备的技能可能反映在他们的知识、礼貌、专业和沟通能力上，每一项都代表着服务质量的一个方面。

将服务描述为剧场的另一个关键组成部分是提供服务的物理环境——场景。与戏剧舞台使用布景、灯光、道具等有形元素来影响观众的感知一样，服务环境的设置可以在影响消费者对服务的感觉方面发挥巨大作用。将各种特征和功能结合在一起的服务环境设置，有助于服务提供者定义自身的服务和促进服务的交换，为期望达到的服务效果提供证据和有形线索。物理环境不仅在定位服务组织和吸引特定客户方面起着重要作用，还可用于告知新客户所提供服务的性质(是高端品牌还是大众口味)及服务提供的方式(是人工服务还是自助服务)等多方面信息。

表演是演员在观众面前进行的一系列活动。与戏剧表演一样，服务性"表演"依赖于许多要素的组合：①支持前台"表演"的后台人员；②前台物理环境的管理；③演员对持续展示精彩"表演"的承诺；④所有工作人员的通力合作。一场精彩的演出离不开后台人员的支持，如后台人员对物理环境的管理，对灯光、照明、温度的控制，一旦出现故障会严重损害观众对服务表现的感知。后台人员与前台人员服务的协调(如确保道具、设备和其他有形线索的可用性)及整体的服务设计是后台人员工作的一部分。服务性"表演"成功的另一个必备条件是团队合作，就像舞台演出一样，服务性"表演"的成功需要所有相关人员通力合作。

二、角色和剧本理论

与服务剧场理论相关的是角色和剧本理论，因为演员需要根据剧本来饰演自己的角色。1985年，所罗门(Solomon)等将社会学中的角色理论引入服务接触中，强调人的本质是一个社会参与者，他们必须学习和自己在特定社会关系中所处位置相适应的行为[10]。虽然服务环境中的参与者在其他时间可能是不同的个体，但当他们在工作或进入某一个场景时就必须采取一套相对标准化的行为，而这套标准化行为的"规范"就相当于表演的剧本。在生活中，很多时候人们往往被他们所扮演的服务角色所定义。

服务剧场理论、角色和剧本理论为物业服务的研究开辟了新的视角，研究的角度不再仅仅局限在服务行为本身，而是让研究者们从整体的视角去审视物业服务活动，思考整个物业服务体系的构建。

第三节 物业服务的本质

一、我国目前物业行业的服务种类

物业服务行业经过40多年的发展在我国绽放出特有的魅力，产品的类别越来越丰富，逐步向各行各业渗透。中国物业管理协会曾经将物业服务的业态划分为住宅、写字楼、产业园区、学校、医院、公共场馆、商业物业等，其中公共场馆包括美术馆、图书馆、科技馆、体育馆、会展中心，以及机场、轨道交通等交通枢纽。

这些业态的差异是一定建设规划区域内建筑物功能区分的物理体现，不同业态之下不同服务场景和使用对象需求的差异，使得不同业态的服务内容呈现出服务"万花筒"。以行业标杆企业万物云为例，该公司将服务产品的系列划分成社区空间、商企空间、城市空间三个细分市场，三个市场分别深耕各自的领域，致力于提供服务管理外包。其中，万科物业围绕住宅项目提供了近12种服务；万物梁行商企空间板块提供了近20种服务；万物云城在城市空间板块从城市空间管理、环境服务、社区治理、运营更新四个方面将服务的触角延伸到市政、水环境、城市更新、环卫等原本属于政府职能的一些领域[11](见图3-2)。万物云提供的这些外包服务突破了传统的物业管理理念，其最初根植于这样一种思路——业主的非核心业务就是我们的核心业务，这种理念给物业行业的未来带来了无限的遐想。

图 3-2 万物云提供的服务种类

我国物业行业的先行者们一直在拓宽产品类别方面进行探索，截至目前不同业态涉及的服务内容多达几十种，并且还在逐渐增加，如保洁服务、秩序维护、工程服务、绿化养护、餐饮服务、前台服务、管家服务、会务服务、话务服务、场地管理、活动保障、宿管服务、导医服务、电梯服务、洗涤服务、护工服务、停车服务、供应室服务、中央运送服务、外勤服务、票务服务、礼宾服务、讲解服务、空间管理、采购服务等。为了更好地理解这些服务种类的特性，本章以服务接触、互动理论为基础，构建物业服务接触互动模型从局部视角来剖析其特点，理解其内在本质。

二、物业服务接触-互动模型

第二章中物业服务的定义主要围绕两个方面：一是确保区域内建筑物的功能实现，二是满足建筑空间内使用者的需求。第一个层面的围绕对象是建筑物，建筑物有其特定的生命周期，从全生命周期来看，建筑物在不同的阶段有不同的使用要求，服务的内容和侧重点都不一样(见图 3-3)；第二个层面的围绕对象是人，建筑空间内的使用者有着各式各样的服务需求。

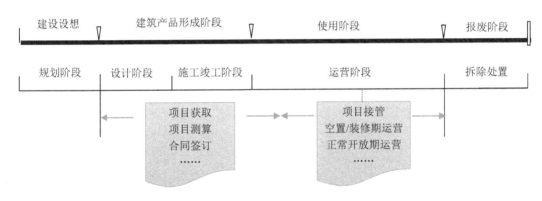

图 3-3　建筑物的生命周期

本章针对目前行业内已经成规模的住宅、写字楼、机构、产业园区、学校、医院、公共场馆、商业物业等产品，列举一些相对成熟的服务内容，引入接触互动模型进行分析(见表 3-1)，其他业态或一些新产生的服务种类的分析思路与此相同。相对成熟的服务内容是指在实践操作中，这些服务不是零星的，甲乙双方签订的物业服务合同中包含这一类服务，有一支固定的团队在提供这样的服务，并且产生价值，物业公司针对某些特定项目开展的零星增值服务不在讨论范围内。

物业服务接触-互动模型改变从服务大类分析问题的传统角度，整合服务接触、服务互动理论来构建分析框架，对行业内具体的服务种类进行剖析，了解其接触程度、接触方式、互动模式。模型内的服务类别是动态的，随着建筑物所处生命周期阶段的不同和服务接收者需求的不同相应改变，并且本章关于服务类别的归类是一种大致划分，实践中可以进一步探讨，不影响分析过程。模型的构建改变了我们实践中的很多认知，区别于很多其他服务业的一种互动模式，物业服务的内容涵盖了三种互动模式，这充分说明了物业服务行业的复杂性，沿着这种思路构建后续的服务交付体系可以解决很多平时管理上的困惑。

表 3-1　物业服务接触-互动模型

序号	服务类型	接触程度	服务内容	
			服务对象(人)	服务对象(物)
1	维护交互型服务	高	• 话务服务 • 导医服务 • 会务服务 • 礼宾服务 • 前台服务 • 安保服务(门岗)	
		低	• 票务服务 • 安保服务(巡逻) • 停车服务	• 洗涤服务 • 保洁服务(公区) • 工程设备(巡检) • 外勤服务
2	任务交互型服务	高	• 宿管服务 • 讲解服务 • 餐饮服务	• 工程设备(私区维修) • 能源管理
		低	• 采购服务 • 安保服务(监控)	• 工程设备(维保) • 工程设备(公区维修) • 保洁服务(专项) • 绿化养护(公区) • 消杀服务 • 医废处理 • 中央运送服务 • 供应室服务 • 场地服务
3	人际交互型服务	高	• 护工服务 • 活动保障 • 管家服务	• 保洁服务(私区) • 绿化养护(室内盆栽) • 空间管理

通过对表 3-1 的分析可以发现，尽管属于同一类服务，但由于岗位的不同，接触程度、互动类型不同。以工程设备服务为例，有巡检、维保、维修三种服务内容，其中维修又分为公区维修和私区维修，巡检属于维护交互型服务，对员工的技术要求不高，一般只要求具备发现问题、汇报问题的能力；维保和公区维修属于任务交互型服务，要求操作者具备相应的任职资格和一定年限的工作经验。现实实践操作中有些物业企业往往"一刀切"，让技术能力很强的设备工程师兼顾维修、巡检、维保，一方面造成了技术人才的浪费，另一方面造成了员工在做比较简单的工作时积极性不高。

此外，属于同一种互动类型的服务，因接触程度和服务对象不同，其特性也不一样。维护交互型服务和任务交互型服务两种服务类型中，既有高接触度服务，又有低接触度服务，而低接触度服务中又根据服务对象的不同有所区分。高接触度服务的服务对象大多为人、服务对象为物的大多属于低接触度服务。人际交互型服务中的服务种类全部属于高接触度，对它们的评价是以服务提供者的服务水平、处理同顾客之间的关系的技巧、个性、工作态度、质量水平的一致性，以及服务提供者的外观等方面为指标[9]。因此，在进行服务设计时，必须通盘考虑具体岗位的互动类型、接触程度，以及服务对象三个方面。

【案例】小王经理的"困惑"

小王是上海某办公项目的物业经理，建筑物共有18层，顶层是甲方管理人员办公的地方，分为领导办公室和部门办公区。最近半年，18楼的保洁岗位让小王十分困惑，保洁人员经过了多次调整，但保洁工作始终得不到甲方的认可。

第一次委派：接到服务需求后，物业服务处选派了一名外来务工的阿姨为其提供保洁服务，不久就接到甲方投诉沪语不通，做事不够灵活，需要反复关照才能把事情做好。

第二次委派：考虑到可能是沟通不畅引起甲方的不满，物业服务处重新安排了一名沪籍阿姨接手室内保洁工作，但还是得不到甲方的认可。甲方认为该阿姨虽然能够完成领导办公区域的保洁工作，但是话比较多，经常与他们部门办公区的内部员工闲聊。

第三次委派：物业服务处将18楼的保洁岗位拆分成两个岗位，调整了岗位内容，一位专门从事领导办公室的保洁工作，另一位负责部门办公区域的保洁工作，工资待遇也有所差别。领导办公室的保洁工作由一名有着10年类似工作经验、熟悉上海生活习惯的"新上海阿姨"完成，部门办公区域保洁工作由17楼公区的员工完成。自此，该办公场所的保洁工作终于得到了甲方的认可，王经理的困惑由此而解。

在理论模型中，公区保洁、专项保洁、私区保洁(这里是指进入个人办公室的保洁)分属不同的接触程度和互动类型，公区保洁属于维护交互型的低接触度服务，专项保洁属于任务交互型的低接触度服务，员工所需要具备的专业技能不一样。不同行业的私区保洁所属的互动类型也不一样，案例中18楼领导办公室的保洁应当属于人际交互型服务，这类服务对服务提供者不仅有技术能力的要求，对沟通技巧等人际技能的要求也非常高。类似的现象在物业公司总部中较为常见，案例中造成小王"困惑"的主要原因就是物业公司在服务设计时没有考虑岗位的特性，这样很容易造成私区保洁的流动率较高，从而引起客户的不满。不难发现，接触-互动模型为物业企业提供了理论指导，使其可以从岗位设置、技能考量、薪酬设计、人员招聘等方面给出更专业化的服务解决方案。

三、物业服务是服务组合

在接触-互动模型局部剖析每种服务类别、了解其具体特性的基础上，服务剧场理论让我们从整体的视角去系统地把握物业服务的特性，了解其运作的机理。结合两种理论可以发现，物业服务是围绕建设规划区域内的建筑物和使用者所提供的一系列服务的"组合"。基于这样的分析框架，物业服务的四个组成部分可以分为角色——服务提供者、观众——服务接收者、场景——建筑空间的物理环境、按剧本表演——服务传递。

角色——在给定环境下由一系列的社会线索所引导和指导的个人行为的集合，它是对特定环境下所定义职位的相关行为的研究，而不是对担任这些职位的特定个人进行研究[10]。具体到物业服务中，就是相应岗位上的服务人员，见图3-4中的监控岗、专项保洁岗等工作人员，他们都在服务传递过程中扮演着事先预定的"角色"。通常剧本会对每个角色有特定的要求即角色设定，反映到物业服务上就是相应岗位的岗位职责、作业规范。如果提供服务的员工很好地完成了自己的角色扮演，和服务接收者的对角色的期望正好一致，接收者就会收获满意。

物业服务中为项目提供服务的所有人员(前台和后台)构成了一个"角色集"，就像剧场的角色集是由主角、反角、配角等组成一样。角色集里，角色和角色之间必须相互补充，角色扮演者的行为与处于互补位置的人的行为是相互依赖的，一个人的角色行为必须考虑到其他人的角色行为。例如，每天早上客服人员上班后的第一件事就是到保安监控岗查询昨天的夜班记录，跟踪夜间问题的处理情况，这就是角色和角色之间的相互补充。这就对物业服务中各岗位之间的合作、联动提出了要求，整场演出的成功离不开每个角色的出色表演和角色间的相互补台，客户对物业服务满意的感知依靠所有岗位的共同努力。

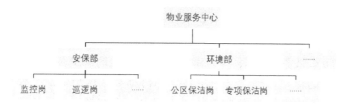

图 3-4　某办公项目岗位设置

物业服务的"观众"是指规划区域里建筑空间内的使用者，通常是业主方人员、工作人员、办事人员、来访人员四类。不同的观众对演员的表演有不同的期望，建筑空间内不同的使用者对所期望得到的服务有不同的预期。由于物业服务有一定的专业性，作为"观众"的服务接收者应当对相应的服务工作有简单的了解，或者说尊重服务提供者的专业知识，否则服务双方的认知会有差距，从而造成不必要的麻烦，影响工作效率和满意度。以住宅项目为例，建设规划区域内通常会设置消防通道，法律规定任何人不得占用，但实际生活中，占用消防通道的现象还是屡见不鲜[12](见图 3-5)，部分原因就是作为"观众"的使用者对物业服务的专业性缺乏一定的了解。

图 3-5　机动车占用消防通道

物业服务的"场景"是指服务区域内建筑空间的物理环境。建筑空间是指包括墙、地面、屋顶、门窗等围成的建筑内部空间,以及建筑物与规划区红线范围内的绿化、道路、广场等外部空间。不同的空间有不同的功能要求,包括物质功能和精神功能。物质功能是指该空间满足使用者使用要求;精神功能是在满足物质功能基础之上,满足使用者文化、心理方面的精神需求。在服务传递过程中,建筑空间内的物理环境不仅是服务交付系统的一部分,实际上也是产品的一部分,即服务本身[13]。诸如空间内的色彩、温度、空气质量、布局、装饰等都有助于向服务接收者诠释物业企业的服务理念。

物业服务的"剧本"就是作业规范、标准、流程等,角色按照剧本表演,同样服务提供者必须按照企业制定的作业流程为客户提供服务,这就是服务传递的过程。因此,物业企业必须对服务员工进行培训,使其熟悉相应岗位的服务"剧本",从而减少不稳定性,持续保持一定的服务水准。服务"剧本"是服务设计的成果,不是一成不变的,具有动态性。物业服务"剧本"的动态性表现在两个层面。第一个层面是所提供服务种类的增减。如一旦发生公共卫生事件,可能需要增加消毒服务项目,这就需要设计新的服务流程。第二个层面是同一类别的服务,处于不同互动模式的岗位,其"剧本"的编写方式不同,越是接近人际交互型,"剧本"的定制化程度越高。例如,客户私区的绿植摆放和公区的绿植摆放有相当大的区别,私区的绿植需要根据客户的性别、喜好定制,调整的频率较高,而公区只要满足一些通用性要求即可。

本章参考文献

[1] BITNER M J. Evaluating service encounters: the effects of physical surroundings and employee responses[J]. Journal of marketing, 1990, 54(2): 69-82.

[2] SURPRENANT C F, SOLOMON M R. Predictability and Personalization in the Service Encounter[J]. Journal of Marketing, 1987, 51(2): 86.

[3] LEWIS B R, ENTWISTLE T W. Managing the Service Encounter: A Focus on the Employee[J]. International Journal of Service Industry Management, 1990, volume 1(3):41-52.

[4] CHASE R B. The customer contact approach to services: theoretical bases and practical extensions[J]. Operations research, 1981, 29(4): 698-706.

[5] MILLS P K, MARGULIES N. Toward a core typology of service organizations[J]. Academy of management review, 1980, 5(2): 255-266.

[6] 中国国际工程咨询有限公司. 工程管理典型业绩[EB/OL]. [2024-10-25]. https://www.ciecc.com.cn/col/col1804/.

[7] GROVE S J, FISK R P, DORSCH M J. Assessing the theatrical components of the service encounter: a cluster analysis examination[J]. Service Industries Journal, 1998, 18(3): 116-134.

[8] GROVE S J, FISK R P. The dramaturgy of services exchange: an analytical framework for services marketing[J]. Emerging perspectives on services marketing, 1983: 45-49.

[9] GROVE S J, FISK R P. The service experience as theater[J]. Advances in consumer research, 1992, 19(1): 455-461.

[10] SOLOMON M R, SURPRENANT C, CZEPIEL J A, et al. A Role Theory Perspective on Dyadic Interactions: The Service Encounter[J]. Journal of Marketing, 1985, 49(1): 99-111.

[11] 万物云空间科技服务股份有限公司. 关于万物云[EB/OL]. [2021-12-25]. https://www.onewo.com/.

[12] 徐驰. 私家车堵塞消防通道影响灭火涉事车主被罚[EB/OL]. (2024-05-31)[2024-10-26].https://baijiahao.baidu.com/s?id=1800560302337873609&wfr=spider&for=pc.

[13] BITNER M J. Evaluating service encounters: the effects of physical surroundings and employee responses[J]. Journal of marketing, 1990, 54(2): 69-82.

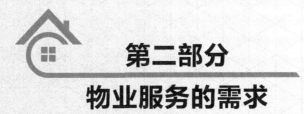

第二部分
物业服务的需求

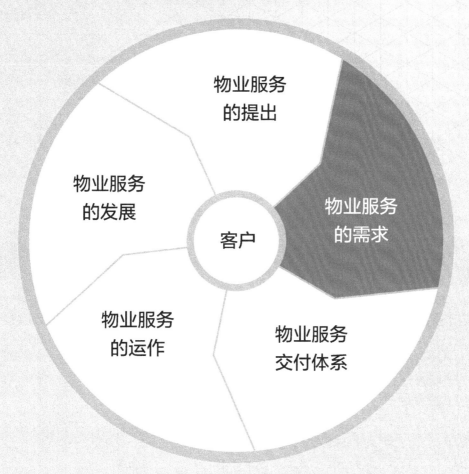

第二部分借助服务科学的工具，探讨了物业服务需求的识别、分析和管理。客户需求是物业服务的起点，借助客户旅程地图、KANO模型等常用的需求分析工具，从"确保建筑物的功能实现"和"建筑空间内使用者"两个方面来辨析客户的需求，通过影响需求波动、调节产能或两者相结合的方式来平衡物业服务产能和需求之间的矛盾。

第四章　物业服务的需求及相关概念

第一节　需求的概念及分析过程

一、需求的概念

英文中"Need"的意思是需要，具体有两个层面的含义[1]。首先，"需要"指的是某一类特定的目标，这些目标具有普遍性，被认为适合于所有的人，通常被称为人类的需要或基本需要，例如"这个人需要更多的营养"或"这个孩子需要补钙"。其次，"需要"可以指那些被认为为实现任何目标提供成功途径的策略——无论这些目标被称为需要还是想要。例如，小王希望和女朋友见面，约她到迪士尼乐园去游玩，为了实现这个目标，小王需要购买迪士尼乐园的门票。当"需要"得到购买力的支持时，它们就有可能成为需求。在经济学中，需求是指消费者在一定时期内愿意并能够以不同价格购买的商品数量。

针对需求的研究有心理学、经济学、营销管理学等很多不同的视角，不同的视角有不同的分类。菲利普·科特勒从营销管理的角度将需求分为负需求、无需求、潜在需求等八种类型[2]。不同的需求，其市场状况不同，必须采用不同的营销策略。部分学者从信息认知和价值感知的角度将需求划分为显性需求和隐性需求[3]，这种分类方法在产品设计中应用非常普遍，显性需求是企业要尽量满足的，而隐性需求则需要他们进一步去挖掘。相较而言，在服务行业，比较常见的是通过KANO模型对客户需求进行的分类。

二、需求的分析过程

尽管需求的分析过程和具体研究的视角相关，不同视角分析的侧重点可能不一样，但总体来看，主要有三个步骤：需求识别、需求分析、需求管理。

(1) 需求识别就是理解和表达客户的需求，有时候客户自己也未必知道自己的需求，所以在确定具体客户后，企业必须收集相关资料，通过客户调查、聚焦小组、客户旅程地图等方式识别出客户背后真正的诉求。

(2) 需求分析是指采用KANO模型、情景关联网络等需求分析工具对识别出来的需求信息进行处理、评估、优化、分级，并结合自身的情况，确定企业满足哪些需求，以及如何满足这些需求。

(3) 需求管理是指在大多数情况下，需求的模式都不是一成不变的，企业可能存在服务供给大于需求或服务产能不足的情况，平衡服务的产能和需求对企业的成功至关重要，企业可以通过影响需求波动、调节产能水平或两者相结合等方式使之相互匹配。

第二节 常用的需求分析工具

一、客户旅程地图

客户旅程地图(Customer Journey Maps，CJM)是一种形象表达服务接收者流程、需要和感知的文档，可将服务过程中服务接收者的需求和体验通过可视化流程图的形式展示出来[4]。客户旅程地图将企业的视角聚焦到客户身上，一方面可以帮助企业系统梳理客户与服务交付系统的接触点，另一方面可以帮助企业挖掘客户的服务需求。其背后的基本原理相对简单，它是一个事件序列的视觉描述，通过这些事件，客户可以在整个购买过程中与服务组织进行互动[5]。明确了解服务双方的接触点后，企业管理层可以打破组织部门与部门之间的边界，整合资源系统满足客户的需求，并且通过改善与每个接触点相关的客户体验来提高客户满意度。

绘制客户旅程地图通常有 5 个步骤[6]：①收集客户资料。服务企业首先要初步确定自己的目标客户是谁，即这段旅程是谁的旅程，他们的特征、动机，梳理出已经掌握的基本信息；②提出初步假设。服务企业中不同成员对目标客户的认知程度不一定相同，这些客户关心什么，以及他们如何与服务体系互动，不同群体通常有不同的想法。这时就需要服务团队对收集的数据和信息进行充分沟通，提出初步假设；③研究客户流程、需求和感知。虽然第一个步骤对客户进行了初步了解，但其视角是从服务企业出发的，这一步的目的是以客户为中心，罗列出其在旅程中的重要场景，挖掘其真实需求；④确定客户旅程地图的关键要素。在进行内部和外部研究的基础上，服务企业需要提炼它们的研究发现，根据企业的实际需要确定旅程地图中的关键要素。例如，客户如何与企业的服务体系互动(行为)，他们希望从每次互动中获得什么(需求)，以及他们对每次互动的感受(感知)等；⑤绘制客户旅程地图。企业需要将其分析转化为客户流程、需求和感知的简单视觉表示——创建他们的旅程地图，如果对不同客户的洞察不适用于一张地图，可以通过为每个客户针对性地创建一张地图来进行分析，同样一个客户也可以分阶段创建地图。

客户旅程地图是动态的，当企业将客户旅程规划视为一项持续的战略举措而不是一个短期项目时，它们会从工作中获得最大的价值[6]。同时，客户旅程地图的应用范围很广，既可以用于服务设计初期从服务前、服务中、服务后三个角度去分析客户的需求，又可以细化到针对某一个具体场景对他的行为进行跟踪分析，以期达到改进服务效果的目的。图 4-1 是一位设计师在设计老年人购物系统的前期调研阶段绘制的客户旅程地图[7]。图中，最上面分析了老年人在每个场景下的需求，后续展示出的每个关键场景以及服务接触上老年人的行为、交互流程、情绪体验都是围绕着他的需求而展开的，这样便于企业构建整个服务交付体系时通盘考虑哪些需求是客户的痛点，哪些需求值得进一步挖掘。

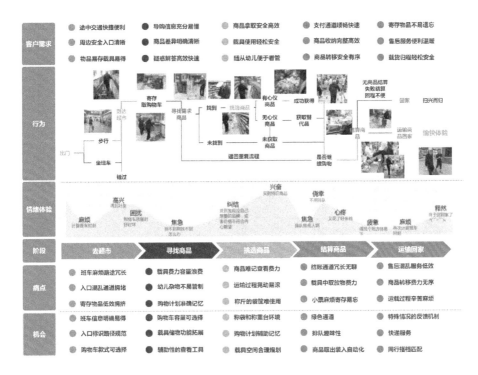

图 4-1 老年人超市购物的客户旅程地图

二、KANO 模型

KANO 模型是 20 世纪 80 年代由狩野纪昭(Noriaki Kano)提出的产品开发和客户满意度理论,该理论旨在更好地理解客户如何发展、评估和感知质量属性,并将注意力集中在客户认为更重要的属性上,以改进它们[8]。该模型指出,在客户心目中,满意和不满意是两个独立的概念,应该分开考虑。狩野纪昭得出结论,需求的表现与作为经验的满足或不满之间的关系不一定是线性的。为了分析提高产品和服务质量的可能性,KANO 模型展现了不同的视角,因为它考虑了绩效和满意度之间的非线性关系。

KANO 模型将质量属性分为 5 类。①必备型属性:这些属性对应于产品质量的基本要求,如果做得好,客户只是中立的,但如果做得不好,客户会非常不满意。②期望型属性:关于这些属性,满意度与绩效水平成正比。③魅力型属性:这些属性在完全实现时提供满足感,但在未实现时不会引起不满。④无差异属性:这些属性对客户满意度没有任何影响。⑤反向属性:如果没有反向属性,它们会带来更多的满足感。KANO 模型的属性分布图,如图 4-2 所示。

狩野纪昭在模型中区分了几种类型的产品需求,它们在满足时以不同的方式影响客户满意度[9]。①必备型需求:如果不满足这些需求,客户将非常不满意,同时由于客户认为这些需求是理所当然的,满足这些需求并不会提高客户的满意度,因为必备型需求是基本标准。②期望型需求:关于这些需求,客户满意度与满足程度成正比——满足程度越高,客户满意度越高,反之亦然。③魅力型需求:这些需求对客户的满意度有最大影响,客户既没有明确表达也没有期望有吸引力的要求,满足这些要求会带来很高的满意度。④无差异需求：无论提供或不提供此需求，客户满意度都不会有改变。狩野纪昭在对产品需求分类的基础上，还对其进行了优先级排序：必备型需求>期望型需求>魅力型需求>无差异需求。必备型需求必须要满足，期望型需求优先满足，魅力型需求选择性满足。

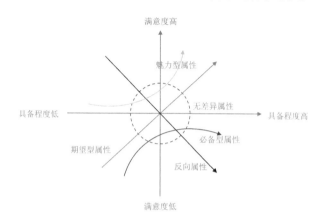

图 4-2　KANO 模型的属性分布图[10]

KANO 模型最初的构建是基于产品的质量，一经发表就引起了学术界的极大关注，但出乎意料的是，迄今为止大多数已发表的论文其研究领域都是在旅游、互联网和教育等服务环境中[11]。KANO 模型为服务科学中客户需求的分析提供了理论依据，尤其是对客户需求实施优先级的评估，使得企业可以更加科学地实施资源调配，有的放矢地去满足客户的需求。

第三节　物业服务的需求分析过程

一、物业服务的需求识别

物业服务必须以服务为主导逻辑，其宗旨是价值的创造源于关系导向，而非交易导向。从交易导向的角度来看，管理的重点在于为客户提供好的产品或服务的配送，客户被看作产品或服务的接收者。但从关系导向的角度来看，产品和服务是双方共同创造的，要获取专业能力(知识和技能)带来的收益。在这种逻辑下，客户的需求就是服务的起点，所以物业服务必须从服务接收者的需求出发构建整个服务交付体系。

本书第二章中，我们将物业服务定义为：在特定的时间内，服务提供方通过整合人员、场所、流程和技术等来确保一定建设规划区域内建筑物的功能实现，满足建筑空间内使用者需求的经济活动。所以，物业服务的需求应该围绕"物"和"人"两个方面来辨析：一是确保建筑物功能实现的需求；二是建筑空间内使用者的需求。后者又分为两类：一类是辅助建筑物功能实现的需求，另一类是使用者其他方面的需求。物业服务企业应当在服务设计初期，画出相应的客户旅程地图，结合焦点访谈小组讨论等其他需求收集技术，围绕这两大类型梳理出客户在建筑规划区内的相应需求，为后续服务交付体系的构建奠定基础。

确保建筑物正常使用功能实现的需求，是指建设规划区域内的场地、建筑物、构筑物以及配套的设施设备能够正常、高效、安全地运作，使整个建筑环境能有效满足使用功能。这方面的需求应当根据建筑物所处生命周期的阶段来进行识别，建筑物全生命周期中与物业服务相关的阶段大致有设计阶段、施工阶段、使用阶段。建筑物在竣工验收以前的物业服务通常称为前期介入，是指建设单位为了提高今后运营质量与业主需求的匹配程度所引入的基于物业服务视角的咨询活动。设计阶段的需求主要就是从今后建筑物的合理运行角度，在材料选用、功能完善、设备选型等方面提出合理化的建议。施工阶段又可以细分为施工安装阶段、销售阶段以及竣工验收阶段，不同的阶段建筑物的功能需求不一样。我国的法律规定建筑物在竣工验收以后，各个分项工程有一定期限的质量保修期，所以使用阶段物业服务的需求必须根据业主方对建筑物的使用目的来进行识别，空置期、装修期、运营期定位不一样，需求会有很大区别。

使用者方面的需求，首先是辅助建筑物功能实现方面。前面已阐述过，建筑功能是建筑的三大要素之一，任何建筑物都是为满足相应的建筑功能而建造的。例如，医院建筑是指供医疗、护理病人用的公共建筑，通常有门诊区、住院区、急诊区等功能划分。医院建筑内的工作人员是为了实现看病这样一个使用功能而在建筑规划区活动的，这是业主方的核心业务。而围绕看病功能衍生出许多辅助性的需求，如导医服务、护工服务、电梯服务、挂号服务等，这些辅助服务必不可少。同样，学校建筑是为了达到特定的教育目的而兴建的教育活动场所，一般划分为教学区、办公区、活动区等。学校建筑的使用功能是教书育人，但离不开外勤服务、校车服务等教学辅助活动。

另一方面的需求就是"使用者"作为生命个体的正常需求，这方面可以从马斯洛需要层次理论的视角进行分析。马斯洛需要层次理论将人的需要分为五种基本需要[12]：生理需要——食欲等生理方面驱动的需要；安全需要——人在身心上希望寻求一种安全的机制；爱的需要——主要是社交方面给予，接受爱、感情和归宿感的需要；尊重需要——需要或渴望对自己的高度评价，希望获得自尊以及他人的尊重；自我实现需要——自我实现的愿望，即倾向于实现潜在的理想。

物业区域内的使用者分业主方人员、工作人员、办事人员、来访人员四类，他们每天在特定的时间段内从事着目的各不相同的活动，这些基本需要处处体现在他们身上，如窗明几净的环境、绿意盎然的植被、热情周到的礼宾等。但每个个体对基本需要满足的程度因人而异，正如马斯洛所分析的"我们社会中大多数正常的成员，对他们的所有基本需要部分满意，同时对他们的所有基本需要部分不满意"。所以，物业服务提供者可以从这个视角梳理出不同类别客户相应的需求，构建服务组合针对性加以满足，当然这一切必须和企业的经营状况相匹配。

二、物业服务的需求分析

在将上述需求信息收集好以后，物业服务企业首先要按照上述三种类型进行梳理，并借助一些科学的工具仔细分析，哪些需求应当去满足，哪些需求具备商业价值，哪些需求和企业的资源能力相匹配，哪些需求必须满足但需要借助第三方的力量。梳理出相应的需求后,物业服务企业可以借助 KANO 模型等工具对其进行分类,结合企业的实际能力,确定可以满足到什么程度,科学地构建服务交付体系。表 4-1 列举了一所普通的中学物业,在识别出需求后运用 KANO 模型做的大致分类,实际运作时具体某一类物业服务内容还可以进一步细分,其他业态的物业服务同样具备参考价值。

表 4-1 学校项目物业服务优先级排序

序号	需 求	需求类型		
		确保建筑物功能实现	建筑空间内使用者	
			辅助建筑物功能实现	其他类型
1	必备型需求	工程设备(维修)	保安服务(门岗) 保洁服务(公区) 绿化养护(公区) 宿管服务	餐饮服务
2	期望型需求	工程设备(维保) 工程设备(巡检)	保洁服务(私区) 保安服务(巡逻) 洗涤服务 消杀服务 外勤服务 采购服务 保安服务(监控)	停车服务 活动保障 会务服务
3	魅力型需求	能源管理		保洁服务(专项) 绿化养护(室内)
4	无差异需求	/	/	/

通过对表 4-1 进行分析可以发现,传统理念上基础的物业服务属于必备型需求,这种类型的服务做得再好,客户也谈不上满意,但如果做得不够理想,客户就会产生不满意。对大多数物业项目来讲,必备型需求就是供水、供电等设备设施能够正常运行,整个建筑环境干干净净,确保各项功能能够正常实现,业主方通常不会有太大的不满。但如果这方面的服务有所差池,就会引起客户投诉,严重的会造成项目物业服务权的丢失。案例中,A 物业企业就遇到了类似情况,当时正值炎炎夏日,空调系统能否正常使用是必备型需求,因为突然断电,两个小时没有恢复供电,中央空调无法开启,业主方事后决定终止合同。案例中的教训非常深刻,该企业在进场初期的力量配置出现问题,忽略了必备型需求。尤其在项目交付使用阶段,整个项目刚开始运行,服务团队对项目的特性没有完全熟悉的情况下,物业企业更应当针对必备型需求做好充分的应对准备,为突发情况下的服务失误未雨绸缪。

【案例】必备型需求缺失导致项目管理权丢失

某大楼位于该市市中心地段,总建筑面积 1.2 万平方米,共 10 层,顶层是甲方领导层办公的地方。该大楼竣工验收后于当年七月初交付使用,该地区比较知名的 A 公司有幸获得该项目的物业管理权。由于刚刚竣工验收完毕,各类设备都处于保修期,所以公司决定进场初期先派两名工程人员熟悉设备,同时加大保洁力量的配备,对整个大楼进行精保洁,希望尽快让大楼的整体面貌焕然一新。

八月上旬的一天上午10点,甲方上级领导到现场进行调研,在10楼大会议室开会。会议期间突然停电,中央空调暂时不能开启。甲方办公室主任赶忙通知物业经理,经理安排现场的工程人员维修,但始终查不出故障原因,于是赶快通知施工单位。施工单位在郊区,赶过来需要两个小时,大家手足无措。事后,甲方于9月重新选聘了另外一家物业企业。

狩野纪昭教授认为真正的客户满意来自期望型需求和魅力型需求的满足。由此也可以解释第一章上海市消费者权益保护委员会联合相关单位发布的《上海市民用物业管理现状调查》中,为什么现在有很多消费者对物业服务不满意,部分原因是因为物业公司所提供的传统的服务种类大多属于必备型需求,这方面的服务做得再好也无法进一步提高客户满意度,物业服务企业应当从期望型需求和魅力型需求两种需求入手。期望型需求被称为客户的"痛点",是参与竞争、提高企业竞争力的途径。以工程设备维保为例,当设备的预防性维保服务能够专业、规范的话,设备的故障率会大大降低,使用寿命和经济寿命都会有所提升,同时也会给业主方带来很好的经济效益。图4-3是国外某物业企业服务的大厦项目的设备机房,该大厦建造至今45年左右,看得出整个设备机房的维保工作做得非常出色,物业企业所提供的工程服务超出了客户的期望,大厦客户的满意度非常高。但如果维保工作做得不到位,设备零件经常更换,甚至没到使用寿命就要更新,客户就会觉得物业企业不够专业,他们的不满程度也会增加。

图4-3 国外某大厦的设备机房

魅力型需求的满足需要慎重,如果所提供的物业服务能够很好地满足需求,会大大提高客户满意度,哪怕做得不够完善,客户也会比较满意,感受到了企业的用心。如果无法满足需求,客户也不会表现出明显的不满意,因为它不是客户所必需的,但由于可有可无,稍一不慎很可能会变成无差异需求,而企业又花费了成本,会有些得不偿失。以专项保洁为例,它是指专门针对某类材质进行的特殊清洁保养服务,比如玻璃、地毯、不锈钢等。通常情况下,客户对该类保洁的要求不太高,一旦做得很好,会超出客户对服务的预期,大大提高满意度,如果做得不太好,也不会造成客户的不满,但这样会增加企业的服务成本。物业服务是服务组合,提供服务的时候必须考虑整个项目的经营状况,在允许的情况下尽可能满足期望型需求,选择性满足魅力型需求,可以切切实实提高客户的满意度。

三、物业服务的需求管理

导致物业服务中产能和需求矛盾的根本原因是服务缺乏库存能力,这是由服务的易逝性和生产与消费的不可分离性决定的。大多数服务性行业其产能在一定时间是相对固定的,例如酒店的房间、服务人员的数量等,需求一旦有较大波动,产能的相对固定及缺乏库存能力很容易给物业企业带来服务的供需不平衡。物业服务产能通常的限定因素有时间、设备、劳动力、地点等,分析企业服务产能的限定因素是科学管理需求的前提条件。

区别于其他服务性行业,物业服务的需求有其自身的特点,它的需求曲线随着项目类型的不同而不同,并且提供的服务种类不一样,需求的变动也不一样。以学校项目为例,寒暑假阶段和开学阶段,保洁服务的力量调配有很大差别。同样,剧院类项目在演出期间和非演出期间,保安、保洁、工程服务的力量调配也不一样。物业服务企业面临的最大挑战是如何通过调节服务的供需来提高产能利用效率。所以,在确定需求的优先级后,物业服务企业必须针对不同类型项目的需求分析其变化,了解不同业态和不同服务的需求曲线,科学管理需求波动,有效配置资源。当前服务科学领域相对成熟的需求管理方式是采取措施影响需求波动、采取措施调节产能或两种方式相结合。

采取措施影响需求波动的方式需要企业充分了解市场的运行模式和需求驱动因素,分析不同的需求阶段,运用相应的营销策略来平衡需求的多样性。该方式首先需要对需求进行细分,因为服务的需求很少来自同一来源,不同来源的需求在驱动因素或改变需求波动的刺激敏感程度方面存在差异,我们可以根据实际情况划分需求条件。在细分需求的基础上,物业服务企业可以通过调整价格来影响需求,这种方式基于经济学的供求关系,要想有效,取决于对客户的价格敏感性和需求曲线的深入了解。

服务企业还可以使用预约方式来影响需求,这可以被视为服务的"库存"或"延迟交付"。以学校物业为例,学校物业有一项区别于其他业态的服务——搬运服务。某物业企业在首次进入学校物业时,设置了4名搬运人员专门负责这项业务,没想到学校搬运服务的工作量非常大,老师们知道有专门的搬运服务后纷纷申请,员工们疲于奔命,流失率非常高,而老师们却认为及时性不够,对此项服务也不是特别满意。经过一段时间的分析后,物业经理和学校领导沟通,调整了申请流程,要求各个年级的老师必须提前两天填写《搬运服务申请单》,在经过总务主任审批后,转交物业企业执行。这样一来,既要预约又要审批,流程上的烦琐减少了部分不必要的搬运需求,降低了总的需求数量,同时预约方式还可以减少等待时间,保证服务可用性,从而使真正具有搬运需求的老师得到相应的服务,大大提高了满意度。

采取措施调节产能的方式需要物业服务企业了解整个产能的构成,以及如何根据需求的变动增加或减少服务供给,通过调节产能来匹配需求。调整产能的方式有很多种:①扩大产能,大量招聘物业员工以追赶需求,但会增加企业的变动成本;②在淡季的时候安排停工,让员工在淡季休假,例如学校物业的寒暑假;③对员工交叉培训,如果一个岗位的员工能够掌握多种技能，在该岗位的工作并不繁忙时，他们就可以根据需要在需求高峰期的"瓶颈"时间段转移至相应岗位；④使用临时员工，可以在需求高峰时增加服务系统的产能；⑤创造柔性产能，即资源统筹调配，为不同细分市场的需求提供混合供应能力等。

以某地一家剧院项目为例，剧院的演出场次和形式每个月都是动态的，不同的剧种服务要求也有所区别，物业服务必须围绕演出来展开，需求波动比较大。鉴于用工成本以及需求的不确定性，剧院项目的物业服务方采用了灵活的用工策略，取消设立原准备配置8名人员的礼宾部，在征得甲方同意后，洽谈了一家第三方礼仪公司来替代。双方商定如果有演出提前一天通知，礼仪公司派出临时礼宾人员，费用按小时结算，礼仪公司承诺派出的人员尽可能相对固定。这样一来，通过临时用工调节产能，既可以应对不确定性的需求，又可以解决剧院和物业企业的成本压力。

本章参考文献

[1] DOYAL L., GOUGH I. A theory of human needs[J]. Critical Social Policy, 1984, 4(10): 6-38.

[2] KOTLER P. Marketing management: The millennium edition[M]. Upper Saddle River, NJ: Prentice Hall, 2000.

[3] 罗永泰，卢政营. 需求解析与隐性需求的界定[J]. 南开管理评论，2006，9(3)：6.

[4] 李四达. 服务设计概论：创新实践十二课[M]. 2版. 北京：清华大学出版社，2022.

[5] ROSENBAUM M. S., OTALORA M. L., RAMÍREZ G. C. How to create a realistic customer journey map[J]. Business horizons, 2017, 60(1): 143-150.

[6] TEMKIN B. D. Mapping the customer journey[J]. Forrester Research, 2010, 3: 20.

[7] 简书. 用户体验可视化初探[EB/OL]. (2018-09-07)[2024-10-26]. https://www.jianshu.com/p/b049f59243ed?utm_campaign=maleskine&utm_content=note&utm_medium= seo_notes&utm_source=recommendation.

[8] PARASCHIVESCU A. O., COTÎRLEȚ A. Kano Model[J]. Economy Transdisciplinarity Cognition, 2012, 15(2): 116-124.

[9] SAUERWEIN E., BAILOM F., MATZLER K., et al. The Kano model: How to delight your customers[C]. International working seminar on production economics. 1996, 1(4): 313-327.

[10] RASHID M. M. A review of state-of-art on Kano model for research direction[J]. International Journal of Engineering Science and Technology, 2010, 2(12): 7481-7490.

[11] WITELL L., Löfgren M., DAHLGAARD J. J. Theory of attractive quality and the Kano methodology–the past, the present, and the future[J]. Total Quality Management & Business Excellence, 2013, 24(11-12): 1241-1252.

[12] MASLOW A. H.. A theory of human motivation[J]. Psychological review, 1943, 50(4): 370.

第三部分
物业服务交付体系

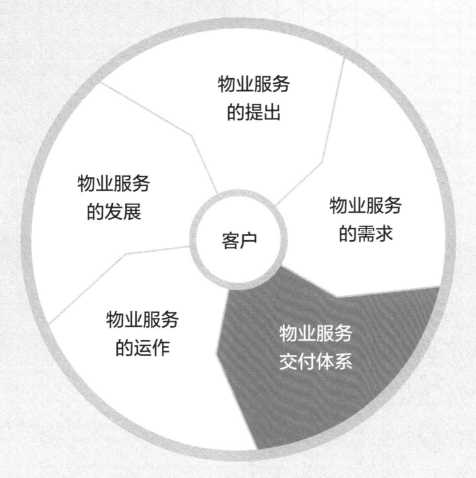

第三部分阐述了如何构建物业服务交付体系。在物业企业构建的整个服务系统中，和客户发生互动的是交互体系，通过客户旅程地图对需求的识别，服务设计对传递过程的描绘，物业服务提供者知晓了每个人的角色扮演、每个环节前后台的联动及服务程度，了解了需求波动、重点区域、重要时间段、主要服务接触等项目特性，从而构建物业服务交付体系以满足客户需求。

第五章 服务理念与服务设计

第一节 服 务 理 念

一、服务理念的确定

一般来讲，客户、员工、合作伙伴等企业利益相关者的心里对企业所提供的服务都有一个大致印象，这种头脑中对该企业的印象就是服务理念。爱德沃森(Edvardsson)等认为服务理念是指服务的最初形态，即企业的服务交付系统旨在向客户提供、传递的效用和利益(对客户的价值)[1]。服务理念包括对客户需求满足的描述，以及如何以服务内容或服务设计的形式满足这些需求，详细说明了为客户做什么(满足什么需求和愿望)以及如何实现(服务传递过程)[2]。就像新加坡航空公司描述的"我们在旅途中为您呈现的一切，都是为了愉悦您的五感"——阐述了希望满足的客户期望，为了实现这个目标需求，该公司通过"从熟悉的旋律到美味精致的佳肴，我们精心设计每一个细节"，来体现公司的服务理念。

客户需求和服务提供之间的对应关系至关重要，服务理念构成了出发点，是理解客户需求的核心，它可以引导企业以最有效的方式提供服务，并将服务绩效指标聚焦于对客户认知影响最大的领域，如必备型需求、期望型需求。服务理念还必须确保提供的服务能够实现企业的战略意图[3]。产生服务差距一个很重要的原因是企业打算提供什么(战略意图)和客户可能需要或期望什么(客户需求)之间的不匹配。尽管这一差距是由于员工培训不够或交付不当等其他原因造成的，但将服务理念贯穿于整个服务传递过程，确保企业的战略意图、员工的服务传递都能聚焦于满足目标客户的需求，可以很大程度上避免服务差距，如图 5-1 所示。

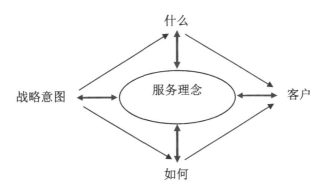

图 5-1 服务理念、战略意图、客户需求之间的匹配

服务理念包括 4 个维度[3]。①服务运营：服务传递的方式。②服务体验：客户对服务流程的直接体验，这和服务提供商与客户打交道的方式有关。③服务结果：提供服务后客户

所得到的好处和结果。④服务价值：客户在与服务支出相权衡后从服务中感受到的内在利益，包括有形的利益及感觉、情感等无形利益。服务理念的四个维度为实践操作提供了一种心理图景，创建了一个组织能够理解并与员工和客户共享的视角，它指导相关人员清晰地了解服务企业究竟提供的是什么以及采取何种方式提供服务，并帮助营销人员了解企业的市场方向。

二、服务理念的重要性

客户需求是服务的起点，在辨识出相应的需求后，企业必须构建服务交付体系来满足客户的需求。服务体系构建的前提是确定和企业发展战略相匹配的服务理念，该理念必须符合目标市场的客户期望，在服务理念的指引下建立服务交付体系，包括需求的分级、服务过程的设计、服务设施的配置等。以新加坡航空公司为例，该公司的客户都对其宽大的公务舱、舒适的座椅、温柔优雅的空姐、精致美味的餐食赞不绝口，这些服务接触很好地诠释了该公司的服务理念"我们在旅途中为您呈现的一切，都是为了愉悦您的五感。从熟悉的旋律到美味精致的佳肴，我们精心设计每一个细节，以提升您在我们航班上的旅程体验"。谈起春秋航空公司，映入客户脑海的就是便宜的机票价格、拥挤的座椅、收费的简餐，同样体现了"向旅客提供安全、低价、准点、便捷的空中旅行服务"的服务理念。

和两家航空公司一样，很多成功的服务企业都有一个非常清晰的服务理念，这种理念不仅可以指导员工的服务传递过程，而且能让企业的利益相关者——客户、供应商、投资者等有切身的体会。无论是在服务交付之前、期间还是之后，客户对企业的服务理念都会有自身感受，它可能来自亲身的服务体验、朋友的口碑相传或者其他方面的信息。如果企业的服务理念不够明确，很容易形成客户对服务的感知与客户期望之间的服务差距。有些物业公司宣称其服务理念是"以客户需求为导向，致力为客户提供全面优质的物业服务"，什么叫全面优质？类似概念过于宽泛，员工很难理解落实。而实际服务中，员工经常以"合同中没约定""不是物业的管理范围"等拒绝业主的某些诉求。服务理念的不清晰使得双方在认知上有着较大差距，无形中降低了企业在客户心目中的形象。

从前台的服务接触到后台的支持性活动，服务理念可以帮助实现交付体系构建过程的统一。区别于制造业的产品，服务通常不是某个具体事物，而是设备、劳动力、技能等要素的组合。在构建交付体系时，企业必须对服务的每个环节做出设计(设施的布置到服务的方式、交付的时间等)。即使是一个相对简单的服务，从构思到设计再到可交付服务也会做出许多决策。这些提供服务所需的大量决策是在企业的多个层面上做出的，企业面临的一个主要挑战就是确保每个环节上的决策思路都保持一致，这个过程中起关键作用的就是服务理念。

服务理念在服务体系的构建中，不仅作为服务设计的核心元素，而且贯穿员工的整个服务传递过程，是将服务本质"具体化"的手段[2]。物业服务的传递过程非常复杂，服务类别多、设施多、人员多，面对的客户也形形色色，服务理念可以统一所有"角色"的想法，让大家共同围绕一个目标努力。实践中，很多物业从业人员的学历并不高，过多的标准、规范困扰着他们，类似于"愉悦您的五感"这样的服务理念相对简洁易懂。一旦培训到位，他们在服务传递过程中，会提醒自己不要让客户的"视觉、听觉、嗅觉、味觉、触觉"有不舒服的体验，自行规范传递过程中的行为。

三、服务理念的贯彻

有效贯彻企业的服务理念,第一,需要将其分享给客户、员工、供应商等利益相关者,让大家都能理解服务理念的内涵。因为有时候客户并不理解一个企业试图提供什么服务,同样企业也并不总是了解客户如何看待自己的服务。第二,服务理念应贯穿整个服务设计过程,企业提供服务的方式应当和服务理念相匹配,这样可以确保服务的一致性,让客户头脑中对企业的印象变成实实在在的感受。第三,甄选相同价值观的员工,让员工从内心接纳企业的服务理念,并愿意扮演其所赋予的角色,按照既定的服务设计去满足客户的需求。第四,企业要常态化、针对性培训宣贯。服务理念的灌输不是一朝一夕就能完成的,需要长时间沉淀才能逐步培养起意识。并且,不同层级的员工培训宣贯的方式应当有针对性,将服务理念和日常服务行为结合起来的方式最容易被员工接受。第五,企业需要将服务理念融入管控体系的构建,常态化地监测日常运营工作中的推进效果,一方面切实推行企业的服务理念,另一方面将服务水准维持在客户需要的水平。

【案例 5-1】A 物业公司服务理念宣贯

A 物业公司把自己的服务理念确定为"精致、品位、贴心",公司管理层的本意是"精致——精致的服务设计,品位——品位的服务接触,贴心——贴心的服务细节"。公司让人力资源部下发培训文件,并落实检查。

两个月后,有一天公司领导到现场进行项目调研,随机询问了客服、工程人员、保洁人员各一名员工。客服回答:"我们的服务理念是精致、品位、贴心,精致是我们买的东西要精致,其他含义不知道。"工程人员回答:"精致指的是服务细节,贴心就是要让业主暖心,品位讲不上来。"保洁人员很紧张,说:"今天晨会,主管还让我们背过的,现在突然想不起来了。"

公司领导回去征求大家意见后,在原有方式上增加了三个措施:①让人力资源部根据不同的管理层级制作不同的培训版本;②将服务理念与各工种的日常行为结合起来,制作了一些视频、照片,在项目上播放张贴;③将服务理念解释给客户,让客户共同监督。

一段时间下来,各个方面的反馈非常好,员工们觉得公司的服务理念很容易理解,在工作的时候自然而然就会约束自己的服务行为。客户觉得也很好,认为 A 公司管理很用心,员工的服务行为、现场的服务效果的确有所改进。公司的中层管理人员也觉得好,员工的服务意识增强了,平时笼统地讲哪项服务怎么做效果并不好,现在员工可以用服务理念指导自己的行为,自己在工作中也会举一反三。

第二节 服 务 设 计

一、服务设计的概念

关于服务设计的定义,无论服务营销领域还是设计领域,当前都无法达成统一意见。霍尔姆利德(Holmlid)的观点有一定的代表性,认为服务设计关注于系统地运用设计的方法和原理去设计服务,以客户/用户为特定服务的出发点,通过使用创造性、以人为中心和用户参与的方法来模拟服务如何执行[4]。在服务设计中,合作者"想象、表达和编排其他人看不到的东西，设想尚未存在的解决方案，观察和解释需求与行为，并将其转化为可能的服务未来，用体验的语言表达和评估设计的质量"。另一种比较有代表性的观点是基于管理学的视角，认为服务设计是指服务模式、内容、流程以及服务系统的设计[5]。

服务设计源于产品设计，产品设计的概念在制造业已经非常成熟，可以为我们提供一些思路。产品设计是指从制定新产品设计任务书起到设计出产品样品为止的一系列技术工作，其工作内容是制定产品设计任务书及实施设计任务书中的项目要求(包括产品的性能、结构、规格等一系列技术经济指标)[6]。服务是服务企业输出的产品，基于这个视角，本书认为霍尔姆利德的定义在实践中更具可操作性，并且不容易和企业管理的有关概念相混淆。由此，本书探讨的服务设计是指以描绘服务传递过程为主的设计。

尽管服务科学领域没有一个公认的服务设计定义，但实际操作中，大家都遵循五个原则作为服务设计思维的核心[7]：①以用户为中心，从顾客的视角来设计和体验服务；②共同参与，尽可能让所有利益相关者参与到服务设计过程中；③流程化，服务应可视化为一系列相互关联的活动；④有形化，无形的服务转化为可见的人为展示形式；⑤整体性，服务环境应整体考虑。五个原则概括出了服务设计的核心，便于理解和运用，在实际服务设计过程中应尽可能地遵循。

二、为什么需要服务设计

1982年，美国肖斯塔克(Shostack)教授构建了服务蓝图，将其专注于服务传递过程中的服务设计及其可视化，由此服务设计逐步成为服务科学的一个重要组成部分。为什么需要服务设计，我们可以从B物业公司发生的服务失误中得到启发。

【案例5-2】B物业公司采购对讲机发生服务失误

5月，业主方需采购一批对讲机，口头告知B物业公司现场服务团队，物业经理收到信息后同样采用口头告知的方式告知总部行政办公室采购。行政办公室采购专员在供应商库里随意找了一家五金店，让其帮助采购。五金店从来没有采购过对讲机，于是在网上找了一家公司采购了对讲机。

6月，采购方送货到现场，业主方收货。其中，有30部对讲机由物业和业主方共同使用，初期使用时正常。在使用至11月份时，双方发现信号较弱，业主方工程技术中心联系该地区对讲机总代理商进行测试，发现该批次对讲机为私自组装产品，非原厂生产，所以发生信号弱和不稳定现象。业主方随即退回全部产品，并要求B物业公司承担赔偿责任。

案例中B物业公司的现场团队把客户的采购服务委托看成一项简单的购买行为，既没有任何服务设计，也没有任何管控流程。而行政办公室的工作人员随意转发给五金店采购，也不管该五金店有没有采购经验，有没有相关资质，而五金店也是简单粗放地从网上购买，最后导致服务失误。整个采购过程就是"二传手"，层层转发，说明B物业公司对整个采购服务传递过程缺乏系统的设计和控制。

如果我们为该采购服务设计一张服务蓝图(见图5-2)可以发现，整个采购服务流程大致分为提出采购需求、审核采购计划、确认采购价格、验收、签收入库、计划对账、财务结算七个步骤。B采购公司忽略了诸多环节，尤其是最关键的质量检测环节的缺失，导致服务失误。如果B物业公司针对这种新的服务内容，仔细分析服务特点，在描绘服务传递过程时，通过客户旅程地图或服务蓝图等工具，梳理出客户在业务办理过程中所有的环节，进行针对性的培训模拟，可以很大程度上避免类似的服务失误。

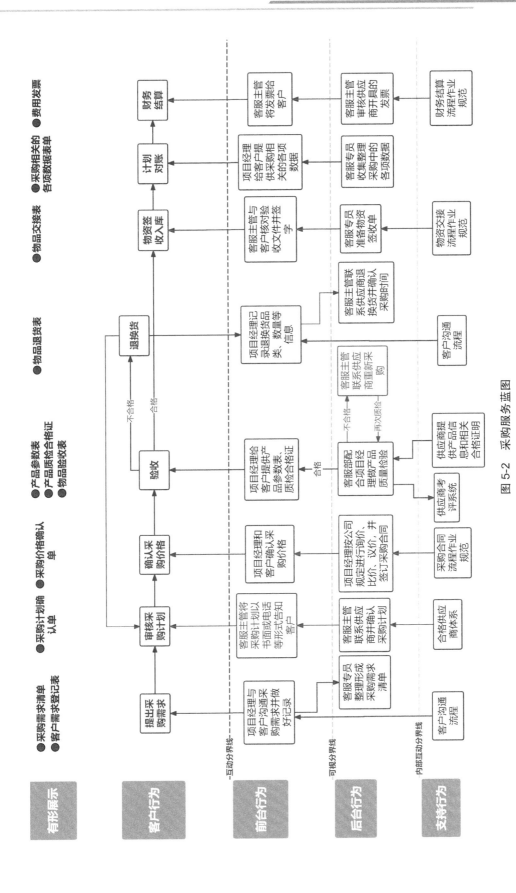

图 5-2 采购服务蓝图

三、服务设计的内容

定义无法达成统一认识,导致服务设计应该包含哪些内容,不同的视角有不同的观点。肖斯塔克教授运用服务蓝图来描绘服务传递过程时,涵盖了服务过程、容易失误的节点、服务执行的时间范围以及利润情况四个要素。菲茨西蒙斯(Fitzsimmons)认为服务设计内容应当包括两大类:结构性要素和管理或运作性要素。结构性要素包括传递系统、设施设计、选址及能力规划,管理或运作性要素包括信息、质量、服务接触及管理能力和需求,如表 5-1 所示[8]。将这些设计要素设计成能够持续满足组织战略愿景的服务,同时向顾客和员工传达他们所期望得到的服务。沃茨等提出服务产品设计应包括并整合三大要素:核心服务、附加服务、传递流程。附加服务分为支撑性服务(信息、订单、账单、支付四类服务)和增强性服务(咨询、热情接待、保管、例外情况四类服务),它们围绕核心服务构成了一朵"服务之花"[9]。

表 5-1 菲茨西蒙斯服务设计的内容

设计要素	内容
结构性的	
传递系统	流程结构 服务蓝图 战略定位
设施设计	服务场景 建筑 工艺流程 布局
选址	地理需求 选址工作 选址策略
能力规划	战略角色 排除模型 规划原则
管理或者运作性的	
信息	技术 可扩展性 网络使用
质量	测量 设计质量 补救 工具 六西格玛
服务接触	接触三元组合 文化 供应关系 外购
管理能力和需求	战略 收益管理 排队管理

其实服务产品非常复杂,行业的特性也不相同,某个观点适用于这个行业,未必适用另一个行业。例如,菲茨西蒙斯的观点在物业服务行业就不完全适用,物业服务的地点以及物业用房很大程度上都是业主方直接指定的,物业企业在选址方面没有话语权,谈不上选址设计。所以结合实践来看,服务设计的内容没必要框定某几个要素,企业应当在描绘出整个服务传递过程的基础上,根据具体行业的特性和创建目的,确定相应的设计要素去模拟服务的执行。目前,描绘服务传递过程最常用的是服务蓝图,该工具创建至今已经 40 多年,作为解决服务设计和服务创新中许多问题的有效方法已经得到了实践的验证,尤其适合客户体验设计。它建立了以客户为中心的视角,将整个服务传递过程可视化展现出来,既有可以探讨服务交付体系构建的概念蓝图,又有在具体细节上应用的操作蓝图[10]。

四、服务设计的方法

常用的服务设计方法有三种：生产线方法、客户参与式方法和客户接触方法[8]。生产线方法源于最初的制造业，它是通过专业化分工把服务传递过程切割开来，将服务流程、顺序固定下来，对每个环节仔细策划设计，尽可能用机器代替人工，提高服务的标准化水平。生产线方法应用得非常成功的是麦当劳公司，汉堡是经过精心包装和预先测量的，储存和制备空间等相关设施是专门为预先确定的产品组合而设计的，服务员的角色扮演就是尽可能按照设计师的意图去操作。通过对零售店每个环节的精心设计，使得零售店及其员工在尺寸、质量、服务的一致性方面自由裁量权很小，这种制造业思维的应用，使麦当劳能够持续吸引和保持顾客。在物业服务中，这种思路可以应用到服务对象为物的维护交互型服务设计中，如工程设备的巡检工作。

客户参与式方法是指企业把目标集中在愿意进行自我服务的人群，让客户参与到服务过程中，客户不是被动的旁观者，而是直接参与服务活动的合作者。采用这种设计方法必须了解客户的目标，如他希望做什么、希望实现什么、希望经历什么。需要考虑的主要问题是把握客户的需求偏好和心理特点，引导客户参与服务过程，授予服务人员必要的决策权利，让他们自己处理服务过程中可能出现的各种问题[5]。有些住宅小区在公共绿化区开辟亲子种植园，让业主自行承担部分绿植服务就是这样一种设计思路。

客户接触方法是根据服务接触程度的不同进行服务设计的一种方法。高接触度服务和低接触度服务的主要区别，前者客户在服务现场，后者可以和客户实体上分离，这样的好处是后台活动(低接触度服务)可以按照工厂方式安排作业，提高产能利用效率。医院物业中的护工服务对服务提供者提出了更高的要求，与病人的任何互动都会使员工成为服务的一部分，因此他的态度会影响病人及其家属对所提供服务的看法。保洁服务中的专项保洁工作可以实现服务供应和需求的精准匹配，因为待完成的工作(大理石的镜面处理、不锈钢的保养等)可以按照资源导向的时间表进行，不受任何干扰。所以，这种设计方法需要剖析服务传递过程，将高接触度岗位和低接触度岗位分开来设计，也称为技术核分离方法。

第三节　服务蓝图

一、服务蓝图的产生

蓝图是指用感光后变成蓝色或其他颜色的感光纸制成的图纸，借指建设计划。服务蓝图经过实践的发展，现在已经成为一种有效的描述服务设计和服务创新的重要技术。肖斯塔克教授最初从分子建模中得到启发，创建的初衷是希望构建一个系统，该系统允许以客观和明确的方式映射服务的结构，同时还能涵盖服务营销所需要的基本功能[11]。由于服务基本上是一个过程，所以这个系统应当是建立在工作过程、工作行为和工作流三个元素的基础上。和这三个元素相关的设计工具分别是工时/动作工程(Time/Motion Engineering)、PERT 项目规划技术(PERT Charting)、计算机系统和软件设计(Systems and Software Design)。

肖斯塔克教授认为三种技术尽管没有一个能提供完整的解决方案，但都提出了相应的工具和理念，服务设计可以在它们的基础上进行改进。由于服务的过程是按时间顺序进行的，所以服务蓝图的构建应当像 PERT 项目规划技术一样，在图表上显示相应的时间维度。同时，服务蓝图应当借鉴工时/动作工程中的方法，确定出服务所有的主要功能和子功能，体现所有功能的输入和输出，建立工作图表。与计算机系统和软件设计一样，服务蓝图必须能够识别和处理错误、瓶颈、循环步骤，以及在不影响客户对整体质量和标准的感知下，执行服务蓝图时的容许偏差等。

由此，我们可以理解服务蓝图是肖斯塔克教授借鉴其他科学工具的理念和优点，用于对服务活动进行设计的一种技术，并没有特定的条条框框。

二、服务蓝图的构成

服务蓝图构建的目的是描绘整个服务传递过程，图 5-3 是一个服务蓝图的大致框架，它通过三条分界线(图中虚线)将服务传递过程中各个主体的行为区分开来。最上面一条是互动分界线，它将客户的行为和前台员工的行为区分开来；中间是可视分界线，在它上方出现的一切都会被客户看到，在它下方出现的一切一般都不可见；最下面一条是内部互动分界线，它把员工的行为和后台支持系统分割开来。

服务设计的宗旨是以客户为中心，从客户的视角描绘服务传递过程，所以客户行为是服务蓝图的主要脉络。互动分界线的上面是客户的行为，它模拟出客户按时间顺序在服务传递过程中的关键步骤，例如图 5-2 中客户提出采购需求、审核采购计划、确认采购价格、验收等七个步骤。客户行为中每个环节都会有影响其服务体验的有形元素，即图 5-2 中最顶端的有形展示，如客户需求登记表、对账单等。互动分界线下面一行是与客户直接进行服务接触的前台员工的相应行为，例如项目经理和客户的沟通、客服主管和客户的核对验收等，和互动分界线垂直的竖线代表了客户与前台员工发生互动时的服务接触。

可视分界线和内部互动分界线之间是客户无法看见的后台员工的行为，他们和客户不直接发生服务接触，垂直线描绘了他们与前台员工的互动。服务蓝图最下方的组成部分是整个服务传递过程的支持活动，如物业企业的财务结算系统，这些都是由公司或个人进行的支持性行为，包括内部服务过程、步骤以及相互作用。从支持区域到蓝图其他区域的垂直线显示了向最终客户提供服务所必需的功能间的连接和支持。

图中的黑色圆圈 F 代表潜在失误点，表示这个环节存在服务失误的风险。在描绘出整个服务传递过程后，服务提供者可以预判到其中的某些环节可能会出现错误，正如案例 5-2 中的质量检测环节。故障点的识别和故障安全流程的设计至关重要，因此服务蓝图必须构建相应的服务补救预案来预防可能发生的失误，以防止措手不及、延误时机。通过在服务设计阶段分析潜在故障点，管理者一方面可以更好地采取防范措施，大大减少服务失误，另一方面在发现服务失误后可以迅速、规范地采取服务补救行为，用实际行动践行企业的服务理念。

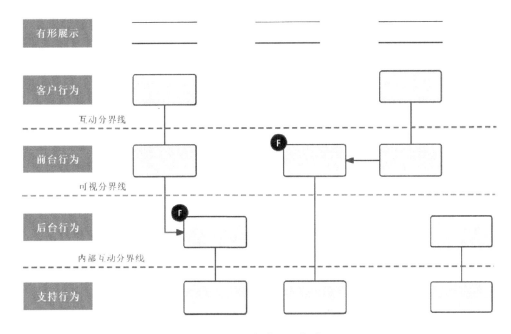

图 5-3 服务蓝图的构成

服务蓝图采用视觉和定量的方式,具体地展示出服务传递过程中的构成要素,让员工能够直观地理解整个服务过程,作为参与者"站在同一个页面上"演示、叙述和编排他们理想的服务场景,了解服务设计的方式。这些构成要素不是一成不变的,除了员工外,企业其他利益相关者都可以根据各自的需要和不同目的,在基础架构上增加其他研究元素(如时间维度)进行调整、分析、修改。

三、服务蓝图构建的步骤

创建目的不同,服务蓝图的构成要素不同,目标客户不同,服务蓝图的构建对象不同,相应的行为也不相同。所以,在明确构建目的和目标客户后,方可着手构建服务蓝图,图 5-4 列出了构建服务蓝图的基本步骤。

图 5-4 服务蓝图构建步骤

步骤1:根据创建目的,确定需要构建的具体的物业服务过程和构建元素。如果是战略层面的研究,服务蓝图的设计应当宜粗不宜细,如果是操作层面的研究,服务蓝图就应当建立在每个细节基础上。同时,物业服务提供的是服务组合,构成组合的各种类别服务的互动本质不一样,要根据具体的研究对象,确立构建元素。例如,工程设备(维保)和保洁服务(私区)的服务蓝图有本质的区别,前者是低接触度任务交互型服务,后者是高接触度人际交互型服务,在描绘相应服务传递过程时,应当分开构建。

步骤2:从客户角度,描绘整个服务过程。在确定目标客户的基础上,勾画出该客户在物业服务传递过程中的行为,以及过程发展的顺序、步骤,这个部分是服务蓝图中所有其他元素勾画的基准。服务蓝图必须清楚地展现客户在整个服务过程中的一系列行为,包括他们和物业前台员工主要的接触点,即"关键时刻",目标是捕捉传递过程中的接触。后续,服务设计者应当围绕"关键时刻",尝试建立物业服务接触清单,进一步设计清单中每个场景的接触方式,甚至可以尝试从客户的视角把重要片段拍摄下来,生动呈现"真实时刻",直观展现服务场景。

步骤3:根据客户行为,描绘出前、后台物业员工的对应行为。客户行为描绘好后,画出内部互动分界线,以客户步骤为基准,从员工的视角绘制相应的员工行为,发生服务接触的地方两者应当一一对应,用垂直于互动线的带箭头线段上下相连。描绘物业员工行为时,将客户可以看见的部分和看不见的部分用可视分界线区分开。步骤3应当和提供具体服务的员工共同设计,他们的实践经验对服务蓝图的可操作性非常重要。并且,参与服务设计的员工不仅在实践中会更加投入,而且这种在服务设计中的参与确保了所提供的服务将是一种积极的体验。

步骤4:描绘出物业企业的支持性活动。在后台员工行为下面画出内部互动分界线后,开始描绘服务传递过程中企业或个人的支持性行为,任何影响客户体验的支持流程都应当在服务蓝图中描述出来。支持过程包含了大量信息,服务蓝图中每个环节的信息都是由支持系统提供的,它承担着后勤补给的功能。将其和相应的员工行为之间用带箭头的线段相连接,可以展现出物业服务人员的行为和支持系统的关系。

步骤5:描绘出客户行为上方的有形展示。有形展示也称为服务证据,包括物业企业的形象识别体系、服务环境、空间布局、员工服饰等,体现了企业的服务风格,是推广服务形象、服务理念的载体。服务证据必须像服务本身一样精心设计和管理,因为它为客户寻找其头脑中的服务理念提供了线索。

本章参考文献

[1] EDVARDSSON B, OLSSON J. Key concepts for new service development[J]. Service Industries Journal, 1996, 16(2): 140-164.

[2] JOHNSTON, R, CLARK, G. Service Operations Management[M]. Pearson Education, 2001.

[3] GOLDSTEIN S. M, JOHNSTON R, DUFFY J A, et al. The service concept: the missing link in service design research?[J]. Journal of Operations management, 2002, 20(2): 121-134.

[4] HOLMLID S., EVENSON S. Bringing service design to service sciences, management and engineering[M]//Service science, management and engineering education for the 21st century. Springer, Boston, MA, 2008: 341-345.

[5] 雒兴刚,张忠良,阮渊鹏,等. 基于管理视角的服务设计问题的研究综述与展望[J]. 系统工程理论与实践,2021,41(2): 11.

[6] 何盛明. 财经大辞典[M]. 北京：中国财政经济出版社，1990.

[7] 雅各布·施耐德，马克·斯迪克多恩. 服务设计思维：基本知识—方法与工具—案例[M]. 南昌：江西美术出版社，2015.

[8] 詹姆斯·A. 菲茨西蒙斯，莫娜·J. 菲茨西蒙斯. 服务管理：运作、战略与信息技术[M]. 原书第7版. 北京：机械工业出版社，2013.

[9] WIRTZ J, LOVELOCK C. Services Marketing: People, Technology. Strategy[M]. World Scientific, 2016.

[10] BITNER M J, OSTROM A L, MORGAN F N. Service blueprinting: a practical technique for service innovation[J]. California management review, 2008, 50(3): 66-94.

[11] LYNN SHOSTACK G. How to design a service[J]. European journal of Marketing, 1982, 16(1): 49-63.

第六章　物业服务交付体系的构建

第一节　描绘客户旅程地图

一、目标客户分析

物业服务交付体系的构建应当以客户为特定服务的出发点，所以对目标客户进行分析是起点。本章选取行业中比较复杂的场馆业态项目——A 演艺中心来探讨，在方便理解的同时，还可以和现有团队凭经验管理的现状进行对比，以加深对物业服务科学属性的认识。A 演艺中心是某市第二大专业演出场馆，2020 年投入使用，总建筑面积 3 万多平方米，地下两层，包括 1 个 1600 座的演出大厅以及多个专业演艺厅、排练厅等功能性用房，目前由该市排名第一的 B 物业公司提供服务。

A 演艺中心是表演音乐、话剧、歌剧、歌舞、曲艺、戏剧等文化娱乐活动的建筑物，区域内活动的人都是围绕这个建筑功能的实现而汇聚在一起，主要为业主方人员、演职人员、观众、来访人员四类。物业服务企业通过整合人员、场所、流程和技术等来确保演艺中心建筑功能的实现，提供的服务必须满足区域内客户的需求。本章着重分析演艺中心物业企业面临的三类主要客户——业主方人员、演职人员、观众，来访人员由于路线重叠且非常态化，所以在此不再赘述。

业主方人员是演艺中心的甲方，其基本特征是 25~40 岁的中青年，文化程度普遍较高；技术类工作人员以男性为主，其他部门如场租部、演出部等以女性居多；主要关注观众、演职人员的体验，自身办公的体验以及演艺中心的营收状况。演职人员是指参加演出活动的演员、编导、剧务等为演出服务的工作人员，这类客户同样年轻人居多，但流动性较大，不熟悉现场地形和房间内的基础配置，有较高的艺术欣赏和表现能力，品位和眼光相对较高；主要关注装拆台的便利性、化妆间、舞台、后台的环境。演艺中心的观众通常随着演出节目种类的不同而不同，本章探讨的观众是指该市地方戏的观众，其基本特征是年龄大部分在 50 岁以上，喜欢结伴而行，在场馆内需要引导；对演出团体的演员较为重视；注重进场秩序、场馆环境以及工作人员的服务态度等。

二、A 演艺中心的客户旅程地图

在第三章已经介绍过服务剧场理论可以让我们从整体的视角去系统地把握物业服务的特征，所以本章从剧场表演的视角对演艺中心的服务进行剖析。演艺中心业主方人员每天的工作大致分为办公阶段、装台阶段、彩排阶段、演出、卸台撤场等，演职人员的工作分为演出前阶段、演出中阶段、演出后阶段，观众类似。每个阶段就像剧场表演的一幕戏，每一幕戏下面又分许多场景。由于篇幅限制，本章分别选取三类客户当中相对重要的一幕戏进行描绘：业主方人员的办公阶段、演职人员的演出前阶段以及观众的入场阶段，其他阶段的分析与此相同。

1. 第一幕：业主方人员办公阶段

这幕戏以业主方人员开车从门岗进地下车库开始，然后乘电梯到楼层走廊，进入办公区域办公这样一个时间段，其客户旅程地图如图6-1所示。我们将业主方的行动轨迹分为进入门岗、地下车库停车、乘坐电梯、楼层办公、休闲区休息等九个场景，每个场景的最上方梳理出了此情景下的客户需求。单纯地写某种需求不仅抽象，而且比较宽泛，所以本书用满足该类需求所需提供的服务来表示，如停车方面的需求采用车辆引导来替代。客户需求的下方分别是客户在该场景的期望、痛点和机会。

将图6-1和演艺中心平时的物业服务对比发现，该项目团队所提供的服务很多是碎片化的，目的性也不是很明确，有些场景平时就没注意，还有某些场景下尽管提供了部分服务，但没有完全解决甲方在该场景下所有的痛点。以业主方在办公室场景下为例，业主方员工曾经向物业工程人员投诉空调开启后的声音比较大，但工程人员觉得空调定期清洗、消毒都很规范，制冷和制热的温度也都达到要求，每个房间都是这样，没什么问题。后来，客户采用分贝仪进行测量，居然有60分贝，远超国家办公标准，这时物业服务方才意识到自己工作的疏忽，忽略了人在办公环境下的五感体验。

客户旅程地图的描绘彻底改变了B物业公司驻场团队的服务观念。一直以来该团队在服务过程中，凭借的是公司和物业经理多年的行业经验，提供哪些服务，以及提供服务的方式，大多基于合同框架，并没有针对性。由于缺乏专业的服务设计，物业公司"以客户为中心"更多地体现在对业主方诉求响应的及时性上，而不是科学地、主动地、系统化地去满足客户需求。仔细分析旅程地图可知，整个办公阶段业主方所待的最长时间段以及最重要的区域都是办公室，五感体验的重要性不言而喻，服务团队以前把重点放在传统基础服务上，的确业主方也承认物业公司的基础服务做得蛮好的，但是总有种说不出的感觉。类似凭借经验提供服务的做法，在我国目前物业行业中不在少数。

2. 第二幕：演职人员演出前阶段

这幕戏以演职人员步行从门岗进演艺中心开始，乘电梯到走廊，进入服帽间存放服饰，然后进入化妆间化妆，到地下二层就餐区吃饭后去舞台的整个演出前的行动轨迹，如图6-2所示。

对比图6-1和6-2可以发现，业主方和演职人员特征的不同决定了双方的需求有较大差别。例如，演职人员不常驻演艺中心，流动性较大，对演艺中心的情况并不熟悉，所以标识指引尤为重要。由于缺乏服务设计，化妆间在楼层里，就餐区在地下二层，演职人员经常抱怨找不到吃饭的地方。图6-2八个场景中，化妆间和就餐区是该阶段的重点区域，演职人员要在化妆间里化妆、休息、存放物品，非常担心环境不干净、陌生人闯入、五感不适及物品遗失。就餐区是演职人员分批就餐的地方，每次就餐过程大约会持续2小时，物业人员一直待在就餐区服务，接触的时间相对较长。员工个人仪表是否整洁、餐桌是否及时清理、湿垃圾是否及时收集，服务人员在做好清理工作的同时如何不影响客户就餐、如何有效回答演职人员的问询，需要通过服务蓝图进一步分析传递过程。

第六章 物业服务交付体系的构建

图 6-1 业主方人员客户旅程地图(办公阶段)

	门岗	地库	电梯	走廊	办公室	茶水间	卫生间	会议室	休闲区
行为	下地库	停车	乘坐电梯	通行	办公	倒水	使用	开会	歇息、聊天
客户需求	• 保安门岗服务 • 保洁服务(公区) • 停车服务	• 保洁服务(公区) • 保洁服务(专项) • 标识指引 • 工程服务 • 消杀服务 • 能源管理 • 停车管理	• 保洁服务(公区) • 保洁服务(专项) • 标识指引 • 工程服务 • 能源管理	• 保洁服务(公区) • 保洁服务(专项) • 工程服务 • 能源管理 • 消杀服务	• 保洁服务(私区) • 工程服务 • 环境条件 • 室内绿植 • 消杀服务 • 收发服务	• 保洁服务(公区) • 保洁服务(专项) • 工程服务 • 标识指引 • 消杀服务	• 保洁服务(公区) • 保洁服务(专项) • 工程服务 • 标识指引 • 环境条件 • 消杀服务	• 保洁服务(私区) • 保洁服务(专项) • 工程服务 • 环境条件 • 会议服务 • 消杀服务	• 保洁服务(公区) • 保洁服务(专项) • 工程服务 • 标识指引 • 环境条件 • 消杀服务
期望	• 安全 • 方便	• 方便 • 节能	• 安全 • 洁净	• 洁净 • 节能	• 舒适 • 洁净	• 洁净	• 舒适 • 洁净	• 舒适 • 洁净	• 舒适 • 洁净
痛点	• 公区不干净 • 门岗人员不尽职(看手机、睡觉等) • 门岗人员对项目不熟悉、对询问无法应对、态度生硬 • 岗亭清洁状况差、物品混乱	• 设施损坏 • 节能不到位 • 清洁状况差 • 停车位被占或被堵 • 道闸故障影响通行	• 电梯故障 • 清洁状况差 • 非使用时段未关闭 • 客货梯不分,甲方人员同乘 • 轿厢内部环境美化	• 公区不干净 • 照明设备故障 • 节能不到位 • 闲杂、陌生人员徘徊 • 工具随意堆放	• 办公垃圾收取不及时 • 设施损坏 • 陌生人闯入 • 噪音、异味、温度等五感不适 • 四害干扰 • 服务人员出现不合时宜	• 设施损坏 • 清洁不及时 • 干湿垃圾不分 • 水池堵塞	• 清洁状况差 • 设施损坏 • 清洁用品配置不足 • 工具、物品等随意堆放 • 卫生间异味	• 设施损坏 • 环境条件不佳 • 会议系统、设备损坏 • 会议物品准备不及时	• 清洁不及时 • 设施损坏 • 四害干扰
机会	• 门岗人员问好 • 节日问候	• 标识完善、美化		• 优化节能措施,照明随开随关 • 节日装饰	• 节日礼品、问候 • 绿植更换	• 准备咖啡等茶具他饮品、小食	• 改善环境,放置香氛等	• 更周到的会务服务	• 举办节日活动 • 定期准备茶点

在描绘这幕戏以前，项目团队的看法是"平时我们和演职人员没有交集""演职人员一般是由业主方对接的，他们有需求会跟业主方讲"等。这种思维定势限制了团队的视野，他们眼中的客户就是业主方和观众，他们不了解演职人员的需求，以及如何为他们提供服务，平时根据业主方的传话"头痛医头脚痛医脚"。开业初期，演职人员经常向业主方抱怨现场的服务，而物业团队觉得很委屈。科学的服务设计可以突破传统思维的限制，当图 6-2 的旅程地图描绘出来以后，演职人员的行动轨迹清晰地展现了出来，他们在各个场景下的痛点被系统挖掘了出来，为演职人员服务的切入点也跃然纸上。其实，如果针对性地满足演职人员需求的话，他们流动性的特点完全可以给 B 物业公司在场馆类产品线上带来良好的口碑。

3. 第三幕：观众入场阶段

观众不仅是物业公司的客户，也是业主方和演职人员的客户，并且观众贡献的票房收入是演艺中心的主营业务收入，所以他们的活动体验对于物业服务方至关重要。这幕戏分两个部分：客户从门岗到售票大厅取票是一个部分，从正门入口检票到演艺大厅入座是第二个部分，如图 6-3 所示。这里需要说明的，A 演艺中心取票和进场检票的不是同一出入口，并且取票的客户有可能不是观众，但分析思路一样，本章探讨的取票客户和观看演出的都是观众本人。

图 6-3 中观众的需求和上面两类客户有较大差别，以往演艺中心的物业团队并没有仔细研究客户的特征，也没有分析客户在某个场景下需要什么服务，而旅程地图的描绘帮助他们更深入地了解客户，辅助他们对演艺中心进行客户分类和客户角色的确定，直观地展现细分客户的特点、行为以及场景下的痛点。以票务大厅为例，由于地方戏的观众年龄相对偏大，智能手机用得不是特别多，对于扫码、自动取票等诸多操作环节不熟悉，所以物业服务方在该场景下必须增设票务服务，辅助年长的观众操作智能售票设备。

在同一场景下，客户旅程地图将客户需求梳理了出来，打破了传统物业服务中以条线为主的工作思路，通过场景将各工种整合在一起，使服务得以"立体化"。以一楼大厅为例，观众的需求有公区保洁服务、专项保洁服务、工程服务、标识指引、礼宾服务、消杀服务、讲解服务以及绿植服务等，涉及物业现场所有的工作部门，各部门如果不能有效联动，很有可能顾此失彼，满足了这项需求，没有满足那项需求。

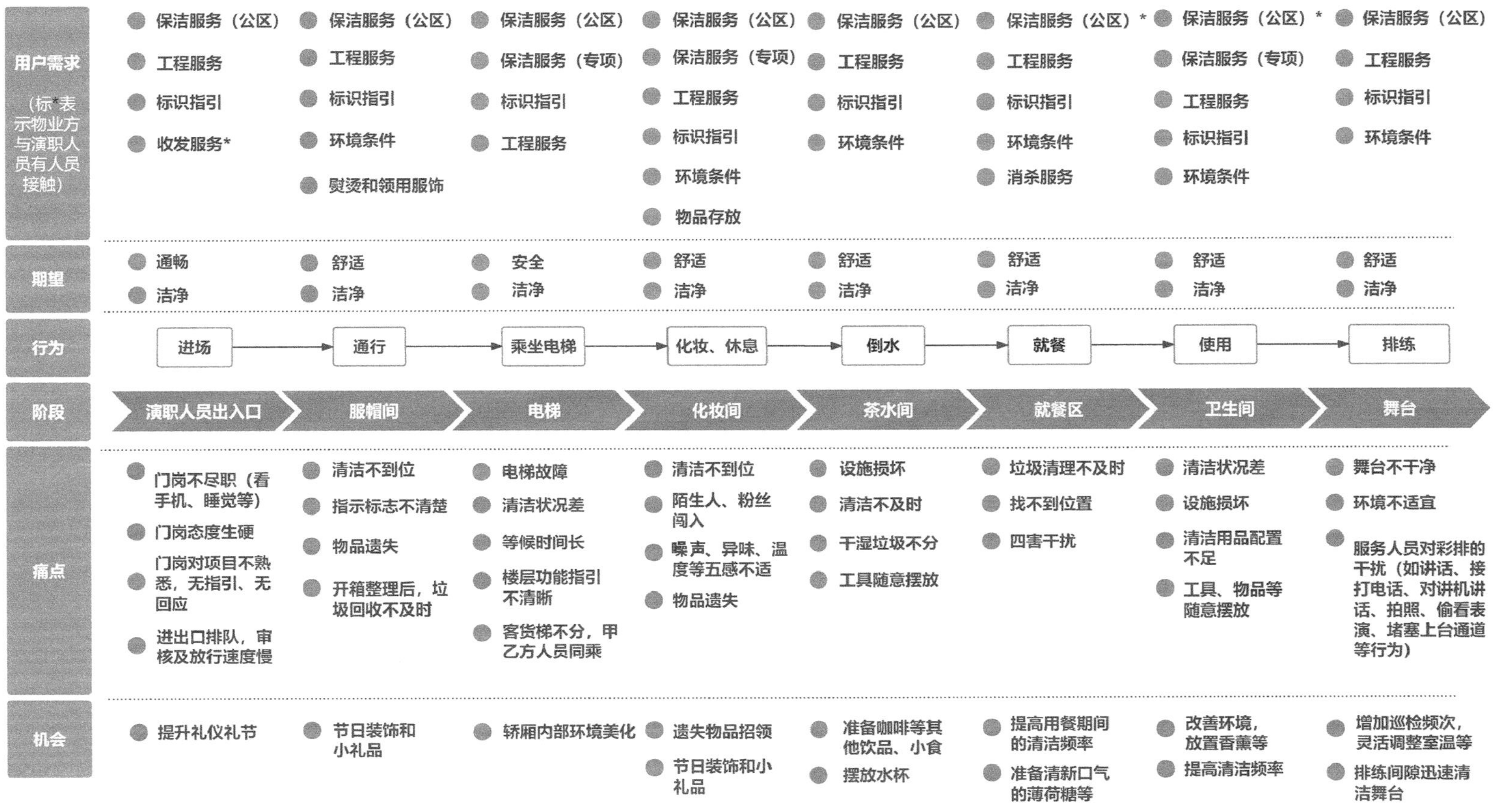

图 6-2　演职人员客户旅程地图(演出前阶段)

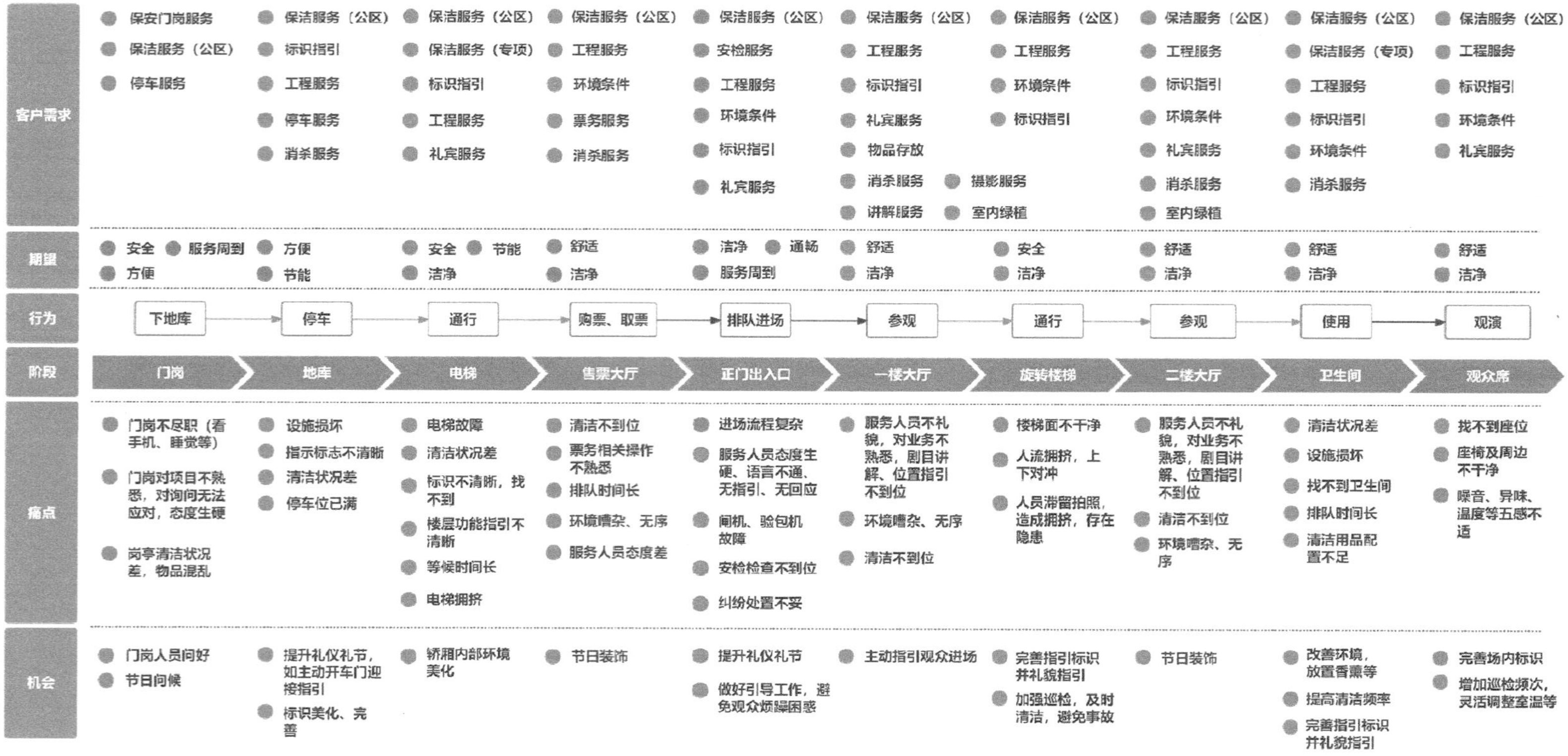

图 6-3 观众客户旅程地图（入场阶段）

阶段	下地库	停车	通行	购票/取票	排队进场	参观	通行	参观	使用	观赏
行为	门岗	地库	电梯	售票大厅	正式入口	一楼大厅	旋转楼梯	二楼大厅	卫生间	观众席
客户需求	● 保安门岗服务 ● 保洁服务（公区） ● 标识指引 ● 工程服务 ● 停车服务 ● 消杀服务	● 保洁服务（公区） ● 保洁服务（专项） ● 标识指引 ● 工程服务 ● 停车服务 ● 礼宾服务	● 保洁服务（公区） ● 工程服务 ● 环境条件 ● 票务服务 ● 消杀服务	● 保洁服务（公区） ● 安保服务 ● 工程服务 ● 环境条件 ● 标识指引 ● 礼宾服务	● 保洁服务（公区） ● 工程服务 ● 标识指引 ● 礼宾服务 ● 物品存放 ● 消杀服务 ● 讲解服务	● 保洁服务（公区） ● 工程服务 ● 环境条件 ● 标识指引 ● 礼宾服务 ● 摄影服务 ● 室内绿植	● 保洁服务（公区） ● 工程服务 ● 标识指引 ● 环境条件 ● 礼宾服务 ● 消杀服务 ● 室内绿植	● 保洁服务（公区） ● 工程服务 ● 标识指引 ● 环境条件 ● 礼宾服务 ● 消杀服务	● 保洁服务（公区） ● 工程服务 ● 标识指引 ● 环境条件 ● 礼宾服务
期望	● 安全　● 服务周到 ● 方便	● 安全　● 节能 ● 方便　● 节能	● 舒适　● 节能 ● 洁净　● 通畅	● 舒适 ● 洁净	● 洁净　● 通畅 ● 服务周到	● 舒适 ● 洁净	● 安全 ● 洁净	● 舒适 ● 洁净	● 舒适 ● 洁净
痛点	● 门岗不受理手机、看微信 ● 门岗对项目不熟悉，对咨询无法应对，态度生硬 ● 岗亭清洁状况差，物品混乱	● 设施损坏 ● 指示标志不清晰 ● 清洁状况差 ● 停车位已满	● 电梯故障 ● 清洁状况差 ● 标识不清晰，找不到 ● 楼层功能指引不清晰 ● 等候时间长 ● 电梯拥挤	● 清洁不到位 ● 票务指引操作不熟悉 ● 排队时间长 ● 环境嘈杂、无序 ● 服务人员态度差	● 进场流程复杂 ● 服务人员态度生硬、语言不通、无回应 ● 闸机、验包机故障 ● 安检查验不到位 ● 纠纷处置不妥	● 服务人员不礼貌、对业务不熟悉、周目讲解、位置指引不到位 ● 环境嘈杂 ● 清洁不到位	● 楼梯面不干净 ● 人流拥挤，上下冲突 ● 人员拥堵拍照，造成拥挤，存在隐患	● 服务人员不礼貌、对业务不熟悉、周目讲解、位置指引不到位 ● 环境嘈杂、无序	● 清洁状况差 ● 设施损坏 ● 找不到卫生间 ● 排队时间长 ● 清洁用品配置不足	● 找不到座位 ● 座椅及周边不干净 ● 噪音、异味、温度等五感不适
机会	● 门岗人员问好 ● 节日问候	● 提升礼仪礼节，加强开车门迎接指引 ● 标识美化、亮化	● 纾缓拥挤环境 ● 美化	● 节日装饰	● 提升礼仪礼节 ● 做好引导工作，避免观众踩踏事故	● 主动指引观众进场	● 完善指引标识，拌礼貌引导 ● 加强巡视、及时清洁、避免事故	● 节日装饰	● 改善环境，放置香囊等 ● 提高清洁频率 ● 完善指引标识，拌礼貌引导	● 完善场内标识 ● 增加巡检频次，灵活调整湿温度等

第二节　A 演艺中心物业服务的需求分析

A 演艺中心三类主要客户的旅程地图梳理出了 20 多种需求。需要说明的是客户旅程地图中的工程服务，整个演艺中心建筑物当前属于正常运营期，从服务对象看通常包括建筑物的共用部位、共用设施、共用设备，从服务行为上看包括巡检、维护、维修。为了方便，客户旅程地图中统一用工程服务表示，但在具体需求分析时，本书从服务行为的角度分拆探讨。在表 6-1 中，确保建筑物使用功能方面的需求有成品保护、工程设备(维保)、工程设备(巡检)等七项，建筑空间内使用者方面有停车服务、会务服务、收发服务等 22 项。在此基础上，物业服务企业可以进一步画出各类服务的需求曲线，以便后续科学管理需求波动，合理配置资源。

表 6-1　A 演艺中心客户需求分析

序号	需　求	需求类型		
		确保建筑物使用功能	建筑空间内使用者	
			辅助建筑物功能实现	其他类型
1	必备型需求	工程设备(维修) 成品保护	保安服务(门岗) 保洁服务(公区) 绿化养护(公区) 安检服务 票务服务	餐饮服务
2	期望型需求	工程设备(维保) 工程设备(巡检) 标识指引	保洁服务(私区) 保安服务(巡逻) 保安服务(监控) 消杀服务 采购服务	停车服务 活动保障 会务服务
3	魅力型需求	能源管理 环境条件	礼宾服务 熨烫和领用服饰	保洁服务(专项) 绿化养护(室内) 收发服务 摄影服务 讲解服务 物品存放
4	无差异需求	/	/	/

运用 KANO 模型对上述需求进行分析发现，必备型需求有 8 项，期望型需求有 11 项，魅力型需求有 10 项。八项必备型需求中，细分到某一类具体客户并不是每个需求都是必备型，它是梳理了三类客户各自的必备型需求后进行的汇总，其他类型的需求分析同理。以成品保护为例，演出方在装台阶段会同时在一楼大厅布置关于演出介绍、文创产品的展台，这时物业服务方必须遵循业主方的要求，事先对相应的物品和场所进行成品保护，防止布置展台时损坏大理石等饰面。所以，成品保护对演艺中心的业主方是必备型需求，对观众却不是。

经过分析可以发现，物业服务方首先应当做好八项必备型需求，确保这些工作不要出错，第一步做不到位的话，客户根本谈不上满意，更不要谈其他类型的需求满足。但值得注意的是，尽管都属于必备型，这些服务的互动方式并不相同。例如，绿化养护(公区)、成品保护属于低接触度任务交互型，安检服务和工程设备(维修)、票务服务属于中高接触度维护交互型。在很好地满足必备型需求的基础上，物业服务提供方应尽力去满足三类客户的期望型需求和魅力型需求，这是服务企业的竞争优势所在。通过客户旅程地图的梳理可以发现，在可以提供的物业服务中，期望型需求和魅力型需求占总需求的72.4%，可见其对于提高客户黏性的重要性。根据客户的基本特征，有针对性地满足他们后两种需求，给物业服务企业带来超出客户预期的机会，可以大大提高客户满意度。

第三节　物业服务设计

一、确定服务理念

物业服务产权不可转移的属性决定了项目必须将业主方和企业自身的服务理念融汇到一起。A演艺中心的业主方希望将其打造成全国一流的专业化、现代化演艺中心，努力成为南方演艺体系中的一个新地标。项目的服务理念应当和业主方的战略目标相匹配，所以B物业公司将A演艺中心的物业服务理念确定为"通过精心的服务设计，为客户的核心业务提供专业、安全、贴心的服务支撑，提高演职人员和观众在建筑空间内的服务体验"。

二、描绘物业服务蓝图

本章整合相应的设计要素，通过服务蓝图描绘A演艺中心在特定场景下物业服务的传递过程，模拟服务执行。特定场景指的是对应上文客户旅程地图的重点区域，对客户满意度影响比较大的场景。本章选取业主方办公阶段的办公室、演职人员演出阶段的化妆间以及观众入场阶段的一楼大厅三个场景来进行设计。

业主方办公阶段办公室的物业服务蓝图如图6-4所示，描绘了该场景下的物业服务传递过程。A演艺中心的物业服务团队致力于为客户提供"专业、安全、贴心的服务支撑"，所以必须围绕客户的核心业务设计每个细节。业主在办公室的核心目的是办公，相应的行为有进入办公室、摆放物品、办公、洽谈业务、用餐、报修、离开七种行为。该场景中，前台和业主直接接触的主要有保洁人员打扫办公室、收取垃圾，客服沟通以及工程维修等，后台行为涉及物业服务的所有工种。

图6-4让每位服务人员知道了自己所扮演的角色、在每个环节如何满足客户，以及各工种之间的联动方式。尤其针对甲方办公阶段垃圾不及时清理、设备设施损坏、陌生人闯入、环境不干净整洁以及五感不适等痛点，物业服务方分别通过私区保洁作业、设备设施巡检作业、保安门岗作业等支持性操作规范，指导保洁、工程、客服以及保安系统性地加以解决。图中黑色圆圈F代表了办公场景服务过程中容易失误的地方，尤其是涉及必备型需求。甲方在该场景下的需求中，工程维修是必备型，物业服务团队必须加以重视，尽可能减少失误，第4章的案例就是因为必备型服务没有做到位而导致项目丢失的。

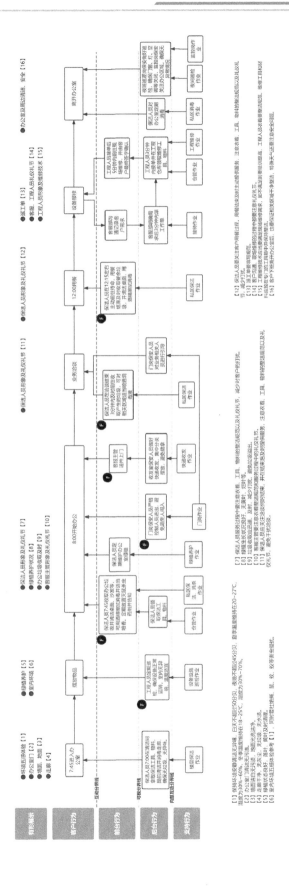

图 6-4 业主方办公阶段办公室服务蓝图

演职人员演出阶段化妆间的服务蓝图如图 6-5 所示，公司相应的理念是"提高演职人员在建筑空间内的服务体验"。相应的客户行为有进入化妆间、摆放物品、休息、化妆、更衣、卸妆以及离开七种。整个场景几乎没有前台的人际接触，所以有形展示在该服务传递过程中就显得尤为重要。该场景下服务团队的设计思路是，通过针对性的有形展示，将无形的后台行为转化成有形，解决演员在该场景下的痛点，让他们在化妆过程中能够感受到优质、贴心的服务，同时提高在化妆间这样一个空间内的五感体验。以室内环境为例，温度为 20～26℃、相对湿度为 40%～60%、声环境控制在白天低于 45 分贝，同时满足一定的新风要求，这样的环境通常体感比较舒适。服务团队可以在客户每次使用前设置完毕，在化妆间较为醒目的位置张贴室内环境参数表单，让演职人员对隐性服务一目了然，又可以对服务人员起到提醒作用；针对物品遗失的痛点，可以定制一些印有公司 Logo 的"请别遗忘您的物品""丢失物品请至售票中心认领"等温馨提示，一方面将看不见的后台服务有形化，另一方面让客户感受到物业企业的服务理念。

观众入场阶段一楼大厅的服务蓝图如图 6-6 所示，区别于前面两个场景，该场景不仅接受服务的客户人数很多，而且整个服务过程较为复杂，不通过服务蓝图进行设计，很容易顾此失彼。以图中参观拍照环节为例，服务团队原来在此处没有设置任何岗位，他们认为观众将包寄放好以后，应该直接上楼进演艺厅。没想到观众大多都提前到场，演出未开始前，他们通常会参观大厅，并拍照留念。由于事先没有考虑周到，导致大厅秩序混乱，进场的人、寄包的人、如厕的人经常和拍照的人发生碰撞，A 演艺中心经常收到客户的投诉。服务蓝图描绘好后，服务团队针对该岗位的服务模式重新设计，基于观众的需求，将大厅重新做了功能划分，专门开辟拍照区，重新设计了动线，安排一名礼宾机动岗帮助客户拍照。温柔大方的礼宾在经过培训后，不仅帮助了有需求的观众，而且兼顾回答客户的问询，物业团队耐心、细心、体贴的服务取得了非常好的效果，成为演艺中心的亮点之一。

三个蓝图从表面上看，好像是通过前台和后台的行为去解决业主在该场景下的痛点，其实不然。痛点从根本上加以解决的是最下面一栏的支持性行为，这是支撑整个服务传递过程的基础和核心，没有规范性的操作流程，没有积累的知识体系，物业服务方无法有效满足客户的需求。在大致的服务传递过程被描绘出来后，服务团队应当仔细和客户旅程地图对照，分析整个传递过程是否能精准地满足客户需求、解决客户痛点，同步对服务蓝图进行修改、调整。

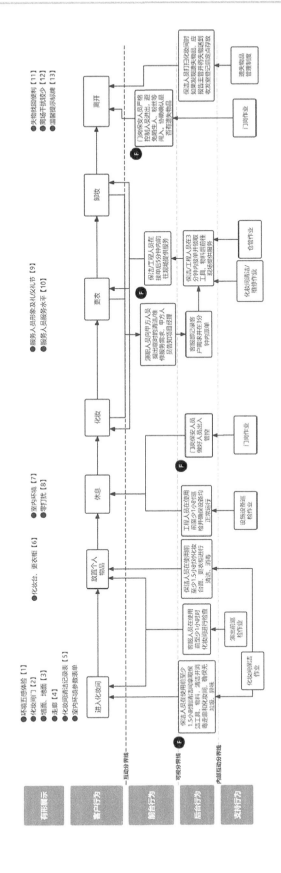

图 6-5 演职人员演出阶段化妆间服务蓝图

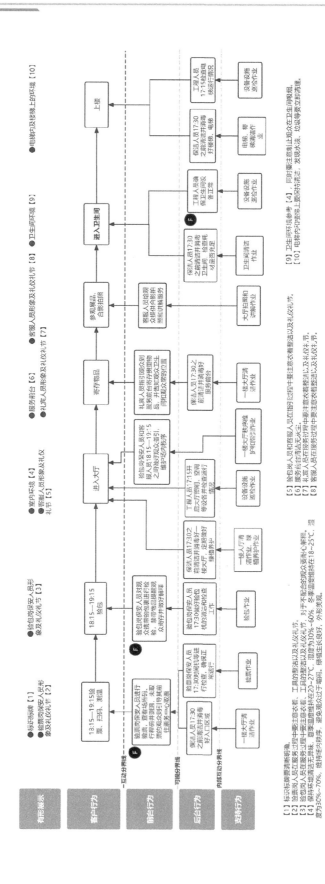

图 6-6 观众入场阶段一楼大厅服务蓝图

三、服务接触的梳理

服务设计给物业服务方提供了一个从整体去审视服务行为的视角,通过服务传递过程的描绘,物业企业可以梳理出客户的喜好以及项目服务的需求波动、重点区域、重要时间段、容易失误的环节等,尤其是主要的服务接触。第三章曾详细介绍了服务接触的概念,并且阐述了其是服务满意度的关键决定因素。芭芭拉(Barbara)将服务接触分为两类,一类是客户所碰到的物理环境,即物理接触[1];另一类是以人为主导的服务接触,即人际接触。仔细分析客户旅程地图和服务蓝图,可以将传递过程中的主要服务接触完整地梳理出来,形成服务接触清单,以此为抓手可以使服务提供方有针对性地设计服务步骤和作业规范,科学地管理这些服务接触,提高客户的服务体验。表6-2是基于图6-1梳理的甲方办公阶段主要的物理接触和人际接触,因篇幅限制,物理接触仅列举了建筑空间内各场景下的大致物理环境,人际接触仅列举了涉及的相关岗位,实际操作时需进一步细化。项目的其他特性,如需求波动、重点区域、重要时间段、容易失误的环节等分析思路相同。

表6-2 业主方办公阶段服务接触清单(列举)

序号	场景	客户行为	物理接触	人际接触
1	大门口	进入项目	岗亭清洁状态、物品摆放整齐 进出口环境整洁、干净	门岗保安
2	地库	停车	车辆道闸系统开关、通行正常 车库设施完好、标识清晰 车库环境整洁、干净	车管岗保安
3	电梯	乘坐电梯	电梯运行状态良好、设施完好 电梯空调温度适宜 轿厢环境整洁,空气清新	避免与客人同乘客梯
4	走廊	通行	公区环境整洁、干净 设施设备完好 工具物品指定摆放	客服人员 保洁人员(公区) 巡逻岗保安
5	办公室	办公	环境整洁、干净 绿化盆花美观 办公音量、照明、温度、气味等五感舒适 办公设施设备完好,运行正常 垃圾收取及时	保洁人员(专区)
6	茶水间	饮水泡茶	环境整洁、干净 茶水设施设备完好 管道通畅、无堵塞 垃圾分类准确,清理及时	保洁人员(公区)

续表

序号	场景	客户行为	物理接触	人际接触
7	卫生间	使用	环境整洁、干净 室内空气清新，无异味 用品配置齐全，补充及时 卫生洁具完好 保洁用具摆放整齐	保洁人员(公区)
8	会议室	开会	环境整洁、干净 会场布置、物品摆放满足要求 会议设施设备完好 会议用品准备充分	会务人员
9	休闲区	就餐，休憩	环境整洁、干净 清洁及时	保洁人员(公区)

第四节　物业服务交付体系

客户旅程地图梳理出了客户的需求，服务设计描绘出了重要场景的服务传递过程，知晓了在重要场景下，每个人的角色扮演，知道了客户在每个环节前后台的联动方式以及服务程度，了解了需求波动、重点区域、重要时间段、主要服务接触等项目特性。据此，物业服务提供者应该可以构建 A 演艺中心大致的服务交付体系。图 6-7 所示为 A 演艺中心物业服务交互体系的示例。该体系分为两个部分，即企业围绕客户需求所提供的服务内容，以及支撑这些内容的要素，如服务资金、服务人员、服务工具、服务制度等。后续物业企业在整个服务运作阶段都应当围绕所构建的物业服务交付体系实施服务传递。值得提醒的是，物业服务交付体系是动态的，当客户需求发生变化时，物业服务需要重新设计，服务交付体系也会相应发生变化，所以企业应当定期梳理物业服务交互体系，以适应客户需求的变化。

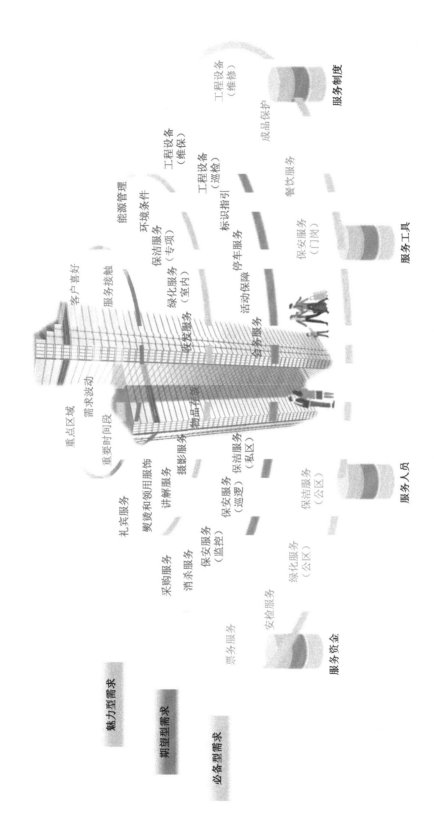

图 6-7 A 演艺中心物业服务交付体系示例

本章参考文献

[1] LEWIS B R, ENTWISTLE T W. Managing the Service Encounter: A Focus on the Employee[J]. International Journal of Service Industry Management, 1990, 1(3):41-52.

第四部分
物业服务的运作

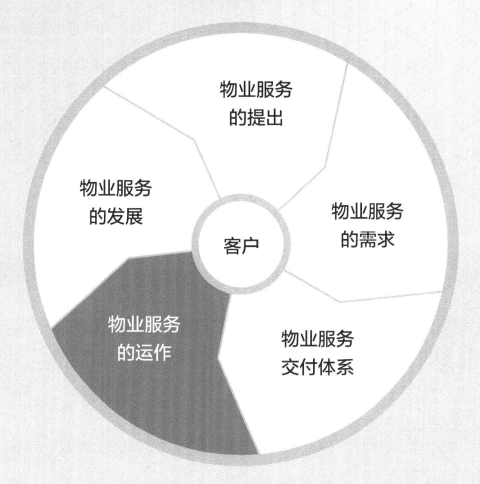

第四部分探讨了物业服务的运作。围绕物业服务交付体系，从计划组织、人力资源、供应关系、外部利益相关者、建筑物管理、质量管理、服务补救等方面探讨了物业服务的实施运作。

第七章 物业服务的实施

第一节 物业服务的计划

一、为什么要制订物业服务计划

在正式为项目提供物业服务时,首先应当围绕前面所构建的服务交付体系制订服务计划。物业服务计划可以为团队的工作指明方向,是一种非常有效的"抓手",避免出现"脚踩西瓜皮——滑到哪里算哪里"的状况。计划不仅可以引导物业团队前瞻性地思考环境的变化,应对项目运营期的不确定性,而且可以有效地控制成本,提高团队的工作效率。因为当员工的一切工作都围绕计划开展时,他们的主要精力将会聚焦在阶段性工作上,无暇顾及其他事宜,计划中的时间节点成为该项工作的完成期限,资源浪费和工作拖沓都会受到较大约束。并且,计划中所设定的目标和事项便于物业团队定期审视自身的工作进展,使服务行为始终围绕目标开展,适时纠偏。

二、项目的物业服务目标

计划通常包含两个要素:目标和计划。目标是指导组织和个人活动的最终目的[1],是计划工作的基础。围绕项目的服务理念,物业服务提供方应当设定合适的服务目标。例如,上海市政府采购中心关于物业服务的招标文件中对技术标有这样的要求是,"结合本项目具体情况(物业区域范围、建筑面积、设备设施配置等)及物业使用性质、特点,提出物业管理服务的定位和具体目标"。

具体到某一个物业项目,质量方面有质量目标,经营方面有经营目标,不同的视角有不同的目标。有些企业基于平衡计分卡的财务、客户、内部运营、学习四个方面确定相应的目标,每年和项目签订《目标责任书》。业主方有时也会为项目设定目标,如争创地方政府或行业协会的优秀示范项目等。上海市物业行业协会每两年会开展一次物业管理优秀示范项目评审工作,江苏省住房和城乡建设厅每年开展一次省级示范物业管理项目评价。世邦魏理仕、第一太平戴维斯等外资企业在承接项目时会将一些国际协会的奖项作为目标,如国际设施管理协会(International Facility Management Association,IFMA)的年度设施管理奖、国际建筑业主与管理者协会(Building Owners and Managers Association International,BOMA)的写字楼营运管理卓越证书(Certificate of Excellence)等。

还有些物业项目由于业主方所在的行业不同,会有其特定的奖项,如中国教育后勤协会有针对学校物业的奖项、演出行业协会有优秀剧场的评选等,物业企业可以将这些奖项设定为目标。这些奖项都有一定的时效,期限过了需要重新评审,这样就可以避免随着建筑物的寿命变长服务质量出现下降的现象。选择何种类型的目标,不仅需要切合业主方的

需求，还应当考虑物业企业自身的发展战略。

三、项目的物业服务计划

项目的物业服务目标确定后，企业应当围绕目标制订各类服务计划。从管理学的视角来看，项目的物业服务计划属于运营计划的一种，具有短期、具体、持续的特点，本章介绍目前几种常用的计划。

物业服务计划中最关键的计划之一是进驻计划，是团队进场服务前应当制订的，目的是为了让员工在承接项目后能够迅速进入状态，导入企业整体服务体系，给客户留下良好的第一印象。团队进场前甲乙双方已经达成合作意向，所以进驻计划首先应当在原先基础上更为细致地梳理客户资料和项目特性，将业务洽谈期初步的服务设计进一步调整，完善物业服务交付体系。围绕所构建的交付体系，匡算承接查验、项目开荒、交接阶段(如果有上家物业企业)等环节的时间，直至整体服务体系完全导入，项目才算进入正常运营期。进驻计划可以采用甘特图等管理学工具按时间顺序画出来，如表7-1所示。

创建计划是物业服务项目申报某个具体荣誉时制订的一种计划，即围绕创建目标开展一系列工作。表7-2是一家企业创建上海市物业管理优秀示范项目计划的总表，具体操作时，物业现场的团队还应当从基础管理、建筑物管理、共用设施设备管理、秩序维护及停车场管理、环境卫生管理、绿化管理、精神文明建设、管理效益与创新八个方面制定不同的分计划，整个创建周期至少需要1年。不同类型的荣誉称号有不同的评审标准，计划中的各项工作内容都应当按照标准的要求开展。

年度计划是项目正常运营期最常见的一种计划，通常围绕年度目标和重点工作来制订，一般每年12月份制订出下一年的年度计划，企业会根据该计划确定明年的预算。项目正常运营期的物业服务计划通常是一份总的计划(见表7-3)，基于总计划按服务内容制订相应的分计划，分计划也可以根据项目的实际需要按其他类型进行细分。

在实践中，物业项目很多时候无法有效执行计划，这种现象必须引起重视。造成这种现象的原因不外乎这几种，如有些计划和目标不匹配或者根本不考虑最终的目标，计划和目标脱节；计划制订以后，没有跟踪，没有反馈，没有根据企业内外环境的变化及时调整，缺少审核纠偏环节；制订计划的时候未考虑相应的资源配置，计划执行不下去，不符合实际；一份计划打天下，不管项目环境变化，不管项目特点，制订一次，反复使用，计划流于形式，只为应付考核或检查。由于物业服务内容的类别较多，工作较为琐碎，再加上每年重复性的工作较多，对计划的执行情况定期检查，根据环境、项目、客户的具体情况适时调整就显得尤为重要。

表 7-1 某物业企业项目进驻计划初稿

序号	内容	实施	××月份 1	2	3	4	5	6	7	8	9	10	11	12	13	14	15	16	17	18	19	20	21	22	23	24	25	26	……
1	信息收集	项目信息收集																												
2		客户信息收集																												
3		利益相关方信息收集																												
4		需求识别																												
5	资料收集	建立收集资料清单																												
6		按工程进度收集资料																												
7		收集行业法律法规																												
8	承接查验	成立承接查验小组																												
9		编制承接查验计划																												
10		前期承接查验准备																												
11		现场承接查验																												
12		承接查验后总结																												
13	清洁开荒	供方选择																												
14		开荒方案																												
15		现场开荒实施																												
16	人员筹备	人员编制及到岗计划																												
17		人员招聘及调配																												
18	人员培训	新进人员入职培训																												
19		申方管理要求岗前培训																												
20		管理人员岗前培训																												
21		条线人员内部培训																												
22		外委人员内部培训																												
23	供方招标及选择	供方需求计划（保安、保洁）																												
24		供方招标																												
25		供方比选																												
26		供方合同签订																												
27	物业用房	确定物业用房情况																												
28		拟定装修方案及预算																												
29		实施与监督																												
30		搬迁进驻与整理																												
31	开办物资	自有物资采购																												
32		代采购物资																												
33	制度编写	项目方案编制																												
34		项目预算编制																												
35		作业规范																												
36	标准导入	制度导入																												
37		VI导入																												
38		先进工具导入																												
39		亮点导入																												

表 7-2　某企业居住项目创建市优计划总表

工作内容		日期 1月					2月				3月					……		11月				12月					
		1	2	3	4	5	6	7	8	9	10	11	12	13	14			44	45	46	47	48	49	50	51	52
1	前期筹备	■	■	■	■	■	■	■	■	■						……										
1.1	成立创优领导小组	■																								
1.2	制定争创规划和具体实施方案并经业委会同意		■	■	■	■																				
1.3	与业委会沟通，取得书面同意函件						■	■	■							……										
1.4	建立健全各项管理制度			■	■	■																				
1.5	学习、消化、吸收、理解细则				■	■																				
2	创建工作的实施					■	■	■	■	■	■	■	■	■	■	……										
2.1	创优工作网上申报																									
2.2	工作委员会初审																									
2.3	网上公示																									
2.4	各类岗位证书的整理、培训																									
2.5	各类检测报告的整理、检测																									
2.6	针对创优要求修改相关制度																									
2.7	资料收集、准备																									
2.7.1	适合本项目有关法律法规																									
2.7.2	适合本项目的技术性法规																									
2.7.3	基本建设竣工、接管验收等档案收集																……									
2.7.4	电子档案																									
2.7.5	所有档案资料整理、立卷																									
2.6	现场整改																									
2.6.1	保安作业标准修改																									
2.6.2	绿化补种、修剪、拔草																									
2.6.3	标识制作																									
2.6.4	公共部位小修整改																									
2.6.5	缺失资料公司档案室复印																									
2.7	创优工作落实、检查、整改																									
3	迎接专家检查																……									
3.1	有关参加创建工作人员应知培训																									
3.2	检查当天陪同工作人员落实、路线安排																									
3.3	准备当天汇报书面材料																……									
3.4	联系业主委员会到场																									
3.5	环境布置																									

第七章 物业服务的实施

表7-3 某项目年度计划总表

××××项目××××年度工作计划及实施进度表

类别	工作内容	计划/实际	1月 (1-5)	2月 (6-9)	3月 (10-13)	……	12月 (49-53)
客服	会务及大型接待培训与实施	计划	■				■
		实际					
	年度满意度测评	计划					■
		实际					■
	岗中培训	计划	■	■		……	■
		实际					
	节日气氛布置及活动开展	计划	■	■ ■			
		实际					
	安全管理宣传教育的落实	计划					
		实际					
	……	计划					
		实际					
秩序维护	实施日常军事化训练及制定标准并考核	计划			■		
		实际					
	岗中培训	计划					
		实际					
	各类应急预案的培训及演练	计划			■		
		实际					
	消防设施设备的定期巡查	计划			■		
		实际					
	建立安全管理台账	计划					
		实际					
	……	计划					
		实际					
工程	月度能耗（水、电、燃气）统计	计划					
		实际					
	岗中培训	计划					
		实际					
	二次装修管理的持续跟进	计划					
		实际					
	高压电器设备试验	计划					
		实际					
	工程应急预案培训及演练	计划					
		实际					
	消防系统、空调系统、弱电系统、热水系统、机械停车系统跟进	计划					
		实际					
	……	计划					
		实际					
环境	积极开展保洁人员培训工作（保洁流程、礼仪礼节、药剂使用、工具摆放等）	计划					
		实际					
	岗中培训	计划					
		实际					
	园区绿化浇水、更换等养护工作实施	计划					
		实际					
	重要区域专项保洁工作的拟定及实施	计划					
		实际					
	保洁安全工作的应急预案及宣传培训工作	计划					
		实际					
	……	计划					
		实际					

填表说明：计划用"■"填写，调整用"▲"填写，进行中用"★"填写，计划完成用"●"填写

第二节　物业服务的组织

一、物业服务项目的组织架构

物业服务的计划表明了围绕该项目物业团队需要做哪些事、这些事情的时间节点、那么这些事该由谁去做，服务要素如何组织协调，这就需要物业服务的组织工作。物业服务的组织工作应当以计划为中心，将计划表中的各项工作(做哪些事)分配到相关的岗位和部门(谁做这些事)。同时，设定岗位、群体、部门之间的职权关系，以便有效地分配和调度组织资源。

图7-1是华为上海研发中心项目物业服务组织架构[2]，项目经理下属经理助理和条线经理。经理助理下属的EHS工程师负责环境、安全、健康管理，质量工程师负责项目合规运作、合同履约、第三方检查以及KPI考核。常规岗位设置中，设施经理下设运维主管和工程师团队。工程师团队中包括强电工程师、弱电工程师、消防工程师、小型整改工程师、BMS工程师、AV工程师(会议室)、暖通工程师。秩序维护经理下设安全和消防两大模块。环境模块分为VIP主管(面向全球VIP接待中心保洁工作)、保洁主管、绿化主管和会议室主管。综合部经理下设人事、出纳、空间管理(包含基地图纸、工位布局、资产分布等)、Tririga专员、商务专员及后勤热线服务平台。后勤热线服务平台作为信息集散地，收集园区员工的后勤服务需求、建议、投诉。和一个小区或者一幢几万平方米的办公楼相比，华为上海研发中心项目的规模较大，所以其组织架构略为复杂。

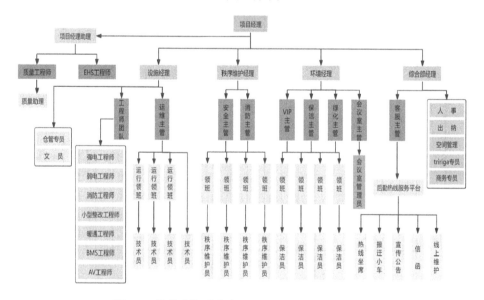

图7-1　华为上海研发中心项目物业服务组织架构

二、物业服务项目组织设计要素

1. 专门化

专门化是指物业服务的任务被划分为各项专门工作的程度。以图 7-1 为例，整个组织架构按照工程设施、秩序维护、环境、综合四类服务内容进行了专门化分工。且亚当·斯密(Adam Smith)提出劳动分工的思想以来，专门化一直被认为是提高生产率和服务标准化的有效方式。但现代管理的实践证明，如果划分得过细，会导致员工产生单调、厌倦、疲劳，从而造成流失率的增加，物业服务团队应当根据项目的实际需要来确定项目专门化的程度。

2. 管理跨度

管理跨度是指一个管理人员管理的直接下属的人数，华为上海研发中心项目经理的管理幅度为 5 人，1 位经理助理和 4 位条线经理。管理跨度很大程度上决定了物业服务项目的组织层次和管理人员的数量，有些学者建议针对高层管理者，通常 4~8 人，对一线主管来讲，下属人员主要是完成任务而不是管理他人，所以可以为 8~15 人[1]。宽管理跨度可以使组织扁平化，提高工作效率，但过宽的跨度，则会导致管理人员顾此失彼。

3. 指挥链

指挥链是指从物业服务的项目经理到一线服务员工的职权线，它包含三个概念：职权、职责、统一指挥。职权是物业服务企业赋予相应的管理岗位发布命令和希望命令得到执行的权力；职责就是企业赋予该岗位完成某项服务的义务；统一指挥就是整个物业项目的组织体系只能有一条职权线，即每个下属只能向一个上级直接汇报工作。在图 7-1 中，整个指挥链非常清晰，没有多头指挥。

4. 职权分配

职权分配是指将组织的职权分配至具体岗位，让该岗位的人运用其判断做出决策和发布指示。建筑物的复杂程度和服务内容的多少决定了物业项目组织架构的大小，从而迫使项目经理去思考项目集权和分权的程度。为项目服务的整个物业组织的职权应该在多大程度上集中还是分散，值得项目团队仔细探讨。表 7-4 是某机构物业项目的职权分配表。

5. 因事设人和因人设事

当前我国物业服务行业正处于高速发展期，物业企业在项目组织构建时应当将两种方式有效结合。原因有二：一是当前我国还是有很多人用传统的眼光看待这个行业，认为物业不过就是"扫扫地、看看门"，是一个进入壁垒很低的行业，导致一些优秀的大学生和高端人才不愿意进入这个行业。二是物业服务的内容像"万花筒"，行业从业人员所需的技能随着项目类型的不同而有不同的要求，没有针对性的培养体系。例如，以住宅物业和公共物业为例，从事住宅物业的工作人员需要有一定的社会经验，沟通技能要求较高，住宅建筑的设备并不是很复杂，工程技术要求并不高；从事公共场馆类物业的员工，所需具备的技能和住宅物业有较大差异，一方面该类项目的建筑构成较为复杂、专业，另一方面不同类型的演出要求不一样，需要有一定专业技术和文化背景的员工。由此可见，不同业态对人员的要求还是有较大差别。上述原因使得行业内优秀的管理人才和专业技术人才相当匮乏,这样一种行业环境迫使现阶段物业服务企业必须采取因事设人和因人设事相结合的方式构建组织架构。

表 7-4　某机构物业项目职权分配表

资源要素		工作内容	项目管理全过程		
			项目经理	项目主管	条线领班
人	1	考勤	★	■	▲
	2	薪酬管理	■	▲	●
	3	内部培训	★	■	▲
	4	绩效考核	★	■	▲
	5	岗位设置	■	▲	●
	6	项目组织架构	■	▲	●
	7	人员岗位调动交接	★	■	▲
财	1	预算内支出	★	■	▲
	2	预算外支出	■	▲	●
	3	外委合同	■	▲	●
	4	工程维修(200元以内)	★	■	▲
	5	工程维修(200元以外)	■	▲	●
	6	费用报销	■	▲	●
物	1	物资采购	■	▲	●
	2	应急物资的管理	★	■	▲
	3	工具设备的管理	★	■	▲
	4	档案资料管理	■	▲	●
	5	仓库管理	★	■	▲
	6	固定资产管理	■	▲	●

★负责　■审核　▲制订　●协助

本章是从物业服务项目的角度探讨组织工作,而不是从企业管理层面,在实践操作时,除了上述要素外,还应通盘考虑企业的发展战略、技术手段的应用以及项目整体环境的变化。

第三节　物业服务的制度框架

一、项目的物业服务制度框架

项目的物业服务计划列出了在一定的时间内团队要做的事情,组织工作让团队知道了是谁去做这些事,要素资源如何调配,那么这些事怎么去做呢?以何种方式去满足客户的需求?这就需要建立相应的制度。项目层面的制度体系分为两大类:管理类和操作类,如图 7-2 所示。管理类主要是职能性的工作,如何让人、财、物规范、高效地运转。操作类主要约束物业服务传递过程,大致四个部分:岗位职责是"做什么——服务内容"、作业规范是"如何做——服务传递方式"、质量标准是"做到什么程度——服务效果"、考核制度是"做得怎么样——服务测量"。

图 7-2 项目物业服务的制度框架

物业服务项目管理类的制度通常是企业层面来制定,包括人力资源、资金结算、行政管理、安全生产等。表 7-5 是一个项目管理类制度的示例。操作类制度主要基于物业服务交付体系,岗位职责和组织架构的设置应当一一对应,作业规范是针对具体岗位的作业活动,侧重描述服务传递行为,质量标准是基于目标期望服务行为所达到的效果,最后根据质量标准制定出相应的绩效考核制度。本章着重介绍一下作业规范的制定。

二、作业规范的制定

服务设计中分析了目标客户的特点,辨析了其需求,并且针对重要场景描绘出了服务蓝图,后续物业团队就应当围绕所构建的服务交付体系制定相应的作业规范,确定满足客户需求的具体步骤解决他们的痛点,不同服务类别应当制定不同的作业规范。

标准作业流程(Standard Operating Procedure,SOP)是一种常用的作业规范形式,大多针对重复性、常规性的工作。它是详细描述在规定条件下所有活动应遵循的步骤的书面文档,即具体场景下的服务传递方式,如绿化服务(公区)员工的操作步骤、保安服务(监控)员工的操作步骤。SOP 为员工提供了正确执行工作的信息,并有助于服务的完整性和质量的一致性,明确了在特定场景下,做什么、谁来做、何时做、何地做、如何做、做到什么程度,包括应使用什么物料或工具。

图 7-3 是某企业制定的保洁员工卫生间 SOP,整个工作表单分为四个部分:最上面是工作地点、操作流程名称、制定日期、审核日期、操作者、编制者等;中间左侧是卫生间保洁工作的操作步骤以及每个步骤大致的用时,从准备工具到登记后离开卫生间共 23 步;中间右侧是每个步骤的工作图片,便于员工直观地了解;最下面是实施整个操作流程时要注意的事项。图 7-3 只是提供一种思路,并不是特别准确,物业服务企业应当根据自身的实际情况确定需要制定 SOP 的清单,以及适合自己员工的操作方式和步骤,最终形成企业独有的最佳实践。同一类服务内容,将不同场景下的 SOP 整合在一起,就构成了该类别服务作业规范的主要内容,也就是满足该类客户需求的服务传递方式。

物业服务是服务组合,重要场景下的重要时间段会涉及工种之间的联动,仅仅是单项的 SOP 无法确保很好地满足客户需求。这时，物业服务团队还需要根据所设计的服务蓝图编写该场景下的服务剧本，并且组织各服务条线进行演练，实现各工种之间的有效联动，进一步完善服务传递过程。作业规范服务剧本可以采用多种形式，针对有些服务不易完全用文字准确描述的特点，可以采用包括图示、图表、照片及操作视频等生动、直观的方式，以减少信息传递偏差，方便一线员工准确、快速理解。

表 7-5　某企业物业项目管理类制度

序号	类　型	文件名称	文件编号	页数
1	人力资源	员工招聘录用管理办法		
2		劳动合同管理办法		
3		员工发展和教育培训管理办法		
4		员工内部调动管理办法		
5		薪酬福利管理办法		
6		员工离职管理办法		
7		考勤管理办法		
8		人事档案管理办法		
9		绩效考核管理办法		
10		入职引导管理办法		
11		员工手册		
12		……		
13	资金结算	财务管理办法		
14		会计核算制度		
15		年度预算管理办法		
16		费用报销管理办法		
17		银行存款付款管理办法		
18		固定资产盘点管理办法		
19		……		
20	行政管理	公文管理办法		
21		印章使用管理办法		
22		保密管理规定		
23		固定资产盘点管理办法		
24		合同管理制度		
25		……		
26	安全生产	安全生产目标管理办法		
27		安全管理机构设置、配备安全管理人员管理办法		
28		安全生产考核管理制度		
29		安全生产费用提取、使用管理制度		
30		安全操作规程		
31		安全生产教育培训管理办法		
32		重大危险源管理办法		
33		特种设备安全管理办法		
34		应急预案管理办法		
35		安全标准化绩效评定管理办法		
36		……		

××项目卫生间保洁标准作业流程（SOP）

工作地点：		制定日期：	操作者：
操作流程名称：		审核日期：	编制者：

序号	操作顺序	用时
1	备齐工具	
2	敲一下门，询问"您好，有人在吗？我要打扫卫生间了"，再敲一下门，如无人回应则打开门	
3	门外放置"清洁进行中"警示牌	
4	冲洗马桶	3分钟
5	倒入洁厕液，浸泡三分钟	13秒
6	更换垃圾筒内的垃圾袋	1分33秒
7	清扫地面	30秒
8	用马桶刷刷洗洁具内部	30秒
9	戴上黄色手套，用咖啡色抹布擦洗网位及所处污渍	10秒
10	将抹布色泡盘钉小块，擦手套	20秒
11	用咖啡色抹布擦拭洁具上部、擦拭隔断和墙面	25秒
12	用咖啡色抹布擦拭隔断外两侧、侧面及芳香机	17秒
13	用绿色湿抹布擦拭顺位门外不锈钢、校准、门外把手、门脚	35秒
14	从上至下擦拭喷雨门外不锈钢	10秒/台盆
15	用蓝色"十"抹布擦拭台盆内侧柜，校准	50秒
16	用肉色抹布擦拭接水盆内侧柜，吸全部水、台面、侧面及龙头液柜	16秒/台盆
17	依次擦拭接水盆下方墙面，然后用擦手纸擦拭龙头及台盆	30秒
18	用咖啡色抹布擦拭台盆上台面	25秒
19	用绿色毛巾抹布擦拭卫生间门外不锈钢把手、合关抹卫生间门	40秒
20	更换垃圾纸及擦手纸	2分钟
21	放置"小心地滑"指示牌，重拖卫生间	
22	登记记录表，退出卫生间	

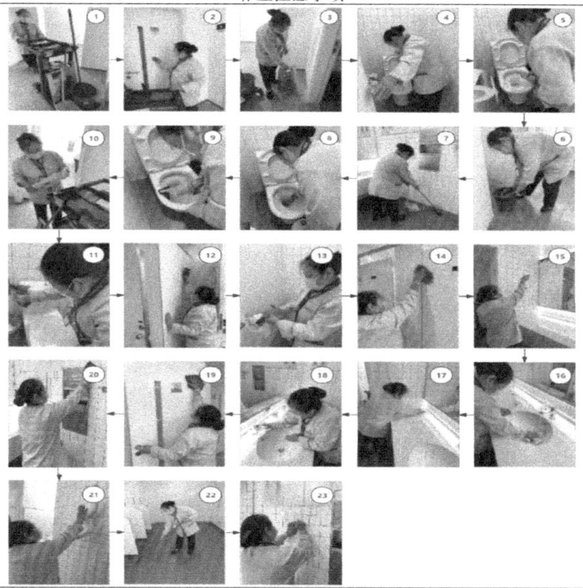

卫生间清洁标准
1. 地面无杂物、纸头、白色垃圾、痰迹、饮料、果皮、血渍、油渍、尘污。
2. 墙面无灰尘、无蛛丝、无污渍、无污物等，无积灰等、无痰迹。
3. 保证各设备卫生间内无杂味、无尘、菌味无异味、无污点、无灰尘。
4. 玻璃镜面保持光亮清洁、无水点、无水痕、无污点、无灰尘、无手印。
5. 隔板、隔断保持完好，无破损或损坏太多、无污点、无灰尘、无异味。
6. 日常天花板、消毒、隔板无灰尘、灯管无灰尘及蛛网。

抹布颜色分类
- 玫红色：操水锈面
- 黄色：操台面
- 咖啡色：操隔断
- 绿色：操马桶

安全标识
- 禁止吸烟 NO SMOKING
- 小心地滑 CAUTION WET FLOOR
- 注意随身物品 DON'T FORGET YOUR BELONGINGS
- 节约用水 SAVE WATER

作业注意事项

1. 工作前，未打完卫生间不得进入有人的卫生间打扫；如有突发情况进入必须戴好口罩，手套、口罩每个每日更换一次。
2. 将废弃用品完整、整齐、拆放到指定垃圾处运用电梯。
3. 保洁各用品完毕，放入保洁车运不可用，更不可见其他主要协助使用。

注意事项
1. 评价台的玻璃器材如发现破损，勿时向上级报告情况、及时修理、小心受伤。
2. "清洁地面"、"清洁进行中"警示牌等有否有清洁剂使用、电器、可产生有害气体。
3. 切勿将水射洒的清洁剂洒用、卫生间内不得有明火、禁止吸烟。
4. 不得在卫生间内吸烟作业、务必不得使及时上报主管协同处理。

抹布的使用程序及标准
(1) 应选择质柔、吸水性强的棉制毛巾。使用时应将毛巾折一次叠成八块（正反共16块）。
(2) 用时反复更换用同一面，不可反使用同一块，否则会使被操物的灰面、清洁度保持不了。

图7-3 某企业保洁员工卫生间SOP

本章参考文献

[1] 海因茨·韦里克，马克·V. 坎尼斯，哈罗德·孔茨. 管理学[M]. 14 版. 北京：经济科学出版社，2022.
[2] 周勤. 标杆巡礼 | 华为上海研发中心：上实服务 IFM 管理最佳实践. [EB/OL]. (2021-07-20) [2024-10-26]. http://www.cpmri.com/a/xinwenzixun/2189.html.

第八章 物业服务的人力资源实践

第一节 物业服务员工的角色

一、物业服务员工是客户满意的基石

再好的服务理念、服务设计，如果没有员工的有效执行，企业构建的交付体系也无法很好地传递给客户。詹姆斯·赫斯克特(James Heskett)等提出了服务利润链模型[1]，认为服务产品是依靠员工来传递的，员工是客户满意的基石。服务利润链建立了企业的盈利能力、客户忠诚度、员工满意度、客户满意度和生产力之间的关系，如图8-1所示。从右往左看，企业的收益增长和利润率主要是由客户忠诚度驱动，而客户忠诚度是客户满意度的直接结果。客户满意度在很大程度上受服务方提供给客户的服务价值影响，而服务价值则是由满意、忠诚和高效的员工创造的。

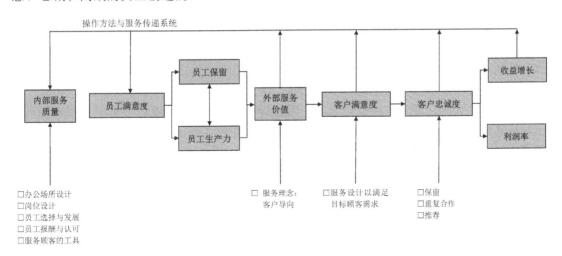

图8-1 服务利润链

服务利润链模型体现了员工满意度和客户满意度之间是"满意镜"的关系。物业服务员工如果对整体的工作环境和状态满意的话，他会体现在自己的情绪和言行上，从而会努力工作，尽可能地满足客户的需求、践行企业的服务理念、为客户传递优质的服务价值，提高客户的服务体验。这样一来客户满意度会大大提高，满意的客户同样会投桃报李，对物业员工的工作做出积极的回应，客户的尊重、欣赏和赞扬会使员工感觉到自身的努力得到了认可，进一步提高了其满意度和工作热情，就像一个镜子的两面，形成了良性循环。反之，则可能带来恶性循环。

二、物业服务员工的角色压力

当前,有部分物业服务员工幸福感不强,流动性较大,本章尝试从角色理论的视角探讨这个问题。角色理论强调人的本质是一个社会参与者,他们必须学习和自己在特定社会关系中所处位置相适应的行为[2]。卡恩(Kahn)等学者于 1964 年提出角色压力的概念,他们认为当个体在工作、生活中无法学习或了解到相关的权利和义务,无法很好地表现自己的角色时,就会产生角色压力[3]。角色压力通常有三种主要来源:角色冲突、角色模糊、角色超载。角色压力对员工的满意度有显著影响[4],和工作绩效呈显著负相关关系[5-7],所以最小化角色压力是提高服务绩效的核心内容。

角色冲突是指个体面对多种角色要求时,因无法同时满足不同角色的要求而产生的心理与身体的不舒适的状态[8]。卡恩将其分为四种类型[3]:①给角色发送指令的同一个人(或组织)内部的不一致,如朝令夕改导致员工无所适从;②多个人(或组织)给角色发送的指令之间的冲突,如新冠疫情爆发初期上级部门要求门岗保安对进入小区的快递员实施管理,小区内不允许骑电瓶车送快递,但有些业主嫌麻烦,不愿意配合门岗保安的工作,上级和客户指令的相互矛盾,使保安无法很好地扮演自己职责所赋予的角色;③个体担任的不同角色,角色与角色之间发生的不一致,如沿海城市在台风来临时,作为物业经理夜里需要值守,作为儿女家里有老人需要照顾,这时单位角色和家庭角色发生了冲突;④角色人自身的冲突,如小王从办公室文员升任主管,从操作者到管理者,始终无法适应现在的管理工作,从而导致新角色和旧角色之间的冲突。

在实践中,有些物业服务企业为了规避劳务风险,采取了一些不太合理的做法,加剧了一线服务人员的角色冲突。例如,项目的主要管理人员和物业服务企业直接签订劳动合同,其他人员和第三方人力资源公司签订合同,属于劳务派遣性质;有些物业服务企业为了减轻负担,不和员工签订无固定期限合同,两次合同到期后就协商解除,导致员工没有归属感。这些人为造成角色冲突的做法和服务科学的理论背道而驰,企业一方面希望员工能够扮演好其所要求的"角色",另一方面不赋予员工"企业成员"的身份,如何寄希望于员工发挥"主人翁"精神将企业的服务理念传递给客户?

角色模糊是指员工对自己的角色不清楚或缺乏正确理解,无法在工作中获得明确的角色期望时的感受[3]。角色模糊通常有两种类型:一种是客观模糊,由环境中的客观因素造成的;另一种是主观模糊,由个人的感知或认知造成的。例如,小王是某大厦地下车库的车管岗保安,平时的工作就是对进入地下车库的车辆进行引导指挥。最近,物业经理给小王增加了一项工作,那就是每天下午 5:30~6:30 对大厦的外围地面进行冲洗。小王心里很不情愿,心想我是一名保安,凭什么让我干保洁的工作?小王因为组织环境等客观因素,对自己扮演的角色产生了角色模糊。

角色超载是指个体在同一时间要承担的责任过多或超出自身能力的范围而产生的状态[8]。老张是学校物业项目的一名内勤,每天的工作就是将学校各部门的文件、资料收集好,然后骑电瓶车送到教育局相关科室。最近,学校换了新的总务主任,要求物业公司必须将每天传送的文件登记成电子档,每月整理成报表交给总务科。物业经理觉得人手不够,就要求老张在递送前自己先将资料登记成电子文档。老张对此很是苦恼,因为自己对电脑操作并不熟悉,每天花在登记上的时间要远远超过递送的时间。物业经理对老张的要求超出了老张的能力,老张不具备新任务所需要的技能。

三种压力来源只是一种大致上的划分,它们之间并不是非此即彼。角色压力有些(如来自上级)可能是为了完成组织制定的岗位职责或目标,有些(如来自同事或家庭的压力)则可能是为了让角色传递者自己的生活更轻松或更愉快,甚至有些压力可能来自于角色自身的价值观和认知水平。角色压力可能合法,也可能不合法,它们是实际传达给具体角色并希望其执行的"剧本",影响着员工的满意度和幸福感。

第二节 物业服务的人力资源策略

物业服务行业是我国城市化进程的产物,由此带来了从业人员自身特点的不同,呈"二元化"现象。从事保洁、保安、客服等一线岗位的外地人较多(尤其是保洁、保安),文化程度不高,通常来源于几个劳务输出大省,如四川、安徽、湖南、河南等。而从事管理岗位的本地人较多,有一定学历,地域文化、价值观、教育背景等因素造成了两者的特点有一些差别。这种"二元化"的人力资源现象给物业服务实践带来了困难,本章从"二元"视角分别探讨当前我国物业服务人力资源的一些策略。

一、一线员工的人力资源策略

物业行业的绝大多数服务接触都来源于一线员工,但目前有些物业企业的管理者最忽略的就是保安、保洁等一线工作人员。所有人都知道物业服务离不开保安、保洁,但他们却得不到重视,他们大都是专业分包单位的员工,有些分包单位因资本而驱动,对员工缺乏关怀。并且,社会上有一部分人对这些一线的劳动者没有给予应有的尊重。他们背井离乡,相当一部分人处于马斯洛需要层次理论的生理需要、安全需要两个层面,其角色压力也大多源于此。

一线员工缺乏有效的关怀、科学的引导、专业的培训,由此带来的后果就是,他们对前途茫然,没有良好的职业生涯规划。他们中的一些人感受不到尊严,怀着"在哪里打工不是打工",和公司就是一种雇用的心态,而客户对服务的感知恰恰是一线员工的服务行为和服务结果,如果带着这种心态,公司的服务理念很难有效贯彻。这些企业只关注眼前利益,忽略了基业长青、社会责任,长此以往,会使整个行业的技术水平处于一种低端、低效。所以,相应的人力资源管理应当将其作为主要切入点,采取有针对性的措施降低角色压力,科学提高一线服务员工的满意度。

1. 雇用合适的员工

雇用合适的员工是应对角色冲突的有效措施之一,并不是所有性格的人都适合从事物业服务工作。希尔女士在《管理穷人的住房》一文中谈到自己的一些看法[9],"……很明显,这不是适合每个人的工作,很年轻的人不适合做这项工作,也不适合那些更执着于做当下看起来好的事情而不是做最终有益的事情的人……"。一线物业服务行业的岗位具有琐碎、重复、工作强度大等特点，行业内有些企业在招聘困难的情况下，抱着"拿到篮子里都是菜"的想法，后果就是那些不适合的员工不仅无法将企业的服务理念有效传递出去，流动性还居高不下。案例8-1中，物业公司将应届大学生直接派至管家岗位是导致高流失率的主要原因。

【案例8-1】某居住物业管家的高流失率

某新建全装修商品房交付使用，物业公司在进行岗位设置时，为每200户配备了一名服务管家。考虑到是全装修的新项目，该公司希望打造成住宅类产品的标杆，于是人力资源部从当年招聘的管培生中选择了几位形象好、气质佳的应届本科生，将他们放到管家岗位历练。但没想到，进户不到一个月，管家全部离职。

事后，该公司人力资源部和项目团队进行了反思，主要有以下几点原因。①没有招聘合适的人员。管家岗位要面对大量的业主，大学生刚刚踏入职场，没有进行性格筛选，没有物业工作经验，无法胜任与业主的沟通协调工作。②岗前培训没有针对性。公司岗前培训主要是培训管家的业务知识，培训的主管并不了解项目情况，没有针对业主进户时的复杂情况进行针对性的心理、抗压等方面的培训。③管培生直接上岗，没有让有经验的员工带教、跟岗，导致其角色压力过大。④角色难以平衡。很多业主在休息时间仍旧打电话给管家，造成这些管培生的家人很不理解，管培生也不知道如何平衡工作与家庭，非常困惑。

吉姆·科林斯认为，合适的人是那些展示出企业所希望行为的人，这些行为就像是他们性格和态度的自然延伸。如果员工性格和物业服务岗位的特性较为匹配，他们可以很好地自我调节，避免很多由于自身价值观和认知水平带来的角色冲突。有物业企业在面试时应用美国心理学家马斯顿(Marston)博士提出的DISC性格测试(见图8-2)[10]，发现S型性格的人比较适合一线物业服务岗位。类似的心理测试方法有很多，并且广泛应用于各行各业，它可以帮助企业识别和岗位所需特质匹配度比较高的员工。

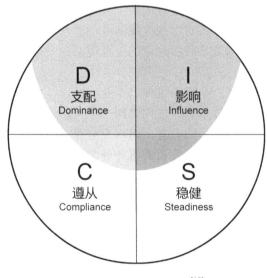

图8-2　DISC性格测试[10]

2. 留住关键的员工

留住关键的员工也是应对角色冲突的有效措施。关键员工是指在组织内部具有特殊技能或资源的人员，其可替代性低、稀缺性高。关键员工通常有三类：一类是专业能力强、技术过硬的员工，第二类是重要岗位的员工，第三类是个人魅力较强，非正式组织中的意见领袖。尤其是第一类，他们工作表现的好坏对企业服务体系的传递有着很大的影响，甚至他们还可以通过师徒带教的形式，提高企业整体的服务水平。重要岗位员工的流失很有可能会短时间没人能顶上。由于大多数一线服务人员不是本地人，意见领袖类的员工就显得较为重要。现实情况是，很多外地员工最初来到陌生城市打工都是经由同乡介绍，如果他们发挥正能量，对一线队伍的稳定作用很大。对关键员工的有效管理，在我国现阶段的社会背景下，非常具有针对性。

3. 塑造员工关怀的组织氛围

塑造员工关怀的组织氛围是应对角色冲突的第三种措施。塑造员工关怀的组织氛围可以从两个方面来入手：一是生活上的关心，二是工作上创建相互支撑、团结一致的组织文化。"独在异乡为异客，每逢佳节倍思亲"是每个背井离乡人挥不去的情结，让一线服务员工感受到大家庭的温暖，生病期间感受到企业的关心，这样他在面临角色压力时，就会有效地自我调节。有些企业每年会举办"家属答谢会"，以取得员工家庭的支持，这样一种关怀方式也是缓解个体每天所扮演的角色和角色之间矛盾的有效办法。倡导相互支持的团队文化同样非常重要，案例 8-2 中的保安小伙是项目上的形象岗，属于关键岗位员工，如果没有获得团队支持的话，估计很早就辞职了。还有些企业为一线员工设立"委屈奖"，也是异曲同工，可以有效地解决组织内和组织外的指令不一致造成的角色冲突。

【案例 8-2】保安小伙的感动

某高新技术开发区的 A 工业园项目的广场保安看见有一位女同志在折园区内的桂花树，便立即上前劝阻，谁知女同志却气愤地说："怎么了，好东西还不能分享？"保安见劝阻无效只好上报物业服务中心。物业服务中心通过查看监控发现该女同志为园区内某企业的一名员工，物业经理随即温馨提醒该公司约束员工行为。谁知，中午这位员工带着同事来到广场辱骂保安，整个过程持续了 10 多分钟。保安是一位年轻小伙，在大庭广众之下委屈得眼泪在眼眶里打转。

园区客服等相关人员过来劝说，没想到该女同志骂得更厉害了。这时，工程经理走过来了，直接怒斥："你做不文明的事情就该曝光！"一下子把该女同志说懵了，她的同事知其理亏，便拉着她离开了。

工程经理维护一线员工的行为让被骂的保安十分感动，成为其职业生涯中一段美好的回忆，他一直说："如果不是工程经理当时仗义执言，可能我早就辞职了。"

4. 合理科学地组织工作

角色冲突中第一种类型以及第一节中小王和老张面临的困惑，主要原因是岗位职责不够清晰、组织分工不够明确，所以清晰的职位设计、合理的组织分工、规范的工作流程等组织方面的措施能科学实施的话，可以有效缓解这些角色压力。物业行业的特性决定了管理人员在项目前期必须实地踏勘，因为各个项目都有差异，每个员工也有差异，了解具体岗位的特点后，才能合理、科学地实施组织。确定的岗位职责、工作分工、作业流程，在员工入职时应当充分培训，让他知晓自己需要扮演的角色。如果管理者和员工双方对企业所赋予该岗位的角色内容达成一致，角色模糊和角色超载现象就会大大缓解。即使后续项目环境发生变化，需要重新调整角色内容，管理者也应当科学实施组织工作，征得员工同意或理解，让其心甘情愿地扮演新角色。

5. 有效的培训

希尔女士针对物业行业另一个非常有效的做法是培训，她认为"……这些管理者不仅应该具备这样的特征，而且她必须意识到特殊培训的需要，并准备好牺牲时间来获得这种培训。因为这种工作更像一种职业，它有很多技术问题只有通过培训才能逐步获得。此外，它只能在这些住房当中获得，如果让初学者来做，这是绝对不可能的，因此，为了避免带来麻烦，必须在这些女士接受完所有的培训后才能很好地开展业务，只有在获得了经验之后，才能将责任委派给她们。这些困难有点像在不牺牲患者的情况下培训医生一样。为了帮助在没有失败风险的情况下推进培训，我们必须在一定程度上安排分工……"[9]。

希尔女士的观点清晰地说明了物业工作中培训的必要性和重要性，持续的培训可以不同程度地缓解三种压力来源。以塞维斯马斯特(Service Master)为例，该公司是美国清洁和维护服务的提供商，公司在管理培训中反复强调平凡的重要性，希望能最大限度地提高服务人员的个人尊严，增强员工的自我调节能力。每年该公司都会深入分析维护过程的每一部分，例如在为清理医院房间设计的七步流程中：从第一步，问候患者，到最后一步，询问患者是否需要做其他事情[1]。在这些流程中，培训服务人员如何提高沟通技能，如何与患者互动，从而增加工作的深度和广度。员工技能的提高以及对工作理解程度的加深可以非常好地缓解自身的角色压力，而这些都必须通过有效的培训来实现，第三节会详细探讨当前我国物业服务行业的培训实践。

二、物业服务管理者的人力资源策略

物业服务行业中项目经理等管理者多处于马斯洛需要层次理论的中、高层次需要阶段，其角色压力源和一线从业人员有一定的差异。他们中部分是本地人，部分是小有所成的"新本地人"，根本体会不到外地一线务工者的很多角色压力。他们的适应能力很强，大多可以通过自身努力克服面临的角色压力。在服务利润链模型中，员工满意度由内部服务质量所驱动，而内部质量是通过员工对工作、同事和公司的感受来衡量的，服务员工在工作中最看重什么呢？赫斯克特认为，服务员工在工作中最看重他们为客户取得成果的能力和权威[1]。从这个视角来看，对物业服务管理岗位员工的满意度影响较大的因素主要是授权和能力提升，施莱辛格(Schlesinger)等学者的研究同样证实了这个结论[11]。

授权是指上级将自由决定权授予下属，它代表着一种认可、一种信任，可以满足管理者尊重和自我实现的需要。但实践中，授权和规范的工作流程是一对矛盾，工作内容过于规范，则相应的员工自由裁量权就较小，反之亦然。保罗等学者建议采用图8-3的方法，根据服务互动本质来确定规范和授权的程度[12]。

马斯洛需要层次理论认为，除了五种基本需要外，人类还有求知需要、审美需要等一些先决条件，能力提升正体现了求知需要。能力方面的提升能让员工感到充实，尤其是员工的能力提升如果和企业给予的职业发展机会相匹配的话，会大大提高员工的满意度和成就感。

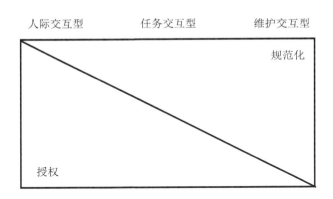

图 8-3　规范和授权的程度

提高员工满意度的人力资源策略有很多，这里有几点需要补充说明。一方面，"二元化"现象只是笔者的个人观点，采用这样一种说法一方面便于从业人员理解，另一方面希望引起大家对物业服务业行业一线员工的关注。实践中，"二元"只是指应对角色压力措施的侧重程度应当有所差异，并非说侧重于一线员工的措施不能用到管理者身上，反之同样。其次，上述措施并不是一一对应的关系，实践中应当灵活运用，可以单独采用某种具体的措施，也可以组合使用，具体情况具体分析，对象不一样、行业不一样、时机不一样，采取的应对措施也不应相同。

第三节　物业服务的培训实践

一、物业服务培训的基本类型和步骤

培训是企业帮助员工提升能力的一种重要方式。员工能力分为三种：行为习惯、技术能力、人格特征[12]。行为习惯是指一个人表面上的能力，如短时间跟客户交往所体现的礼貌、沟通状态、态度等。技术能力是指完成特定任务所需具备的知识和技能，以会务服务为例，员工需要了解会议系统等基础知识，同时要掌握奉茶、续茶等基本技能。人格特征是一个员工个体的性格等内在特质的集合，如价值观、素质提升、情绪控制、压力应对等。

物业服务培训按时间顺序可以分为入职培训、岗前培训、在职培训。入职培训属于通用类培训，是物业企业向每一个新进员工介绍公司历史、组织架构、企业文化、基本行为规范等活动的总称，目的是使员工熟悉企业的基本情况。岗前培训属于专业技能培训，是服务员工上岗前针对某一具体职位所必备的知识理论、服务流程、礼仪礼节和实操技术等方面的培训，目的是为了让员工胜任该岗位的工作要求。其培训对象可能是新入职的物业

员工，也可能是新转岗或新晋升的员工。在职培训是指入职以后，物业企业为实现其发展战略帮助员工能力提升而举办的各种类型的培训的统称，一般分为技能培训和素质培训。

物业服务培训的宗旨是塑造以客户需求为导向的服务文化，让员工行为能够有效地满足客户需求，传递企业服务理念，提高客户服务体验。物业服务培训通常有四个基本步骤：①战略培训需求分析；②培训计划的设计与开发；③培训计划的交付和实施；④培训结果的测量和评估，如图8-4所示。但在实践中，很多企业往往重视的是培训课程如何设置以及请哪些老师来授课，忽略了课程以外的其他步骤，从而导致培训效果事倍功半。

图 8-4　物业服务培训的四个基本步骤

全球领先的设施服务提供商欧艾斯(ISS)集团在其分析报告中指出，"培训计划的实施不仅仅是员工参加课程，有效的培训应包括课程的培训前激励、对培训后员工行为变化进行反馈的后续流程、锚定培训所涉及的客户和直线经理、识别和消除实施新行为的阻碍。任何培训方案成功的60%以上都是实际课程之外的要素"。由此可见，若希望企业的培训工作能够有效推进，在实施过程中要注意平时容易忽略的地方，第一、二阶段要注意培训所涉及的客户和直线经理，第三阶段要特别注意培训前事先的激励，第四阶段要帮助培训对象消除培训后在运用新行为时所碰到的阻碍。

二、一线物业服务人员的培训实践

第三章的接触-互动模型中，物业服务行业一线员工所从事的工作按互动方式分为维护交互型、任务交互型、人际交互型，按接触程度分为高接触度、低接触度。互动方式不同，员工所需具备的知识和技能也不同。同时，物业行业有些特征区别于其他行业，例如物业服务的地点是客户的现场，很多培训并不能随意开展，必须避免服务中断。还有上文提到的，大多数保洁、保安文化程度不高，有些可能连本地语言都没有完全掌握，这些因素都使得针对一线服务人员的培训内容和培训方式变得复杂。

维护交互型岗位的特点是常规化、标准化，技术能力要求不高，所以培训时一般的常规技能即可，但如果属于高接触度服务，还必须有针对性地进行服饰、仪容、沟通、态度等行为习惯方面的培训。任务交互型岗位起决定作用的是技术技能，提供服务的员工需具备较好的专业知识和操作技能，能快速地解决客户的问题，人格特征方面的能力在这里只起到一些辅助作用。人际交互型岗位的要求最高，三种类型的能力都应当培训到位，但最重要的是人格特征方面的能力，物业员工不仅需要具备满足客户需求的知识和能力、良好的服务态度，更需要察言观色，有效应对客户的情绪和隐性需求，通过移情、专注、体贴来构建物业服务和客户之间的情感纽带，提高客户的忠诚度。图 8-5 是一线物业服务岗位培训内容侧重点的大致划分。

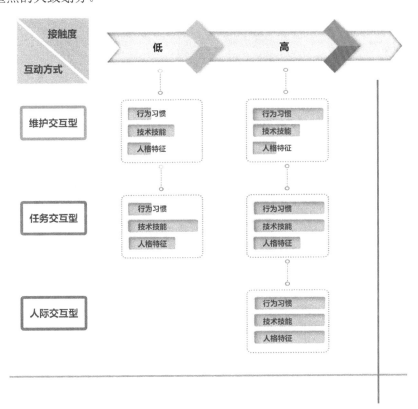

图 8-5　一线物业服务岗位培训内容的侧重点

基于当前一线物业服务人员的特点，通过实践发现剧本模拟(也称角色模拟)和一对一带教两种培训方式比较适合他们，同时辅以服务操作视频和图片，便于员工理解和快速掌握。标准的服务操作视频和图片的运用，不仅可以让经验丰富的员工演示如何与客户互动，为客户提供正确或最佳的服务方式，而且可以在项目的工作场所、企业的内部网站上展示，企业和员工可以多次利用。图 8-6 是某项目针对去除不锈钢划痕的培训示意图，操作步骤一目了然。

剧本模拟是指选取客户旅程地图中的场景，基于服务蓝图编写出相应的"剧本"，以培训服务人员在特定场景下应当采用的行为规范，帮助员工了解在特定情况下要做什么以及按什么顺序做。这种方式可以模拟工作场所可能发生的问题，让员工将作业规范与实际运用联系起来，使其更清晰地了解自己的角色定位，缓解角色冲突，同时可以进一步挖掘客户需求，使员工能够迅速辨析并及时满足。当前，行业中很多企业的应急预案演练就是采用的这种方式，实践中应当将其作为各服务条线在重要场景下联动的主要培训方式。

一对一带教是实践中适用于一线员工的另一种有效方式，跟岗一段时间，尤其是经验不足的新进员工。一方面带教师傅可以讲解和现场演示满足客户需求的具体步骤和作业标准，通常情况下员工如果亲身经历，而不是单纯的课堂讲解，学习的效果会更好。另一方面，带教师傅还可以让跟岗员工实际演练，他在一旁密切关注初学者的掌握程度，及时纠正他们不适当的行为，提醒他们更好的服务行为，并与他们分享工作经验，可以极大地缓解新进员工的角色冲突。

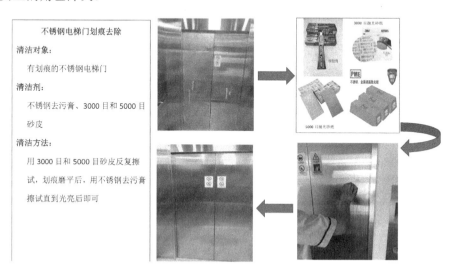

图 8-6　某项目去除不锈钢划痕培训示意图

三、物业服务管理者的培训实践

实践操作发现，物业服务行业的管理者大约有两种类型：一种是对事业积极向上，希望改变现有的生活状态，这种类型男性和青年员工居多；另一种是对现状非常满意，从事着喜欢做的工作，并不是很希望改变现有的工作方式，这种类型女性和年长的员工比例较高。和最初希尔女士分析的一样，物业服务行业的特点比较适合女性，她们细心、耐心，比较喜欢稳定的工作环境。针对这两种管理者类型，培训实践中应当有所区分。

企业对第一种类型管理者的培训应当着重于对其职业生涯的规划，将个人发展规划融入企业的发展战略。基于这种思路，培训内容应当侧重于技术技能和人格特征两方面。表8-1 是某物业企业制订的管培生计划。整个培训计划跨度为 5 年，培训内容不仅包括技术技能，如物业基础理论知识、项目作业规范，还包括人格特征方面，如职业道德、情绪管理等。培训方式按入职时间的长短采用了多种形式，从入职引导期的课程讲解、师徒带教，到后期的岗位轮训、网上课程等。

第二种类型的管理人员培训有一定的难度，他们对职业生涯的期许没有前者强烈，只想完成领导的任务，对现有的工作、生活方式很满意，不愿意做过多改变。所以，他们更喜欢实用的培训内容，并且是和工作联系比较紧密的、即时的知识和技能。在培训形式上，课程讲解对他们来说比较乏味和枯燥，案例教学和仿真体验式培训是比较好的形式。图 8-7

是云南联云集团开展茶艺提升专题培训的图片[13]。培训后,大家表示"这种亲身体验的教学方式,不仅让学员们更加深入了解茶文化,也让他们在实践中提升了自己的茶艺水平"。

表 8-1 某物业企业的管培生计划

姓名		就读学校		专业	
培养周期		部门及岗位		带教导师及职务	
培养阶段	培养模块	培养内容		培养要求	责任部门
入职引导期 1~6个月	行为习惯	企业文化认知、企业行为规范			
		标杆和榜样力量(青年员工分享、企业标杆项目参观)			
	技术能力	知识	行业的基础理论、法规等		
		技能	岗位职责和基本工作流程		
	人格特征	企业价值观、适应身份角色转换			
学习成长期 1~2年	行为习惯	礼仪礼节等			
		管理沟通			
	技术能力	知识	物业服务基础知识、管理学基本知识		
		技能	岗位业务流程、公文写作与处理、物业管理师等级考试		
	人格特征	心理调节能力、抗压能力、应对突发事件的调控能力			
晋升发展期 2~3年	行为习惯	沟通技巧(所有利益相关者的沟通)、培训技巧			
	技术能力	知识	物业管理专业知识、服务营销基本知识、统计分析知识、绩效管理知识		
		技能	所在部门涉及的各条线岗位流程、客户服务流程、安全管理技能等		
	人格特征	团队建设能力、思考问题的全局性			
定岗续航期 3~5年	行为习惯	发挥榜样带头作用,能够起到正面引导力量			
	技术能力	知识	行业最新政策理论、行业领先企业动态、市场发展方向、争先创优标准		
		技能	形成自己的管理方法和管理模式		
	人格特征	与企业发展理念完全融合,各方面素质提升,具备领导力			

图 8-7 云南联云集团开展茶艺提升专题培训

本章参考文献

[1] HESKETT J L, JONES T O, LOVEMAN G W, et al. Putting the service-profit chain to work[J]. Harvard business review, 1994, 72(2): 164-174.

[2] SOLOMON M R, SURPRENANT C, CZEPIEL J A, et al. A Role Theory Perspective on Dyadic Interactions: The Service Encounter[J]. Journal of Marketing, 1985, 49(1): 99-111.

[3] KAHN R L, WOLFE D M, QUINN R P, et al. Organizational stress: Studies in role conflict and ambiguity[M]. New York: John Wiley, 1964.

[4] BROWN S P, PETERSON R A. Antecedents and consequences of salesperson job satisfaction: Meta-analysis and assessment of causal effects[J]. Journal of marketing research, 1993, 30(1): 63-77.

[5] TUBRE T C, COLLINS J M. Jackson and Schuler (1985) revisited: A meta-analysis of the relationships between role ambiguity, role conflict, and job performance[J]. Journal of management, 2000, 26(1): 155-169.

[6] ATTEYA N M. Role stress measure, methods of coping with stress, and job performance: An exploratory study[J]. Journal of Organizational Psychology, 2012, 12(2): 30-51.

[7] WU G, HU Z, ZHENG J. Role stress, job burnout, and job performance in construction project managers: the moderating role of career calling[J]. International journal of environmental research and public health, 2019, 16(13): 2394.

[8] 王赵梦. 角色压力文献综述[J]. 经济论坛，2017 (8): 116-120.

[9] HILL O. Management of Houses for the Poor[J]. Charity Organization Review, 1899, 5(25): 20-28.

[10] BEEDU G K. A Study on the effectiveness of DISC personality test[D]. Selinus University of Sciences and Literature, 2021.

[11] SCHLESINGER L A, ZORNITSKY J. Job satisfaction, service capability, and customer satisfaction: An examination of linkages and management implications[J]. People and Strategy, 1991, 14(2): 141.

[12] Services management: An integrated approach[M]. Pearson Education, 2017.

[13] 蒋俊杰. 品茶香茗韵 习茶艺技能——联云集团开展茶艺提升专题培训[EB/OL]. (2024-05-10) [2024-10-26]. https://www.ynjgdj.gov.cn/html/2024/shengzhikuaixun_0510/19623.html.

第九章 物业服务的供应关系

第一节 物业服务供应关系的分类和选择

一、物业服务供应关系的分类

物业服务企业通过服务设计,将相关供应商整合到自己打造的服务体系中,系统地满足客户需求,这些供应商成为企业所构建的服务体系的一部分,它们融入物业服务企业,从而构成了一种特别的关系——服务供应关系。在这种服务供应关系中,大多数供应商在物业企业的统一调配下,直接参与服务交付,甚至有些岗位与客户发生人际接触,它们的工作一旦出现偏差可能会直接导致物业企业的服务失误。案例9-1中,A物业公司将保洁业务外包给专业的保洁公司,期间保洁人员缺岗,客户认为物业公司对外包单位管理不善,导致服务不到位,合同到期后不再续聘该物业公司。

【案例9-1】外包公司人员缺岗导致物业公司项目丢失

年初,A物业公司新接了该市一所中学,前期公司选派了较有经验的管理人员至现场,保洁公司也是和该公司合作多年的供应商。虽然刚开始和校方配合得不通畅,但是经过半年磨合期后,渐渐走上了正轨,校领导和老师也逐渐认可了该公司的服务。进入10月份,由于保洁公司扩张速度太快,人员开始跟不上发展速度,导致该项目保洁人员缺岗长达两周。屋漏偏逢连夜雨,这段时间正好碰上项目经理生病请假。

学校的保洁服务人员基本都是固定岗,没有机动人员可用。保洁公司没有及时补充,一旦缺岗,只能靠其他楼宇的保洁人员在做好自己本职工作后去缺岗楼宇支撑,导致缺岗楼宇每天有4个小时处于无人打扫的状况,保洁质量明显下降,引起老师们的强烈不满。该中学的物业合同为当年12月31日到期,尽管A公司后续尽力弥补,但在12月30日还是收到了不再续聘的通知。

物业服务的供应商大致分为产品类和服务类,从成本结构来看,服务类供应商所占比重相当大,以图9-1中的某中等规模物业企业为例,约90%是服务类供应商,本章主要围绕后者探讨物业服务的供应关系。目前我国物业服务市场中,服务类供应商也可以分为两种:一种是劳动密集型,如保洁公司、保安公司等;另一种是专业技术型,如消防维保公司、电梯维保公司等,从事这种行业必须具备专业的资质。源引北京中指宏远数据信息技术有限公司《2019中国物业服务百强企业研究报告》中的数据,2018年我国物业百强企业清洁业务外包项目数量占总数量的60.38%,绿化业务外包项目数量占比为43.34%,设备维护和秩序维护业务外包项目数量占比分别为37.01%和24.90%,并且呈逐年上升趋势。

当前我国物业服务市场常见的供应关系模型如图9-2所示,该模型包括四个主体:产品类供应商、服务类供应商、物业服务企业和客户。产品类供应商、服务类供应商、物业服务企业构成了整个物业服务体系，物业企业通过交付体系将服务传递给客户，以满足客户需求。从模型中可以发现，物业服务企业处于整个供应关系的核心地位，涉及供应商管理的活动有需求管理、过程管理和供应关系管理。

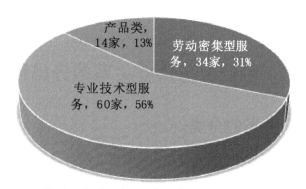

图 9-1　某中等规模物业企业供应商百分比

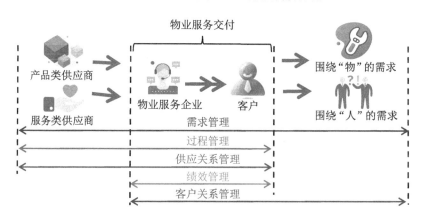

图 9-2　物业服务的供应关系模型

二、物业服务企业供应关系的选择

物业服务企业如何根据自身的特点选择供应关系呢？很多学者和物业行业从业者都持这样的观点，企业应该将非核心业务外包给相关的供应商，这样可以集中精力做好自己的核心业务，专注于培育自己的竞争优势。核心业务是企业的竞争优势所在，和企业的发展战略相匹配，对企业、顾客具有独特的价值，对企业赢得未来和持续保持竞争优势具有重要作用。

物业企业的管理者可以围绕三个特征去思考希望培育的核心业务。①知识特征。核心业务应当以隐性知识为主，具有方法论特征的知识则相对来说较难仿制，难以被替代[1]，如有些物业企业将工程服务作为核心业务。②差异特征。差异特征是一项业务的关键特征，物业服务企业异于竞争对手的原因，也是企业比竞争对手做得更好的原因。③价值特征。

核心业务在物业服务企业创造价值方面具有重要地位,能显著提高企业的运营效果,并且能提高客户黏性,实现客户所特别注重的价值。在此基础上,逐步提高核心业务的三种能力[1]:一是获取各种资源和技术的能力;二是将资源和技术转化成技能或产品的能力;三是组织协调各生产要素,优化配置资源的能力。

物业服务企业的核心业务和自身的发展战略相匹配有两种情形。较为常见的情形是企业在制定发展战略时,通常会借助SWOT等管理学工具分析自身的优势和劣势,基于自身的优势确定发展战略,以此为前进方向,围绕优势培育自己的核心竞争力,发展自己的核心业务。另一种情形是企业看准了未来的发展趋势,未雨绸缪培育新的竞争优势,发展新的核心业务,寻找新的利润增长点。以IBM为例,该公司2004年将个人计算机业务卖给我国的联想集团,从2005年起陆续花140多亿美元购买软件公司,向"云计算"转型。截至2012年,该公司的"智慧地球"在全球范围内有2000多个项目,应用计算机智能为公用电网、交通管理、食品配送、水资源保护和医疗保健创建更高效的系统[2]。目前,该公司正围绕混合云和人工智能(AI)进一步转型。

在匹配发展战略的前提下,物业企业思考核心业务的特征时,应该以其互动本质为切入点。维护交互型服务是一种标准化的、常规化的、表面的互动,隐性知识少,所需要的技能不多,这类技术含量不高的业务可以尽可能地外包出去,例如公区的保洁服务。任务交互型服务是聚焦于某一类技术问题的解决而产生的互动,知识特征非常明显,例如工程设备维修。人际交互型服务互动的重点是为了满足与服务接收者自身特性相关的需求,差异特征和价值特征非常明显,例如学校的活动保障服务。因此,物业服务企业将任务交互型业务和人际交互型业务外包出去时要非常慎重,应当统筹考虑企业的发展战略、所拥有的资源以及自身所具备的能力。因为没有一个物业服务企业具备所有能力可以满足客户的所有需求,也没有能力在其现有力量配置下应对突然激增的业务,所以企业应当有所为有所不为。

三、物业服务业务外包的优缺点

很多物业企业根据自身情况,选择适当的服务供应关系,将一些业务外包给供应商,最初的想法是希望能节约成本,其实外包所省的成本可能是虚幻的[3]。实际操作下来,它主要有如下一些优点:①借助供应商的力量迅速拓展市场;②帮助物业服务企业实施有效的需求管理;③供应商专业性强,物业企业可以聚焦于自己的核心业务;④可以弥补物业企业资质上的短板;⑤物业行业的供应商很多是民营企业,在用工方面有更大的灵活性。有些学者从成本、集中化、品质、柔性以及创新五个方面,总结出服务外包的优点[4],如表9-1所示。

任何事情都有两面性,将非核心业务外包给服务供应商也有一些缺点,日常管理中应当加以留意:①外包公司的员工归属感不强,就像前面所阐述的,流动性较大;②若物业服务企业和供应商的企业文化不相融,物业企业的服务理念难以贯彻下去,会导致员工的行为有一定的差异,增加了管理难度;③若供应商管理体系不完善,会影响服务效果;④供应商有成为物业企业潜在竞争对手的风险。

表 9-1 服务外包的优点

成本方面	集中化方面	品质方面	柔性方面	创新方面
降低总成本	让资源专注于核心能力	提升品质一致性	增加业务量可变性	获得特定劳动力或技术专业知识
分担风险	为其他业务释放资源	及时解决客户投诉或询问	能力不足	供应商创新能力
成本控制或降低运营成本			调整可交付内容的能力	降低开发成本
提高运营效率				

第二节 供应商的选择与常见的合同类型

一、供应商的选择

物业服务企业确定了供应关系后,紧接着是针对具体服务内容选择合适的供应商。从企业的生命周期来看,供应商的选择应当和发展阶段相匹配,达到一种"动态平衡"。发展初期的物业企业,规模相对较小,行业内一些大的、知名的供应商通常不愿意和它们合作,这时只能寻找市场地位比较匹配的供应商。等企业发展到一定规模,有些最初合作的、规模相对较小的供应商可能跟不上物业服务企业的发展步伐,这时就需要对供应商进行梳理,重新选择较为匹配的合作伙伴,当然也有企业和供应商携手发展的成功案例。

物业企业是围绕"物业"的建筑功能提供服务的,一类对象是"物",一类对象是"人",有地域性和专业性的特点。同样是提供消防维保服务,上海的项目应当尽可能选择上海的供应商,杭州的项目应当尽可能选择杭州的供应商,供应商属地化一方面可以充分利用它们在当地的规模经济,另一方面能有效促进物业企业的利益相关者关系管理。专业性的特点是指由于建筑功能的不同以及服务对象的差异,导致物业服务内容和要求有较大差别,同样是保洁服务,医院的保洁服务和住宅的保洁服务区别很大,所以不同的产品线,同样一类服务,需要考虑其专业性来选择合适的供应商。

物业企业的任何一类服务不能只选择一种供应商。将特定业务外包给单个供应商,比使用多个供应商风险更大。如果物业企业的保洁服务都是一家保洁公司提供,不仅抗风险能力不强,而且很容易产生"客大欺主"的现象。然而,与外包给单个供应商相比,多方采购相对会产生较高的交易成本,增加管理难度,同时供应商太多意味着每个单独的合同标的可能太小,无法成功吸引和激励好的供应商。实际运作中发现,将特定活动外包给2～3个主要供应商,足以保持供应商的价格竞争力和服务质量。

本书基于埃尔拉姆(Ellram)的研究成果[5],针对物业服务行业的特点进行了改进,将供应商选择需考虑的因素大致分为综合管理类、专业技能类、财务类、人力资源类四种(这种分类只是提供一种思路,不一定科学),如表9-2所示。每一个因素都有其相对应特定情况的适用性,物业服务企业在实际操作时可以根据自身状况赋予其相应的权重,结合类似业绩的现场踏勘,建立指标体系科学筛选合适的供应商。

综合管理类因素是指和企业的组织文化、管理职能相关的因素,包括供应商的价值观、服务理念、内部管理体系等方面。其中,最重要的是双方的价值观要一致,物业服务通常以年为服务周期,服务供应关系是一种持续性的关系,虽然管理方式可能会随着时间推移或管理者更迭而改变,但双方对事物的看法、价值取向逐步趋同被视为建立密切、长期关系的先决条件。其他因素主要指供应商的规范程度和配合程度,前者决定着这家企业是否能健康持续地发展,后者体现了供应商能否有效地配合物业企业协同"作战",因为他们的工作是物业服务企业构建的整个服务体系的一部分。

表9-2 物业服务供应商选择需考虑的因素

类 别	相关因素
综合管理	规范程度(管理水平)
	响应性
	执行力(配合程度)
	服务质量
	和政府相关部门的关系
	价值观
	服务理念
专业	应急能力
	类似业绩
	专业程度
	安全记录
财务	价格
	抗风险能力
	财务的稳健性
人力资源	现场主管的综合能力
	合适人员的招聘和及时到岗能力
	员工团队建设和人员流失率有效控制的能力
	新员工的培训程度

专业技能类是指直接满足客户需求的技术和能力等因素,包括企业的类似业绩、资质、技术力量、应急能力等,很多企业在初次选择供应商时参考最多的就是这类因素。以类似业绩为例,有些招标文件关于供应商评选的要求是"投标人需提供类似项目的合同扫描件,扫描件中需体现合同的签约主体、项目名称及内容、合同金额、交付日期等合同要素的相关内容。投标人最多提供5个类似项目业绩,如超过5个仅取《投标人近三年以来类似项目一览表》排序前5的项目业绩进行评审。有一个有效业绩得1分,最高得分为5分,没有有效的类似项目业绩的得0分"。专业技能类的信息比较直观,可以从企业所获得的荣誉、相关认证或专业人员的证书等搜集到。评标时,这一类经常被作为客观分。

财务类指的是双方确定的价格以及供应商作为一家企业其财务稳定性等相关因素。价

格是物业服务企业选择供应商的重要标准，应当通盘考虑企业的承受能力和性价比，但是经统计分析，与大型或小型企业相比，中等企业更关心质量[3]。同时，供应商的财务稳定性对长期合作非常重要，财务状况不佳的供应商就像"定时炸弹"，不知什么时候会爆炸。物业服务行业主要的支出就是人工成本，若财务状况不稳定，一旦发生拖欠工资的现象，后果不堪设想。

人力资源类是指供应商企业在人力资源管理方面的因素。物业服务是由"人"提供的，供应商人力资源管理是否专业，人员的流动性、人员的补充、劳务纠纷的解决、基本培训是否到位等都会直接影响物业企业的服务效果。其中，派驻在现场的项目主管非常重要，是物业服务企业选择供应商应当考虑的重要因素之一。以选择保洁、保安公司为例，考察条件之一就是看它们派出的驻场主管的职业操守、责任心、执行力、对一线员工的驾驭能力等是否强，也就是"三观是否正"以及"眼里是否有活"。他是物业服务企业和供应商之间的桥梁，他的胜任与否，影响着企业服务理念、管理目标的实现。

二、物业服务供应商的常见合同类型

物业服务企业和供应商合作常用的合同有两种，即总价式和单价式，专业技术类服务供应商多采用总价式合同。图9-3是一家物业服务企业签订的2023年消防维保合同的一部分，根据合同规定的服务内容和商务条件，物业企业应付给维保单位45 000元，明确了一年服务的总价。这种合同类型也称包干方式，类似于住宅物业的包干制收费，即根据双方最初谈判的要求和条件，当服务内容和商务环境不发生变化时，物业企业支付给服务商的价款总额不发生变化。这种方式适用于标的较小、相对稳定的商业环境。

> 二、合同期限：
> 　　本合同期限<u>12</u>个月，从2023年1月1日起至2023年12月31日止。甲乙双方同意期限届满后续约的，应当于期限届满15日前重新签订合同。
> 三、合同费用：
> 　　本合同维修保养总费用（详见附表）为<u>45 000</u>元，大写人民币<u>肆万伍仟元整</u>。上述服务费用包括设备检查、维修保养等所需的人工费用（包括乙方雇员薪资、福利津贴、加班费、高温费、社会保险、以及年休假、制服装备等），以及维修所需的易耗材料及单

图9-3　消防维保合同示例

单价合同是指合同确定了服务人工的单价，在合同期内原则上不变，并作为最终结算时所用单价，而具体的人员数量则按实际情况进行结算，物业服务行业中的劳务密集型工种采用这种方式的较多。图9-4是一家物业企业和救生服务公司签订的合同，合同中约定了救生组长、救生员等服务人员每人每月的单价，第2.3条明确规定了人员数量可以调整。这种合作方式最大的优点是物业服务企业可以进行有效的需求管理，根据项目的实际情况调整服务用工，减少不必要的成本，甲、乙双方共担风险。

> 2.3 人员调整：如甲方需对乙方现场服务人员进行增减，应提前10天书面通知乙方，乙方在收到书面通知后应妥善处理相关事宜，在指定日期完成交接工作。所增减的人员费用根据合同约定的人均费用单价计费结算。
> 2.4 人员报价：救生组长　　　元/人/月，水质工　　　元/人/月，救生员　　　元/人/月，卫生管理员　　　元/人/月。

图 9-4　单价类合同示例

第三节　物业服务供应商的管理和评价

一、物业服务供应商的管理

1. 需求管理

在物业企业构建的整个服务体系中，需求管理是一个重要的环节，非常考验企业及其供应商协同"作战"的能力，它包括两个方面：需求和产能。首先是需求方面，由于物业服务产品的差异性和客户的多样性，需求模式存在很大的不确定性，伴随着这种不确定性，无法对物业服务进行库存管理，这对物业企业构建的服务体系是一个挑战。其次，通过产能管理可以平衡客户需求和物业服务体系满足需求的能力。由于需求的波动性以及服务的生产消费同时性，物业企业持续面临着能力与需求匹配的问题。并且，物业企业还必须考虑其他可利用的资源，包括业主方的场地等有形物品、设施等，这些都对需求和产能有一定的影响，具体应对措施详见第四章。

2. 过程管理

对服务供应商的过程管理是指从确定服务供应关系开始直至供应关系结束整个期间对供应商的管理。卡伦（Cullen）等学者参与了1994—2003年的100个外包案例的研究，构建了外包生命周期模型[6]，并在另外七个案例研究中测试了该模型。该研究成果认为，对服务供应商的过程管理应当遵循一定的流程，这样可以为组织带来更多的成功、更少的失误。过程管理包括四个阶段：搭建、选择、实施、重新梳理。

搭建阶段是企业分析内外环境，识别需求的一个过程，主要包括分析市场状况和潜在供应商、评估风险、外包对企业的影响、确定外包的目标、路径设计等环节。选择阶段是选择供应商的环节，包括实地考察、招投标、和供应商谈判签约等。实施阶段是指合同期限内双方履行和管理的阶段，包括合同的推进、定期沟通、款项的支付、突发事件的共同应对等。重新梳理阶段是指合同期结束后对供应商进行评价，同时重新评估整个决策和实施过程，为下一轮供应关系的选择做准备。因为在合同履行期间，物业服务企业、供应商以及市场都会发生变化，可能会使过去的决定在当前环境下变得不合适。例如，市场增长可能造成更多竞争、企业的战略可能调整、供应商能力可能已经改变等。

在这里需要重点提出的是实施阶段对供应商的管控，有些物业服务企业对外包供应商采用的是监管模式，制定了《外委项目监管实施作业规程》《秩序维护服务监管规程》等制度对供应商的行为进行监督。如果采用这种方式，无疑使物业企业与供应商之间有了"我"和"你"的区分，这样一种视角不仅很难将企业的服务理念贯彻下去，还有可能使物业企业的工作人员有种"朝南坐"的思想。供应商的服务行为是物业企业所构建的服务体系的一部分，是"我中有你，你中有我"的相融关系。实施阶段的管理从供应商准备进场服务开始，物业企业就应当将自己的服务体系逐步导入供应商团队，在合同履行过程中，也应当同步纳入企业的服务品控体系。

物业服务的从业人员应当了解了整个服务外包过程，以及每个阶段的大致环节，实践操作中可以根据服务类别以及标的大小等相关因素进行判断，不一定每个阶段和每个环节都需要，但它给了从业人员一个系统性的思维，使得物业服务企业对供应商的过程管理更加科学和专业。

3. 供应商关系管理

拉西迪(Lacity)等对全球 500 多家公司进行了广泛的行业调查，得出结论：有效地管理和供应商的关系是外包成功的最重要因素[7]，这一发现得到了其他学者研究成果的支持[4]。尽管物业服务企业和供应商之间是依据合同履行各自的义务，但仅仅依赖合同因素可能不是最佳选择。随着物业服务企业和供应商签订合同，两家公司开始建立关系，合同初期组织间的关系很可能会随着时间的推移而演变，存续期企业的内外环境都会发生变化。构建和供应商的伙伴关系，塑造双赢、信任、共识、文化兼容和相互依存的可持续性合作氛围，是供应商关系管理的重点。

企业文化的兼容是构建成功伙伴关系的前提之一。企业文化是一家企业所有成员共有的价值观和信念，它很大程度上决定了员工的行为方式。企业文化的兼容预示着双方的价值观能够相互认同，在合作期间碰到矛盾能够相互理解，避免物业企业和供应商认知的不一致增加无形成本，破坏预期结果。类似于案例 9-2，B 物业公司觉得质量是企业的生命，而外包公司觉得只要不出大事就行，质量无所谓，关键是跟甲方相关人员搞好关系。企业文化上的不兼容导致双方对该事件的认知出现不一致，物业公司认为外包公司管理不到位，质量始终达不到自己的要求而外包公司认为物业公司是在鸡蛋里挑骨头。最后，双方不欢而散。

【案例 9-2】物业公司和保安公司价值观不一致导致合作终止

B 物业公司新接了一个公园项目，前期甲方推荐了一家保安公司，物业企业和该公司是第一次合作。进场后，两家公司的文化差异逐渐凸显出来。

B 物业公司要求所有上岗的保安，必须全部上交手机，遭到了保安公司的极力反对，由于手机的上交，会导致保安的流失率增加，保安公司管理层不愿意配合。并且，在物业公司推行"首问责任制""人过地净"等管控手势时，保安公司认为瞎折腾，觉得根本没必要。保安公司工作不配合，项目上各条线形不成联动，服务理念贯彻不下去，物业公司上上下下都觉得合作很累。

物业公司的领导层和保安公司的领导也多次协调，但是仍旧没有改善。物业公司认为保安公司的领导层不重视，总找客观理由，而保安公司认为物业公司想把自己排挤走。双方各执一词，一年合同到期后，双方终止合作。

双方管理目标一致是构建成功伙伴关系的另一个前提。物业服务企业和供应商都应当以客户需求为自己企业的目标，各自做自己专业领域的事情，同时相互补台，共同构建服务体系去满足客户的需求。以写字楼项目为例，物业服务企业提供保洁、保安、客服、工程服务等服务内容，有些服务是企业自己实施的，有些是通过供应商实施的。这时就要求企业将相关供应商整合到自己的服务体系中，统筹组织、培训、督导，树立"一家人"的观念，不分彼此，为客户提供无缝、以客户为导向的服务。共同关注客户是合作的本质，任何与之相冲突，妨碍服务效果的行为都必须做出改变。

合作期间，双方彼此的信任理解和相互支持是构建成功合作伙伴关系的保障。信任是友好伙伴的另一个重要特征，即"公司相信合作伙伴会采取行动，并且会给公司带来积极结果"，这样才能在碰到困难时相互支持，遇到矛盾时相互理解。新冠疫情期间有些小微供应商现金流遇到困难，一些规模较大的物业企业雪中送炭、加以扶持，共同渡过难关。项目现场遇到管理上的问题时，物业服务企业应当及时向供应商反馈情况，不要一味地指责、埋怨，动不动就拿服务费来说事，双方应该从寻找自身原因出发，坦诚相待、交流想法、共同出谋划策予以应对。

凯迪亚(Kedia)等将和供应商的伙伴关系总结为三种类型[8]：战术型、战略型、变革型，如图9-5所示。战术型伙伴关系主要是双方的合作基于特定的任务，解决特定的问题。如物业服务企业没有消防维保资质，将写字楼消防系统的维护保养交给有资质的专业公司。因此，自己能力不足，希望借助于外包达到特定目的是这种合作关系的主要驱动因素。战略型伙伴关系的主要驱动因素是物业服务企业希望持续实现自己的发展战略，保持持续的竞争优势，越来越需要将更多的精力集中在核心业务上，利用供应商积累的优势和经验来获取新的市场和资源的关系。变革型伙伴关系意味着企业和供应商共同快速发展、改变，和供应商的合作被视为企业变革的强大力量，而供应商可能被认为是争夺市场份额和竞争优势的盟友，可以帮助企业分担风险，同时提高灵活性并实现业务转型。

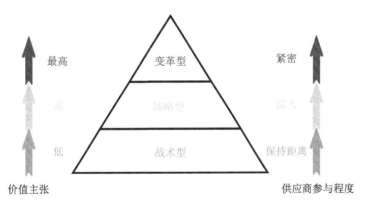

图9-5 伙伴关系的三种类型

二、服务供应商的评价

服务供应商的评价分为三个部分：一是建立适合企业实际情况的供应商评价指标体系，二是运用评价指标对合同期内服务供应商的行为进行评价，三是将评价出来的结果和数据应用到后续的企业管理当中。例如，某企业对服务供应商建立了如表 9-3 所示的评价指标体系[9]，分别从服务质量、服务价格、服务柔性、服务能力、合作能力以及发展潜力六个方面进行评价，每个大指标下进一步细分为三个小指标，并赋予相应的分值。

  物业服务企业在对供应商整体履约能力进行评价时，应当分为两个层面，首先需要对其现场团队的服务行为在公司整体品控体系中的表现进行评估。如果现场服务行为不能很好地满足客户需求，即使其他履约情况再好，也不应当继续合作，否则物业服务企业就有丢盘的风险。在对其现场服务行为评估合格后，再进一步对该公司其他履约行为进行评估，如服务柔性、发展潜力等指标。另外，劳务类服务供应商和专业技术类服务供应商评价指标的侧重点应当有所区别。劳务类服务供应商的员工每天都和物业企业一起为客户提供服务，评价的重点在于其履约过程中，员工融入企业服务体系的程度，是否能有效传递企业的服务理念，是否能有效满足客户需求。专业技术类服务供应商的工作通常是周期性的，大多是任务交互型服务，能否解决实际问题、应急响应能力，以及外部利益相关者协调能力是评价的重点。企业在构建相应的指标体系时，应当有针对性，避免"一刀切"式的评价。

表 9-3 服务供应商评价指标体系示例

二级指标	三级指标	服务供应商				
		A1	A2	A3	A4	A5
服务质量	服务承诺实现比例/%					
	顾客抱怨比例/%					
	员工服务意识(10 分制)					
服务价格	同比平均价格优势					
	支付方式的便捷(10 分制)					
	结算周期/月					
服务柔性	响应客户需求变化能力(10 分制)					
	满足多样化需求能力(10 分制)					
	客户服务需求响应速度/d					
服务能力	专业技术水平(10 分制)					
	平均服务市场占有率/%					
	综合服务资源拥有情况(10 分制)					
合作能力	企业文化融合(10 分制)					
	合作信任度					
	服务资源整合能力(10 分制)					
发展潜力	服务利润增长率/%					
	服务产品创新能力(10 分制)					
	绿色竞争力(10 分制)					

  实践中最容易忽视的是评价的第三个环节，供应商评价后得出的数据和提炼的信息不仅对新一轮供应关系的选择提供帮助，对物业服务企业后续的管理也有较大的参考价值。

供应商的诉求和建议，给了企业一个全新的角度来看待自身的管理，有些平时自己没有发现的问题，甚至是后台管理的问题，在和供应商的磨合中暴露出来。物业企业如果引起重视加以针对性改进的话，可以促进企业更健康地发展。同时，无论后续是否会继续合作，物业服务企业都应当和供应商坐下来面对面坦诚地沟通。对物业企业来讲，如果继续合作，双方的沟通可以使后续的合作更融洽，促进双方伙伴关系的建立，解决上轮合同期磨合的问题，塑造更优质的服务使双方共同成长。即使不继续合作，有效的沟通交流也可以使物业服务企业进一步了解双方分歧的原因，相互理解、化解误会，今后还会有其他合作的空间，增加企业的资源，就像案例 9-3 一样。这个行为有点类似于供应商开发管理(supplier development)，一些知名的跨国企业会针对性系统地建立和发展自己的供应商伙伴网络。

【案例 9-3】保安公司的内部整顿

C 物业公司新接了一幢公共建筑，前期公司经过内部招标流程，选聘了一家保安公司。项目初期，工作繁杂，每个部门都在摸索并适应这个新的服务业态。随着工作的逐步开展，很多问题开始暴露出来，尤其是现场保安人员提供的服务与物业公司的质量要求和品质期望渐行渐远。考虑到项目的特殊性和对于公司发展战略的重要性，在项目进驻后不到两个月的时候，现场项目团队上报公司希望更换保安公司。

物业公司领导层做出更换的决定后，和保安公司领导层进行了坦诚的沟通。保安公司领导意识到自身的问题后，特意向 C 物业公司借了一个场地，召集所有区域经理开内部整顿会，以此作为警示。事后的一段时间，保安公司组织所有区域围绕甲方企业文化和内部管控两方面进行专项培训，并和物业公司保持经常性的联系，希望 C 物业公司能再给一次机会。对方的诚意打动了 C 物业公司的领导，半年后，双方在一个办公项重新合作，保安公司的服务得到了多方认可。目前，该保安公司已经成为 C 物业公司的主要供应商之一。

本章参考文献

[1] 徐金河. 企业核心能力的识别与非核心业务外包的分析[J]. 商场现代化，2008 (30)：70-71.
[2] LOHR S. Even a giant can learn to run[J]. New York Times, 2011, 31: 12.
[3] ROPER K, PAYANT R. The facility management handbook[M]. Amacom, 2014.
[4] RHODES J, LOK P, LOH W, et al. Critical success factors in relationship management for services outsourcing[J]. Service Business, 2016, 10: 59-86.
[5] ELLRAM L M. The supplier selection decision in strategic partnerships[J]. Journal of Purchasing and materials Management, 1990, 26(4): 8-14.
[6] CULLEN S, SEDDON P B, WILLCOCKS L. Managing outsourcing: The lifecycle imperative[M]. London: London School of Economics and Political Science, 2006.
[7] LACITY M C, WILLCOCKS L P, ROTTMAN J W. Global outsourcing of back office services: lessons, trends, and enduring challenges[J]. Strategic Outsourcing: An International Journal, 2008, 1(1):13-34.
[8] KEDIA B L, LAHIRI S. International outsourcing of services: A partnership model[J]. Journal of International Management, 2007, 13(1):22-37.
[9] 宋丹霞，黄卫来. 服务供应链视角下的生产性服务供应商评价[J]. 武汉理工大学学报(信息与管理工程版)，2010，32(3)：473-477.

第十章 物业服务外部利益相关者关系管理

第一节 物业服务主要的外部利益相关者

一、与物业企业相关的主要外部利益相关者

物业服务的外部利益相关者是指物业企业外部环境中受其决策和行动影响的任何相关者。这些群体与物业服务企业息息相关，可能是物业企业的行为影响了他们，也可能是他们的行为影响着物业企业。通常，我国物业服务主要的外部利益相关者包括社区、供应商、新闻媒体、相关国有企业、相关政府部门、相关行业协会、竞争者、客户等，如图 10-1 所示。本章所指的客户是狭义的，不同于其他章节，特指用金钱或某种有价值的物品来换取财产、服务、产品或某种创意的自然人或组织，也就是俗称的甲方。

图 10-1 物业服务的外部利益相关者

物业服务的外部利益相关者应当根据具体物业的类型来确定，不同的物业类型有一定的区别。以居住项目为例，物业企业主要的外部利益相关者有业主委员会、居委会、供应

商、新闻媒体、竞争者、物业行业协会、相关国有企业(如供电公司、自来水公司、燃气公司、环卫公司等)，以及相关政府部门(如街道、房管局、城管局、派出所、消防局等)。而以学校项目为例，其主要的外部利益相关者没有业主委员会和居委会，涉及的政府部门主要是教育局、卫健委、食药监局等和其建筑功能相关的监管部门。表 10-1 梳理的是上海某办公楼项目除客户以外的其他利益相关者。

表 10-1 上海某办公楼主要的其他利益相关者

社区	供应商	媒 体	竞争者	相关行业协会	相关政府部门	相关国有企业
居委会	劳动密集型服务类外委公司(如保洁公司、保安公司等)；专业技术型外委公司(如消防维保单位、检测单位等)；各类采购供应商	电视台、自媒体等	其他物业公司	物业协会、质量协会等	街道 市容 城管局 派出所 交警 消防局 民防局 劳动监察局 市场监督所 应急局 停车办 建交委 商务委 卫健委 食药监局 法院	供电公司 自来水公司 燃气公司 通信运营商(移动、联通、电信) 环卫公司

二、为什么要关注外部利益相关者

物业服务企业的外部环境分为具体环境和一般环境，外部利益相关者属于具体环境，它对物业企业的决策和服务结果有直接的影响。哈里森(Harrison)等梳理了学术界的两种视角，将企业应当关注外部利益相关者的理由总结于表 10-2[1]。表上方的工具性视角(Instrumental Perspective)倾向于强调某种特定的目标或利益，即利益相关者管理活动可以为组织带来哪些回报。下方的规范性视角(Normative Perspective)侧重于企业的哲学层面，考虑的问题是企业关注利益相关者，并不是因为最终会达成什么样的结果，而是关注利益相关者这一行为在伦理价值上是否具有必要性。

关注外部利益相关者，与之有效沟通，不仅可以帮助物业企业更好地服务客户，而且可以降低企业的运营成本，提高服务效率。案例 10-1 中物业公司进场初期在环卫公司的帮助下，提高了服务质量，得到了业主方和办公楼租户的一致好评，大大提高了客户的服务体验。同时，有效的外部利益相关者关系管理，可以提高物业服务企业对外部环境变化的可预测性，促进企业健康有序发展。以消防部门为例，很多物业服务企业的党组织与属地消防中队开展共建活动，定期邀请消防人员到企业进行政策宣讲，组织消防疏散演练，既提高了员工的消防意识和消防技能，又可以将很多安全隐患消除在萌芽状态。

表 10-2 关注外部利益相关者的理由

工具性视角（"我们应该这样做，因为它最终会获得回报"）
增强预测/控制外部环境的能力
成功引入新产品/服务的概率更高
更高水平的操作熟练度
减少利益相关者的损害性行动事件（例如媒体曝光）
减少与利益相关者的冲突，从而减少法律诉讼
更有利的立法/法规
更合理的合同
更高地进入壁垒导致更有利的竞争环境
更高级别的信任度
更高的收益率
更强的组织柔性
规范性视角（"我们应该这样做，因为这是正确的做法"）
意识到利益相关者利益的社会道德和哲学基础
增强媒体力量，提高对企业的兴趣
公司章程允许董事会考虑更广泛的利益相关者群体

【案例 10-1】环卫公司助力物业公司提高服务品质

2020 年，B 物业公司通过市场竞争承接了一幢办公楼项目，该项目于 2012 年竣工，处于满租状态，一楼业态为餐饮，二楼至十楼为办公。由于垃圾库房的容量不够，再加上环卫工人清运垃圾的时间不固定，上家物业公司没有很好的措施应对，经常导致餐厨垃圾长时间堆放在室外，味道十分难闻，尤其是夏天，蚊虫很多，客户意见很大。

B 物业公司入驻后，首先与属地的环卫公司对接，对现场情况进行反馈。经过多次努力，B 物业公司与环卫公司达成一致，在早上 7 点左右运送干垃圾，中午运送湿垃圾，有害垃圾快满的时候通知环卫公司过来清运。物业公司同步和租户协商，按相应的时间节点提早半小时将相应垃圾送至库房。这样一来，使得整个垃圾清运工作变得有序、可控，垃圾库房也能有效周转，极大地改善了库房内外的环境。长期困扰业主方和办公楼租户的问题被有效解决了，新物业公司的工作一下子就得到各方面的认可，工作局面很快就打开了。

理论研究和实践经验都说明了外部利益相关者关系管理对物业服务企业的重要性。在这些外部利益相关者中，客户是物业服务企业存在的基石，和其他外部利益相关者有本质的区别，所以第二节将其单独列出来探讨。

第二节 物业服务的客户关系管理

一、物业服务的客户细分

前面曾经阐述过,没有一家物业企业可以满足客户的所有需求,因为企业的资源有限。同样,企业有限的资源也不应当平均地分配到所有客户,因为客户和客户之间是有差异的,均分会降低物业企业服务的效率。所以,物业企业客户关系管理的首要任务就是对自己的客户进行细分,分类的标准有多个,如年龄结构、地域、受教育程度、利润贡献率等。对一家企业来说,盈利是其生存的基础,建立以盈利能力为主要标准的指标体系对客户进行细分,有针对性地配置资源,是物业服务企业成功的关键。

泽丝曼尔(Zeithaml)等学者认为,客户细分的标准应当具备四个条件[2]:①按照拟定的标准对客户进行细分,不同客户层次之间应当具有差异性,并且可清晰地鉴别;②不同层次的客户应当有不同的需求,对服务质量的感知和体验也不同;③不同层次客户的新业务发生率和数量有不同的驱动因素,满足这些因素可以驱使对应客户层次的新业务增长;④提高服务质量对盈利能力的影响在不同的客户层次中有较大差异。

图 10-2 是他们构建的客户金字塔模型[2],铂金层描述的是企业最赚钱的客户,他们是企业产品或服务的经常使用者,利润贡献率高,对价格不太敏感,愿意投资和尝试企业新的产品,客户忠诚度非常高。黄金层与铂金层的不同之处在于,盈利水平没有那么高,尽管他们也经常使用企业的产品或服务,但更多的是出于分担风险的考虑,对企业的忠诚度不是那么高。铁层包含的客户数量较多,但其支出水平、忠诚度和盈利能力不足以让公司特殊对待。铅层客户不能给公司带来盈利,更多的是问题客户——向他人抱怨公司,占用公司的资源。

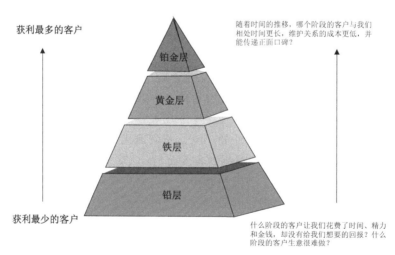

图 10-2 客户金字塔模型

客户金字塔模型的细分方式并不完善，盈利能力是企业进行客户细分的主要指标，并不是唯一指标。物业服务企业面对的内外环境相当复杂，很多时候还应当考虑项目的规模、社会效益、企业生命周期所处阶段等。尤其是企业刚刚进入一个细分市场，这时首要任务是积累口碑，而不应当把盈利放在第一位，否则很难打开该细分市场的局面。实践中，物业企业可以根据自身的具体情况并结合其他一些元素确定细分标准。对目标客户进行细分，通过"抽丝剥茧"了解影响客户购买企业服务的决定因素，以及影响增加购买量的原因，物业企业就可以利用这些因素针对性地管理客户，加强服务质量和盈利能力之间的联系，合理配置有限资源。

二、物业企业客户的分层管理

城市化进程的快速发展使得我国今天的物业服务行业已经颠覆了传统物业管理的概念，服务的产品种类越来越多，边界也越来越模糊，科学地分层管理客户关系就显得尤为重要。物业企业对客户分层管理指的是将客户细分以后，识别出同质的客户群体，评估相应细分市场的规模和响应程度，了解影响客户行为的因素，然后准确地设计服务交付体系和营销方式来满足他们的需求，以提高客户获取能力、客户保留能力、客户忠诚度和客户盈利能力，使企业能够从不同客户层次获得更多价值，提高企业的整体盈利水平[2]。

物业服务企业首先应当根据客户细分的结果，构建各层次客户的数据库以及相应的信息文件。客户通常分为个人和组织，物业企业面对的大多是组织类客户，尽管居住物业的服务对象是广大业主，但在我国的法律框架下前期物业是开发商决策的，后期是业主大会，所以本章主要探讨组织类客户。物业企业构建的组织客户数据库中可以包括四类信息：一是描述类信息，主要是该组织的基本资料，如联系方式、地理位置、组织规模、组织架构等；二是行为类信息，包括该组织购买服务的方式、决策过程、实施部门和采购金额的大小等；三是关联类信息，指与组织行为相关的，反映和影响组织行为和方式等因素的相关信息，如经济环境、行业形势、政策环境等；四是主要参与者的信息，如重要服务对象、采购决策者、采购影响者、采购发起者等关键角色的个人偏好和思维习惯等，具体样式如表 10-3 所示。

其次是对所构建的客户数据库进行分析。针对具体某个层次的客户数据，物业服务企业可以进一步按产品线分类，以铂金类客户为例，可以继续划分为学校类、医院类、住宅类等。在此基础上分析目标客户当前所处的市场规模、发展潜力以及预期盈利性等。同时，物业企业还应当分析影响该目标市场长期吸引力的结构性因素(如数据库中的关联类信息)，如果所有的竞争对手都涌向该目标市场，可能其吸引力会有所降低。以上海市政府采购类项目为例，2019 年物业管理服务电子集市定点采购的中标供应商有 350 家，2022 年达到 880 家，导致政府采购物业管理类业务竞争异常激烈。然后逐个梳理各层次客户共性的和个性的特征，为后续企业资源的有效配置和精准营销做准备。

再次是结合企业自身的发展战略和资源，维护好自己的目标客户。从产品视角来看，目前我国物业服务企业大致有两种模式：一种是围绕具体某一类细分市场提供物业服务，如上海复医天健医疗服务产业股份有限公司专注于为医院客户提供专业的医疗支持服务；另一类是多产品线运作，如新大正物业集团股份有限公司目前有航空、学校、办公、公共、商住、城市服务等多种类型的客户。所以，物业企业的发展战略不同、产品不同、发展阶段不同，分层定位的客户类型也不相同。企业基于其自身情况，既可以深耕某一类产品线，也可以围绕铂金层、黄金层以及铁层客户去构建产品结构。而对铅层客户，物业服务企业只有两种选择，要么将其向铁层客户引导，要么退出该细分市场。

表 10-3 客户的基础数据表格样式

描述类信息					
一、基本信息					
企业名称			地理位置		
企业类型			经营范围		
联系方式			服务对象		
二、组织架构					
上级单位			决策核心		
下属部门					
三、组织规模					
组织分类	□大型　□中型　□小微型			员工人数	
经营状况	现金流状况				
	资产负债率				
	利润情况				
	付款情况				
行为类信息					
购买方式	□自行采购　□委托外部企业　□采购第三方服务				
决策过程			实施部门		
采购金额					
关联类信息					
经济环境					
政策环境					
竞争环境					
行业环境					
主要参与者的信息					
重要服务对象					
采购决策者					
采购发起者					

最后是找出目标客户的关键驱动因素，实施精准的关系管理。铂金层客户是物业服务企业的优质资源，企业必须了解是什么推动了客户的价值和愉悦，逐步将其发展成核心竞争力。进一步分析该类客户的特征，为其提供定制化服务，尽可能满足其需求。同时，制

订客户关怀计划,将铂金类客户发展成图 10-3 所示的合作伙伴关系[3],提高净推荐值,扩大该类产品的数量。针对黄金层客户,泽丝曼尔等建议将其引导成铂金层客户,可以通过深挖客户需求,拓宽服务种类,将客户的非核心业务承接下来,为他们提供全方位辅助性服务,让客户专心于自己的核心业务[2]。通常,铁层客户所占数量在物业服务企业中最多,企业一方面可以精准营销,将其逐步引导成黄金客户,另一方面可以提供相对标准化的服务,打造规模优势,降低企业的固定成本。

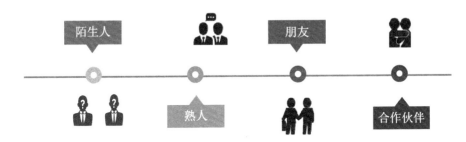

图 10-3 物业服务企业和客户的关系类型

三、提高客户忠诚度

服务利润链模型告诉我们,企业的利润和增长主要是由客户忠诚度驱动的。客户忠诚度是指客户对服务提供商表现出重复购买行为,对服务提供商持积极态度,并在需要该服务时考虑只使用该提供商的程度[4]。客户忠诚度由态度和行为两部分组成,态度部分包括承诺和忠诚意愿,行为部分包括钱包份额和客户保留,如图 10-4 所示[5]。其中,承诺是指客户在心理上为维持买卖双方价值关系的愿望[6]。承诺包括持续性承诺,客户觉得无可奈何"只好"选择某物业企业的服务;规范性承诺,客户觉得从道义上"应该"选择某物业企业的服务;情感性承诺,客户心情愉悦"想要"选择某物业企业的服务。

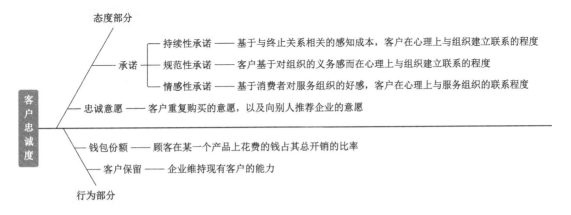

图 10-4 客户忠诚度的构成

很多学者的研究结果证明,提高客户忠诚度首先也是最重要的一点就是提高服务质量[7]。物业企业必须重视整个服务体系的质量控制,围绕各场景下的客户体验,投入大量精力来创造客户对服务质量的高感知和高满意度。区别于制造业的很多产品,物业服务主要靠

的是口碑相传，很多客户选择物业企业是经由熟人推荐的，绝大多数被更换的物业企业都是因为服务质量出现问题。对服务质量的高度认知是引领企业未来成长的重要因素，也是鼓励现有客户提供积极的口碑以及"想要"与企业建立商业关系的重要因素。所以在整个物业服务体系的构建中，针对质量管控系统的良好设计将从根本上提高客户忠诚度。

其次，将态度部分维持在情感性承诺。物业服务企业可以从以下几个方面驱动客户承诺的深化。①帮客户解决困难。一起面对困难或者帮其解决难题可以让客户对物业企业产生依赖，增进彼此的感情，加快客户从"熟人"变成"伙伴"的进程，见案例 10-2。②赢得客户信任。客户的信任源于坚信值得信赖的物业服务企业是可靠的，做出的行为是有利于自己的，遇到任何情况都能第一时间想到物业企业。③和客户共享价值观。物业企业必须认同客户的企业文化，要求员工处处从客户的角度思考问题，这样服务行为才能和客户行为相得益彰，更好地满足业主方的需求。

【案例 10-2】物业企业和客户共同应对公共卫生事件

年初，C 物业公司新承接了一个学校项目，3 月份突发公共卫生事件，学校接到临时封闭的通知。学校领导层考虑到后续一旦封闭取消，恢复上学时，有很多工作要做，于是决定留一部分教职工驻守学校，同时要求物业公司留 1 名保洁人员收垃圾。物业公司接到通知后，向学校提请，是否可以让整个项目团队和 60%的一线员工全部驻守学校，一方面可以为后续复校做好充足的准备，另一方面将专项保洁、设备保养等开学期间无法实施的工作趁这个机会逐步推进，校方同意了。

整个学校封闭期间，甲方的驻守团队和物业的驻守人员，共同配合应对，各项工作井然有序地推进，后来该学校很快通过上级部门验收，可以复课。物业项目团队这种"一家人"的理念得到了甲方的高度认可，更值得一提的是，甲、乙双方驻守期间的朝夕相处，使得原本的"熟人"关系进一步融洽。

再次，关注客户愉悦而不仅仅是客户满意。客户满意并不代表客户忠诚，它有程度之分，客户只有达到非常满意时才接近客户忠诚[8]（见图 10-5），所以物业服务企业应尽可能让客户愉悦。凯宁汉姆(Keiningham)等学者的研究为这一结论提供了实证支持，他们发现，不满意的客户带来退货业务的可能性只有 10%，如果客户对产品和服务感到满意，那么重新购买的可能性会上升到 29%，然而，那些感到愉悦的客户重复购买的可能性为 86%[9]。物业服务企业应当在仔细分析客户特征的基础上，梳理目标客户的需求，借鉴 KANO 模型的思路，切实满足客户的必备型需求，优先满足客户的期望型需求，同时建立魅力型需求的清单，根据企业实际情况加以选择性满足。这样一套"组合拳"可以让客户在满意的基础上产生愉悦的服务体验，从而提高客户忠诚度。

最后，和目标客户建立关系。首先，物业服务企业应当和目标客户搭建起有效的沟通机制(见图 10-6)，定期进行客户拜访交流，有效的沟通可以使合作双方加深理解、减少误会，从而建立信任关系。为什么说是沟通机制，而不是沟通渠道？前者是多维度沟通，而后者是单一渠道。沟通渠道不能过于单一，万一不通畅，整个信息链就中断了，项目风险较大。案例 10-3 就是由于企业完全依靠物业经理和甲方的对接人这样一个沟通渠道，从而导致项目丢盘。同时，也应当注意沟通的时机，除了定期沟通外，在有重大活动、重要时间节点也应当适时沟通。

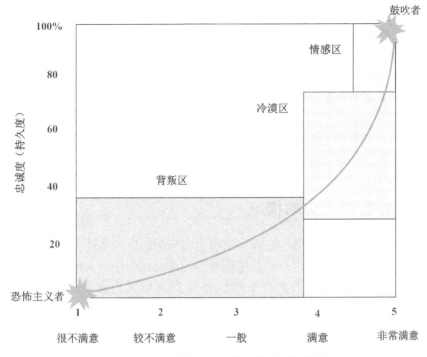

图 10-5　客户满意度和客户忠诚度的关系

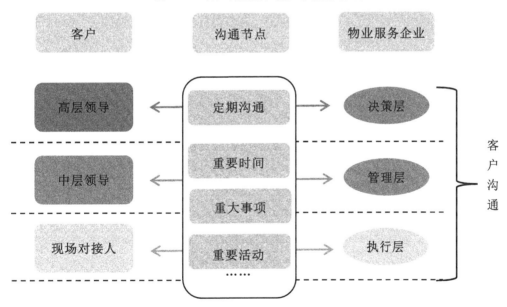

图 10-6　物业服务客户沟通机制

【案例 10-3】沟通渠道单一导致项目丢失

年初，在上级领导的帮助下，D 物业公司接手了某个医院的单项保洁业务，该公司希望在做好保洁的基础上慢慢拓展到医院的整体物业。进场时，后勤科长要求保留原来的保洁人员，D 物业公司为了承接项目，只好答应下来。进场一个月后，D 物业公司希望把原来的保洁人员替换掉，后勤科长不同意。半年没到，原来的院长调任至其他医院。平时该物业公司的沟通交流都是和甲方的后勤科长联系，由于每次拜访时后勤科长都说满意，D物业公司也就没有拜访医院的新领导。

第四季度D物业公司希望能续签合同，后勤科长说领导换了，先不急着签合同，D物业公司也没太当回事。没想到11月月底，D物业公司突然接到医院不再续约的通知，公司上下感到不解，而后勤科长说他也没办法，是医院领导的决定。

其次，物业企业应该制订有针对性的客户关怀计划。基于客户数据库的相关信息，企业可以分析出客户的需要与偏好，进一步采取不同策略，从关怀频度、关怀内容、关怀手段、关怀方式上制订计划，提供有针对性的关心，落实客户关怀。

四、减少目标客户流失的措施

(1) 提高服务质量。物业服务企业如果因为自己的疏忽没有让客户满意的话，客户很有可能会更换物业企业，因为客户惩罚糟糕服务的冲动比奖励令人愉快的服务来得容易。物业企业减少目标客户流失的首要举措就是找到目标客户流失的关键因素。凯维尼 (Keaveney)等对服务行业进行了分析，发现导致客户流失的关键因素主要有[10]：①核心服务失误；②失败的服务接触；③价格问题；④服务提供的时间、地点等不方便；⑤对服务失误的补救。大多数客户更换物业企业，促成的因素并不是唯一的，而是很多因素共同作用的结果，但通常情况下最主要的原因都是核心服务失误，即基本的物业服务质量没有做到位，客户的必备型需求没有得到满足。所以，提高服务质量不仅是提高客户忠诚度的重要举措，也是减少客户流失的关键举措。

(2) 提高客户的转移成本。转移成本是指客户将原来的物业企业解聘，重新聘请一家新企业所涉及的整个成本，包括时间、金钱或精力等方面的投资。物业服务行业和一般的消费品不同，客户需要投入大量的精力、时间甚至金钱来更换物业企业。转移成本的提高可以为物业服务企业构建一个"缓冲区"，一方面让自己在服务失误时能有机会进行服务补救，另一方面也使客户从心理上不太情愿去找另一家供应商，将客户承诺维持在持续性或规范性承诺的范围。案例10-4的E物业公司就是因为没有建立转移壁垒，甲方的转换成本过低，从而导致项目的丢失。

【案例10-4】转换成本过低导致项目丢失

年初，E物业公司接手了某个学校的单项保洁业务，没想到，短短1年的服务期后，接到学校不再续约的通知，公司上下很是不解。后来得知新替换的物业公司竟然是学校原先的工程服务供应商——F物业公司。

经过了解得知，学校最初并不想把E物业公司换掉，师生们觉得整体保洁质量还行，尽管谈不上很好，但也说不上不好。但新的一年，学校新的游泳馆要启用，学校的工程服务供应商F物业公司觉得工程服务的标的很小，想退出学校业务。校领导对工程服务团队的工作一直非常满意，其不仅技术能力强，而且随叫随到，再加上游泳馆对学校来讲是新生事物，安全工作是重中之重，交给其他公司不放心。权衡之下，校领导为了留住F物业公司，决定将学校业务除保安服务外整体交给F物业公司。

物业服务企业提高转移成本的举措有很多。例如，企业应当尽可能从事任务交互型服务和人际交互型服务，建立转移壁垒，任务交互型服务需要一定的专业知识，人际交互型服务有一定程度的定制化，这两种服务都构建了知识壁垒。就像案例中的 F 物业公司，从单项工程服务拓展至全委项目。物业企业也可以联合供应商打造服务体系，提供多种服务，满足各类客户的个性化需求，增加客户黏性，做到"人无我有、人有我全、人全我优"；还可以通过降低价格，提高性价比，或许我的服务质量不是最好，但性价比非常高，让客户权衡之下"只好"选择我。甚至可以围绕某个地域，建立区域优势，为客户带来安全感，让客户知晓一旦项目碰到紧急情况，企业在项目周边的应急能力。

(3) 服务补救。物业服务企业应对服务失误的方式，按程度通常分为四种，即积极应对、勉强应对、没有反应、负面反应，后三种很容易导致客户不满。有效的服务补救不仅可以缓解客户不满的情绪，而且可以提高公司的服务水平，具体的服务补救将在第十三章详细探讨。

第三节　其他外部利益相关者关系管理

一、其他外部利益相关者的影响

物业服务企业针对某一个具体项目梳理出了其他利益相关者后，就应当进一步分析这些利益团体对项目有哪些方面的影响。所有利益相关者的活动都是涉及不同背景、价值观、能力及拥有不同权力的各类人的行为，他们的不同诉求给物业服务企业带来了不同类型的影响，可能是政策上的，也可能是经济上的，还可能是其他方面的。以办公楼物业服务为例，通常办公楼配有地下停车场，如果希望对外经营的话物业服务企业需要到属地的交通管理中心去办理停车收费标准备案，整个过程大致有申请、受理、审核、发文四个流程。需要的资料有停车场的平面图和方位图、停车场标志、收费公示牌、车位设置、标线施划等。事先的有效沟通、资料是否齐全都非常重要，四个环节任何一处耽搁，直接影响物业企业的经济收益。

二、其他外部利益相关者影响的程度

在确定利益相关者行为对物业服务团队有哪方面的影响后，物业企业必须进一步分析这些行为后果对企业造成影响的程度，究竟是"关键"的还是"重要"的。"关键"是指对物业服务团队最关紧要的部分，对其行为起决定作用。还是以属地交通管理中心为例，它拥有政府赋予的公共停车场(库)开业登记备案以及等级审核的权力，登记备案早一天晚一天以及等级的差别都对办公楼的经济收益有关键影响。"重要"是指对物业服务团队的行为能造成很大影响，但不一定起决定作用，"关键"的优先级比"重要"高。以对酬金制项目审计的事务所为例，每年业主方会聘请相关的审计事务所对项目运营状况进行审计，以方便酬金的结算，该利益相关者的行为后果对物业企业每年的收益有一定的影响，尽管影响比较重要，但并不是特别关键。图 10-7 是以 A 办公楼项目为例，列举的主要其他利益相关者的影响程度，这只是简单示例，意思表达不一定完全准确，具体要根据物业项目的实际情况加以分析。

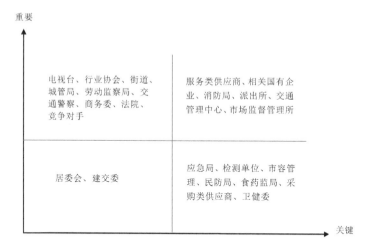

图 10-7　A 办公楼主要的其他利益相关者的影响程度

三、其他外部利益相关者的关系管理

本章在哈里森的研究成果上进行了改进，构建了其他利益相关者关系管理矩阵，如图 10-8 所示。纵坐标表示该利益相关者的重要性，对物业项目的影响随着坐标轴的上升越来越大；横坐标表示关键程度，越往右对项目来说关键程度越高。

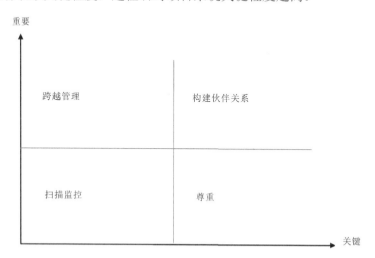

图 10-8　其他利益相关者关系管理矩阵

对于既重要又关键的其他利益相关者，物业服务企业应当与其构建伙伴关系，宗旨是共享价值观，相互支撑，促进各自目标的实现。通过与该类利益相关者的密切合作、价值认同，构建两个群体之间的信任和尊重，物业企业可能会更早、更完整地了解市场方向，了解最新的行业政策等,增强企业的抗风险能力,减少环境变化的影响以及降低应对环境变化的成本。仍旧以 A 办公楼来说,属地交通管理中心就是"关键"类利益相关者,和其构建合作伙伴关系,配合其各方面的工作,不仅可以了解到最新政策,顺利申办相应证照,提高大楼的运营收益,而且可以在专业部门的指导下使大楼的停车管理更加安全规范。

对于重要但并不关键的其他利益相关者,物业服务企业应当采取跨越管理的方法,即采用一些具体的方式和其互动合作,经常性地关注其动态,定期地沟通交流。以审计事务所为例,每年的酬金制审计非常重要,和审计公司定期的交流互动,了解相关的审计口径,共同探讨对政府下发文件的理解,可以有效促进物业服务企业的相关工作。

对于关键但并不重要的其他利益相关者,在项目的某一方面有着关键性的结果,物业服务企业应当对其相关行为表现出一定的尊重。在案例 10-5 中,相关执法部门开始并没有想给予物业公司处罚,但由于物业团队成员的意识淡薄,没有对执法人员予以尊重,对检查工作不重视,造成了较为严重的后果。

【案例 10-5】对检查工作不重视,导致收到行政处罚

某市卫生健康委员会接到 G 创新园区的客户投诉,说有人员在园区大楼内公共区域抽烟。卫生健康委员会办事人员直接来到现场检查,发现大楼内醒目位置设置了统一的禁止吸烟标识、统一的监管部门电话、宣传教育书面材料。检查人员认为物业公司基本工作做得还是比较到位,准备和项目经理一起商讨如何答复投诉人,以及如何做好解释工作。于是,检查人员直接到物业服务处找项目经理进一步沟通相关细节,没想到项目经理一听有人投诉就非常恼火,觉得检查人员小题大做,根本没必要来现场检查。

项目经理的态度让检查人员很不满意,决定对项目进一步检查。经检查,发现在物业办公室茶水间的桌面上有一个烟缸,里面有多个烟蒂。检查人员认为,根据《公共场所控制吸烟条例》,室内公共场所一律禁止吸烟,物业作为管理单位,不仅没有管理好现场,并且在自己的办公场所出现烟蒂,于是当场让项目经理签字确认问题。这时,项目经理才意识到事情的严重性。

事后,相关政府部门对该物业公司给予了行政处罚。

对于既非关键又非重要的其他利益相关者,物业服务企业采用扫描监控即可。因为他们对物业行为的影响并不大,并且又不是决定性要素,所以平时没必要采取特别的行为来管理相关关系。物业服务企业只需要了解其动态,了解他们平时关心的焦点,以及这些焦点是否在变化,一旦发生特殊情况能及时应对就行了。

综上所述,利益相关者的地位并不是一成不变的,它是随着企业的发展战略、内外环境的变化而动态变化的,物业服务企业应当定期梳理外部利益相关者,采取积极主动的态度进行关系管理。积极主动的利益相关者关系管理可以使物业企业能够在追求共同目标的过程中与外部利益相关者建立桥梁,规范自身的行为,更好地适应内外环境的变化,帮助企业增强竞争优势。

本章参考文献

[1] HARRISON J S, St. JOHN C H. Managing and partnering with external stakeholders[J]. Academy of Management Perspectives, 1996, 10(2): 46-60.

[2] ZEITHAML V A, RUST R T, LEMON K N. The customer pyramid: creating and serving profitable customers[J]. California management review, 2001, 43(4): 118-142.

[3] JOHNSON M D, SELNES F. Customer portfolio management: Toward a dynamic theory of exchange relationships[J]. Journal of marketing, 2004, 68(2): 1-17.

[4] GREMLER D D, BROWN S W. Service loyalty: its nature, importance, and implications[J]. Advancing service quality: A global perspective, 1996, 5(1): 171-181.

[5] GEMMEL P, VAN LOOY B, VAN DIERDONCK R. Services management: An integrated approach[M]. Pearson Education, 2013.

[6] JONES T, FOX G L, TAYLOR S F, et al. Service customer commitment and response[J]. Journal of Services Marketing, 2010, 24(1): 16-28.

[7] RAUYRUEN P, MILLER K E. Relationship quality as a predictor of B2B customer loyalty[J]. Journal of business research, 2007, 60(1): 21-31.

[8] HESKETT J L, JONES T O, LOVEMAN G W, et al. Putting the service-profit chain to work[J]. Harvard business review, 1994, 72(2): 164-174.

[9] KEININGHAM, T, VAVRA, T. The Customer Delight Principle[M]. New York: McGraw-Hill, 2001.

[10] KEAVENEY S M. Customer switching behavior in service industries: An exploratory study[J]. Journal of marketing, 1995, 59(2): 71-82.

第十一章 物业服务的建筑物管理

第一节 物业服务的建筑物承接

一、建筑物的承接查验

物业服务中的"物业",指的是建设规划区域内的场地、建筑物、构筑物以及配套的设施设备,本章统称为建筑物。物业服务的建筑物管理是指物业企业为保证规划区域内建筑物的安全使用,确保其建筑功能实现而进行的各种管理活动,包括建筑结构、建筑部件、建筑布置和建筑设备等,目的是使建筑物处于安全耐久、舒适便利、资源节约的使用环境。物业服务企业新接管一个项目,在进驻前首先需要对建筑物进行承接查验,以确定该建筑物当前的使用状态,了解可能面临的风险和隐患,因为从正式移交这一天起,相关法律风险就转移到了物业服务企业。

目前,我国物业行业承接查验的法律依据是中华人民共和国住房和城乡建设部印发的《物业承接查验办法》,各级地方政府对承接查验的执行细则做了不同程度的规定,中国物业协会也编著了《物业承接查验操作指南》详细讲解具体流程和注意事项,本章在此就不再赘述。实践操作中,有两个问题需要引起重视:一是查验出的工程遗留问题的后续整改工作,二是对既有建筑物的承接查验。

查验出的工程遗留问题的后续整改工作非常重要,很多时候由于时间跨度过长,新接管的物业团队忙着进驻,而忽略了对悬而不决问题的解决,忘记形成闭环。一旦突发情况发生,这些遗留问题或许会带来严重后果。在案例11-1中,物业企业进场前的承接查验发现了消防泵房预留洞口未封堵的问题,并整理成报告上交业主方,但由于业主方人员调整,事情没了下文,现场物业团队也没有继续跟进。半年后发生了浸水事故,这些"遗留问题"将事故的后果进一步扩大。

【案例11-1】承接查验的问题未能彻底跟踪改进

A 物业企业保洁人员在打扫消防泵房时私自对消防水箱进行放水,忘记关闭阀门。由于来不及排水,地面积水增加,房内粘鼠板随水流漂至下水管管口,导致下水口封闭无法正常排水,消防泵房形成了高位积水。因水箱底部有消防管道预留护套管,该预留口未封堵,机房内的高位积水从预留套管进入两个预留口(见图11-1),水从预留口穿墙流入下一层楼的天花板内,造成楼层电梯厅走道吊顶处大面积漏水,电梯底坑、轿厢进水,导致电梯停运。整个事故造成电梯主板损坏,楼层吊顶、照明系统无法正常使用,给公司带来较大损失。

事故原因分析发现,在当初工程部的承接查验报告中,需要整改项里包括了这两个预留洞口，并且还拍有图片，由于后续没人跟进，没有形成闭环，造成事故的进一步扩大。

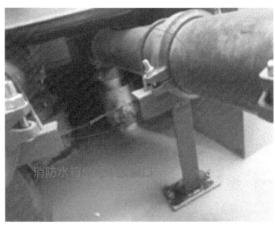

图 11-1　消防泵房的预留孔未封堵

新建物业的承接查验有国家相关法规的要求，实施过程中比较规范，而既有建筑物的承接查验工作推进相对困难。有些产权人存在"重建设、轻管理"的思想[1]，意识较为淡薄，加上预算的限制，对承接查验工作配合程度不高。并且，有些建筑物使用中存在着随意拆改公共管线、改变使用功能等违规行为，增加了承接查验的难度。案例 11-2 的 B 物业在接管该大楼时，承接查验工作做得不够仔细，并且忽略了租户对房屋进行的装修改造，从而连续发生事故。既有建筑的承接查验和新建建筑有一定差别，物业服务企业在实践中要具体情况具体分析，建筑功能不同、建筑年代不同，承接查验的侧重点也不相同，特别要留意以前使用过程中共用部位、共用设备设施是否存在改动。

【案例 11-2】既有项目承接查验不仔细导致连续发生事故

2020 年 6 月 B 物业企业承接了一幢既有办公楼项目，该办公楼于 2005 年竣工，建筑面积约 10 800 平方米，地上 8 层，地下 1 层，一楼商铺为餐饮。

事件一：由于以前装修时管理不规范，该办公楼门口的雨水明沟、窨沟与污水沟混在一起，雨污管道混合，对原来的雨水管产生了较大的影响，由于长期没有疏通，导致内径变小。B 物业企业仓促进驻，承接查验做得不够仔细，在接管的当天晚上，恰逢暴雨，门口积水来不及排走，最后倒灌进入一楼，造成一楼租户物资损坏等方面的额外损失。

事件二：第二年梅雨季节前，物业服务团队按惯例对屋面进行清理，发现屋面上有一个废弃的铁皮箱，就当成垃圾一并清理掉了，清理时虽然发现铁皮箱下面有个雨水口，但物业人员没有留意。一周后的清晨，恰逢中雨，9 点左右物业客服接到顶层租户报修，室内吊顶大面积漏水。接到通知后，物业企业连忙派人对租户漏水房间进行查看，发现漏水点在房屋内置式雨水管在屋面楼板下口的接水斗处，雨水口下水量大致使接水斗下水来不及排，水从接水斗处溢了出来，而该接水斗上面正对着铁皮箱下面的雨水口。

原来，该办公楼以前的租户将内置式雨水管封到了室内，并且接水斗也被封进了吊顶里面。估计以前发生过雨水来不及排的现象，所以采取了一个权宜之计，在屋顶放了一个铁皮箱遮住该雨水口，以减少从这个雨水口的排水量，而后面的租户和物业企业都不知道，承接查验没做到位，导致事故发生。

二、承接查验阶段基础资料的收集和建立

物业服务企业在建筑物承接查验阶段有一个规定程序——移交相关图纸资料。这些资料通常包括权属资料、技术资料和验收资料等。它们既是承接查验的依据之一，也是今后制定物业服务管理类制度和操作类制度的依据之一。在承接查验过程中，物业服务团队一方面会将移交的图纸资料根据相关规定存档，另一方面还会依据这些图纸资料和现场承接查验的实际状况，整理出后续对建筑物管理活动有用的信息，包括房屋及各类设施设备清单、台账、各类使用说明、维保手册等，为制定巡检、维保、维修的流程和计划做好准备，这样可以迅速进入服务状态。

新建建筑物需移交哪些资料国家是有相关规定的，但既有建筑物需移交哪些资料却缺乏相应规范，尤其是使用过程中的维护资料。建设部工程质量安全监督与行业发展司研究的一项课题指出，我国在建筑物使用过程中，绝大多数物业管理部门未建立系统完整的维护档案，针对某栋建筑物，少数物业管理人员对其维护记录仅限于自己的记忆，有些物业管理公司虽建立维护档案，但对维护工作的描述如记流水账，未进行整理编辑，档案管理缺乏安全性和制度化[1]。对既有建筑物进行承接查验时，在收集最初竣工图纸资料的基础上，物业企业还要注意收集运营阶段的维护、更新和改造的档案资料，以建立完善的档案。

三、承接查验阶段建筑信息模型的构建

建筑物的基础资料整理齐全后，物业服务企业可以根据实际情况，着手构建该建筑物的建筑信息模型(Building Information Modeling，BIM)。BIM是一种应用于工程设计、工程建造、工程管理的数据化工具，通过对建筑的数据化、信息化模型整合，在项目策划、运行和维护的全生命周期过程中进行共享和传递，具有可视化、协调性、模拟性等特点[2]。建筑空间是整个物业服务的载体，建筑物的管理不仅仅是工程人员的事情，整个物业服务团队都必须具备一定的建筑物基础知识。传统的CAD图纸只有工程技术人员才能看懂，BIM中的建筑空间、建筑部件都是以真实的形态展现出来，让非工程人员一目了然。图11-2是给排水系统的蝶阀，系统可以利用虚拟的三维空间进行准确的设备定位并查询蝶阀相关信息，不同的颜色和不同的图案代表不同的系统和设备状态[3]。

物业服务团队根据实际需要，将建筑物各功能系统或者子功能系统(如玻璃幕墙、室内给水系统等)的相关数据输入建筑模型中，可以直观地了解建筑结构、建筑部件、建筑设备，同时数字化的信息可以使工程、保洁、保安、客服等各工种能够比传统方式更准确、更高效地协同工作。BIM的功能非常强大，可以应用到建筑物的整个生命周期，即从早期的概念设计和详细设计阶段开始，到施工阶段和长期运营阶段[4](见图11-3)。将BIM与地理信息系统(Geographic Information System，GIS)等技术相结合，应用到日常的物业服务行为是今后的趋势，企业应该有前瞻性的眼光，从承接查验开始，就着手构建建筑物的三维模型，后续维护环节、节能环节都可以根据自身的实际情况确定应用范围和应用程度。

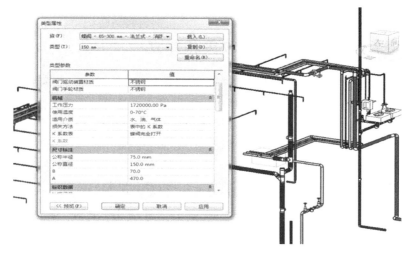

图 11-2 给排水系统蝶阀数据查看示意图

图 11-3 BIM 在建筑物生命周期各阶段的应用

第二节 物业服务的建筑物改进

一、建筑物的安全和功能实现方面

物业服务中建筑物的管理活动主要分两部分：一是确保建筑物的安全使用，二是确保建筑物的功能实现。所以，在基本了解建筑物的使用现状后，针对承接查验中发现的安全隐患以及影响建筑功能实现等问题，物业服务企业应当联合业主方尽快采取改进措施，减少或消除这些安全隐患和影响建筑功能实现的潜在威胁，这是对客户必备型需求的满足。

安全隐患是指在生产经营活动中存在的可能导致不安全事件或事故发生的物的不安全状态、人的不安全行为和管理上的不安全因素。承接查验中建筑物的安全隐患属于物的不安全状态，主要包括建筑物本身存在的缺陷、防护装置等方面的缺陷、物的存放方式的不安全、工作或活动场所安全使用方面的缺陷以及外部或自然界影响导致建筑物的不安全状态，详见表 11-1。国家和地方政府都对房屋的安全使用有相关立法，如《上海市房屋使用安全管理办法》规定，发现房屋存在安全隐患的，房屋使用安全责任人应当及时查明原因，结合隐患产生部位、严重程度以及房屋使用环境等情况，采取应急防范、维修加固、减少荷载等措施，消除安全隐患。

表 11-1　承接查验中各类安全隐患

类　型	举　例
建筑物本身存在的缺陷	• 外墙渗水 • 墙体开裂
防护装置等方面的缺陷	• 绝缘毯质量问题 • 穿墙管道未封堵 • 电源箱、插座等未安装防护罩
物的存放方式的不安全	• 防汛沙袋堆放在防火卷帘门下面 • 消防通道堆物
工作或活动场所安全使用方面的缺陷	• 不规范使用电源插座 • 门、窗等未按规定达到相应等级
外部或自然界影响导致建筑物的不安全状态	• 飘窗渗水 • 设施设备机房渗漏

建筑的功能包括以下几个方面：空间构成、功能分区、人流组织与疏散以及空间的量度、形状和物理环境，建筑空间形式必须适合于功能要求，使用目的性越强，空间对功能的特定要求也会越高[5]。很多时候建筑设计并不一定能完全满足使用者的功能需求，物业服务团队进场后，基于其类似业绩方面的经验，给客户提出合理化建议，通过适当的改进可以促使建筑功能更好地实现。在案例 11-3 中，新建住宅项目通常都要经过一段时间的装修期，开发商在规划初期应当设置相应场地满足业主堆放建筑垃圾的需求，该物业企业在进驻前凭借以往的经验，采取适当的改进措施，解决了开发商的困惑。

【案例 11-3】开发商未设置建筑垃圾堆放点

2023 年，C 物业企业中标了某市市中心的一个住宅项目，经过现场探勘发现，该楼盘未设置用于建筑垃圾堆放的固定场所，但房屋交付后业主必定会有装修的需求，需要设置建筑垃圾临时堆放点。

于是，物业企业向开发商提出开辟堆场的建议。开发商和设计单位沟通后，由于地处市中心，场地受限，再加上工程接近尾声，专门开辟场地有较大难处。物业企业了解情况后，根据以往的经验提议，鉴于车位是分批出售，在地面没有位置的情况下，是否可以选择将两三个未出售的车位进行适当改进，作为临时堆放地点。开发商欣然同意，业主进户后装修垃圾堆放的问题得以解决。

二、建筑物的服务场景方面

建筑空间构成了物业服务的各个场景，这些场景是服务接触中物理接触的主要部分。服务场景的改进是服务设计的一部分，也可以称为"为容纳服务接触的物理环境的设计"[6]，物业服务行为的目的是让在建筑空间活动的客户感到舒适便捷，满足他们期望型需求和魅力型需求。比特纳(Bitner)构建了服务场景模型，建议从三个维度改进服务场景：环境条件，空间布局和功能，标志、象征物和工艺品[7]。物业企业在进行服务设计时，针对客户旅程地图中的每个接触场景都应当围绕三个维度一一梳理进行改进，提高客户体验。

环境条件是指影响人的五官的所有环境元素，包括环境的背景特征、温度、照明、噪声、音乐和气味。客户通过建筑空间内存在的视觉(如色彩、照明、绿化)、听觉(如音乐类型、声音的分贝)、触觉(如清洁程度)和嗅觉(如气味)的组合来感知服务场景的氛围。以嗅觉为例，香格里拉酒店推出"香格里拉香氛"品牌，以香草、檀香和麝香为基调，同时还伴随着佛手柑、白茶和生姜的香气，塑造出优雅旷远的东方神秘氛围，帮助客人舒缓紧张情绪，唤醒疲惫的大脑，振奋精神[8]。相反，有些住宅项目会安排绿化人员在周日的早上割草，本来业主们忙碌了一周，周末想多睡一会儿，没想到割草机"嗡嗡嗡"的声音把业主从睡梦中吵醒，忽视了客户的听觉感受，引起了投诉。

空间布局和功能是指与物业服务核心元素密切相关的场景要素。空间布局包括设施、设备、物品、停车场等事物的大小和形状，以及它们之间的空间关系。功能是指前者促进组织绩效和目标实现的能力。因为物业服务的各个建筑空间是有目的的服务场景，它们的存在是为了满足特定的建筑功能和客户需求，是通过物业员工的服务行为来完成的，所以物理环境的空间布局和功能尤为重要。在案例11-4中，图11-4(a)原来的岗亭设置方式，该方式在上班高峰期很容易造成道路拥堵，机动车排队一直排到主要交通干道上。将收费岗亭重新布局后，如同在园区内设置了一个排队缓冲区，彻底解决了拥堵问题。

【案例11-4】某办公园区收费岗亭的重新设置

D物业企业正式接管一个园区。当时，该园区的收费岗位于大门前方正中央[见图11-4(a)]，靠近交通主干道路口，只可通行一辆车。由于园区客流量较大，地面停车位有限，经常会出现多辆车堵在主干道以东的情况。收费岗亭这样的设计，使得门口堵车事件屡屡发生，收费岗保安的工作不仅仅是收费，还要维持秩序，甚至需要安抚访客的情绪，做好引导解释工作，无形之中加大了收费岗的工作强度。

经过仔细调研分析，物业服务中心向甲方建议，将园区的进口和出口分别设置在主楼的东西过道[见图11-4(b)]，如此一来，在进口之前，为进园的车辆设置了缓冲区，从进入园区大门到道闸进口可以给10辆车左右缓冲待行，不仅缓解了市政道路拥堵的问题，还提高了入园客户的服务体验。

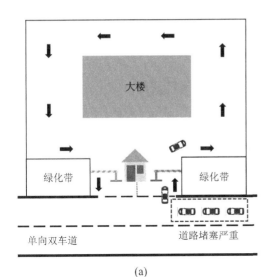 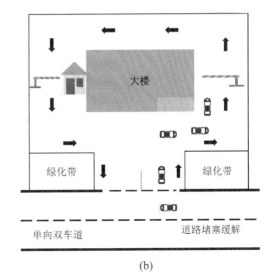

(a)   (b)

图 11-4　某园区收费岗亭设置前后对比图

标志、象征物和工艺品是指物理环境中向客户传递关于服务场所的明确或隐含信息的物件，通常包括张贴在建筑物外部和内部的标识；用于特定目的的标识；传达行为规则的标识，创造整体美感或传递某种风格的标志，如表 11-2 所示。物业服务的很多行为是隐性的，标志、象征物和工艺品方面的改进可以让隐性的服务显性化，既有利于让客户了解物业企业的服务举措，提高客户感受度，又便于客户对一线服务行为进行监督，提高服务质量。

表 11-2　标志、象征物和工艺品列举

类　型	列　举
张贴在建筑物外部和内部的标识	• 楼层标识 • 部门名称 • 企业文化标识，如企业精神、价值
用于特定目的的标识	• 引导标志 • 消防疏散图 • 车库标识 • 保洁服务表单
传达行为规则的标识	• 电梯使用标识 • 安全指示标志 • 禁烟标识
创造整体美感或传递某种风格的标志	• 建筑空间的装修材质 • 装修风格 • 室内绿植

第三节 物业服务的建筑物维护

一、建筑物的维护管理

我国有些城市对建筑物维护管理的意识比较淡薄，使用与维护的专业技能不高，导致除维修水电等方面的简单问题外，很少在建筑物维护管理方面下功夫。大量的建筑工程使用仅 20～30 年，便遭到了严重损坏，没有真正发挥建筑物的价值和使用功能，给国家带来不小的财产损失[9]。建筑物维护(Building Maintenance)的主要目的是通过加强规划和实施，在适当的时间使用适当的物料和工具，以经济的生命周期成本，预防、减少和修复建筑物的缺陷，确保建筑功能的有效实现，维持建筑物安全、耐久的良好状态。图 11-5 是 2023 年在国外拍摄的建于 20 世纪 60 年代的建筑，为什么看上去这么新？其中一个非常重要的环节就是建筑物维护，这些政府将很多维护措施通过立法的形式确定了下来[10]。

图 11-5 20 世纪 60 年代的建筑

建筑物的维护是指维持建筑物最初预期使用寿命所必需的活动，是对建筑物的保养，包括定期或不定期的检查、调整、润滑、清洁、油漆、更换零件、小修以及其他延长生命周期的服务和防止意外故障的措施[11]。建筑物的维护通常分为预防性维护(Preventive Maintenance)和纠正性维护(Corrective Maintenance)[12]，而前者又包括基于时间的预防性维护(Time-based Maintenance)和基于状态的预防性维护(Condition-based Maintenance)，如图 11-6 所示。尽管有些学者还提出了预测性维护(Predictive Maintenance)等一些其他分类，但最终落脚点还是基于时间和状态两个变量。

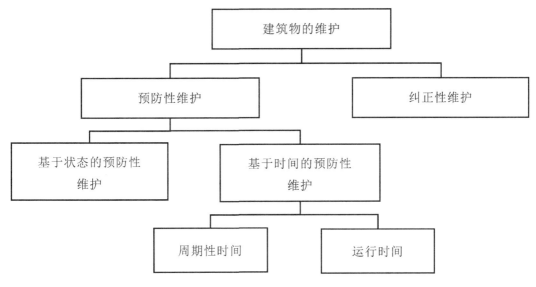

图 11-6 建筑物维护的类型

预防性维护是指在没有发生任何故障的情况下进行维修或更换的情况,主要目的是检测异常,减少潜在的故障,并减缓服务对象性能的下降。它是主动性的,是提高建筑物可靠性和质量的有效方法,可以最大限度地减少对客户的干扰。基于时间的预防性维护,是指根据时间的推移按规定的频率执行任务,而不考虑部件的实际情况,一般分周期性的时间(如写字楼项目每年对母线进行一次加固工作)和运行时间(如发电机组中空气过滤器运行多少时间后进行更换[13])两种。基于状态的预防性维护是指定期对部件进行巡检,并在观察到某种状况时对部件进行维修或更换,如水泵发生振动或噪声时进一步采取的措施。

纠正性维护是最简单的维护类型,涵盖了所有的活动,包括更换或修理一个已经失效到不能执行其所需功能的元件。它是被动性的,有时被称为基于故障的或计划外的维护,通常以响应故障或客户报修的方式进行,如门锁坏了进行维修。纠正性维护可能会带来较高的成本,并且可能影响客户的正常工作。

二、建筑物的维护策略

物业企业针对某个建筑物实施维护管理,应当在安全耐久的使用状态和合理经济的维护成本之间取得一个相对平衡,基于此宗旨为建筑物中的每个子功能系统选择最佳维护方案,设计出最佳组合的维护策略。霍纳(Horner)等提出可以从每个子功能系统发生故障后,引起后果的严重性来分析探讨建筑物维护策略[14]。本章针对其模型进行了适当改进,将发生故障后对人身安全、建筑功能、大额资产有影响的列为重要的子功能系统,其他属于非重要的子功能系统。例如,消防系统、升降系统发生故障,很可能会危及建筑空间内客户的人身安全;供水系统、空调系统等一旦发生故障,建筑物的使用功能可能无法实现;房屋漏水导致客户新装修的地板损坏,给客户带来较大的财产损失。

从物业服务的视角来看,建筑物通常由共用部位、共用设施、共用设备构成,制定维护策略的第一步就是对这三大组成部分各子功能系统分别梳理,逐个分析每个系统出现故障时带来后果的严重性,将其划分为重要子功能系统和非重要子功能系统。划分内容仁者见仁智者见智,表 11-3 是以某办公楼项目为例进行的粗略划分,内容不一定完全准确,仅提供一种分析思路。

表 11-3 某办公建筑维护内容的划分

组成	分项	重要子功能系统	非重要子功能系统
共用部位	结构	基础	非承重墙
		承重构件	楼地面
		屋面	
	装修	门窗	装饰地面
		吊顶	细部
		幕墙	
		墙面装饰	
	场地与景观	道路	广场
		停车场	景观
			绿化
共用设施	室外	大门、围墙	安保岗亭
		垃圾库房	
	室内	装饰品	吧台
共用设备	设备	强电系统	新风系统
		空调系统	
		给排水系统	
		消防系统	
		升降系统	
		弱电系统	

属于重要子功能系统的,如果其状态可监测,可以采用基于状态的预防性维护或者基于时间的预防性维护;如果状态无法监测,只能采用基于时间的预防性维护。以水泵为例,水泵运行的状态可以用传感器来监测,通过实时监测水泵的运行状态,可有效保障水泵的正常运转。同时,也可以采用基于时间的预防性维护,按周期对水泵进行巡检和保养,如每月对水泵的电动机检查一次[13]。

属于非重要子功能系统的,如果其状态可以监测,并且监测成本不高,可以采用基于状态的预防性维护;如果成本过高,则采用纠正性维护。如果该子功能系统无法监测,则应当采用纠正性维护。图 11-7 是物业服务的建筑物维护策略,物业服务团队后续应当以既定策略为总纲,进一步制订详细的建筑物巡检计划、维保计划、维保方案。

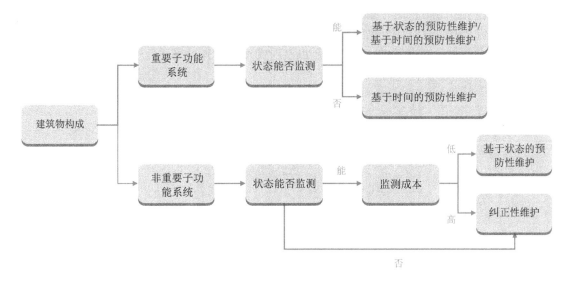

图 11-7　物业服务的建筑物维护策略

第四节　物业服务的建筑物能源管理

一、建筑物的能源管理

建筑物的能源管理是指对建筑的电力、燃气、水等各类能耗数据进行采集、汇总统计、处理并分析建筑能耗状况，监测用能设备运行情况，从而找出节能潜力，制定切实可行的节能策略，最终实现建筑节能，降低能耗支出的目的[15]。建筑物的能源管理大致分为能耗监测、能耗统计、能耗分析以及节能措施四个步骤，如图 11-8 所示。

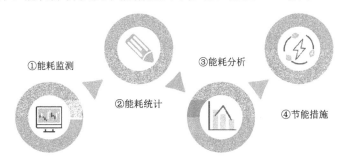

图 11-8　物业服务的建筑物能源管理步骤

能耗监测主要是利用数据采集设备获取建筑物各功能系统的能耗参数，包括照明及插座、中央空调、升降系统、给排水设备等，通过信息化手段监测能耗情况，利用有线网络和无线网络传输数据，为后续有效的能源管理提供信息和决策支持[16]。监测是统计分析的前提，物业服务企业通过监测建筑物的能耗情况，为后续和同期历史数据或属地能耗指标进行对比，分析日常运营中存在的问题奠定基础。以上海金茂大厦为例，在其建设初期就分别铺设了两套监测设备[17]，包括对大厦冷冻水、冷却水、采暖热水、生活用水、饮用水、蒸汽、小品水、软水等流体进行耗能监测以及对大型设备耗电量进行远程数据自动采集，方便了查阅和分析历史耗能数据(见图11-9)。

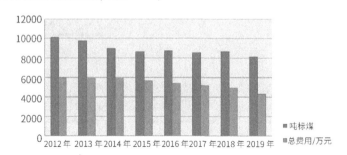

图11-9　上海金茂大厦2012—2019年能耗量与能耗费用趋势图

能耗统计是指物业服务企业对建筑物进行能耗的基本情况计量、能源消耗分类计量和分项计量，数据采集时间根据项目的具体特征分为时、日、周、月、季度、年度[18]。分类计量是指依据主要能源种类划分采集整理的能耗数据，如电、燃气、水等。分项计量是指建筑物的耗电量按用途划分采集和整理的数据，分照明插座用电、空调用电、动力用电和特殊用电四项。四个分项可以根据建筑物用能系统的实际情况进一步划分二级子项，具体示例如图11-10所示。

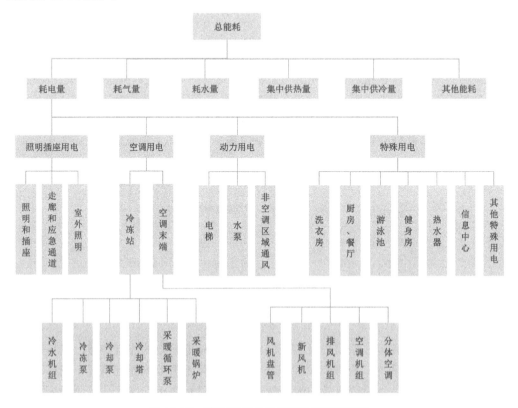

图11-10　建筑能耗分类分项计量架构示例

物能耗分析是基于上述采集数据，物业服务企业从建筑物运营的整体视角，分析各功能系统能耗的构成，确定各功能系统能耗在总能耗中的比例，以确定建筑物的能耗结构。图 11-11 是某写字楼的能耗结构[19]，空调系统的能耗最大，占 40%，能耗比重稍小的用电设备依次是照明系统和电梯，分别占总能耗的 29% 和 16%，办公设备用电所占比重为 11%。物业服务企业可以将能耗大的空调系统进一步拆分，剖析其能耗结构，如图 11-12 所示。这些整理好的数据既可以做纵向对比，分析建筑物能耗变化的趋势和规律，又可以与同类建筑的能耗做横向对比，分析其能耗结构是否合理，能耗水平是否处于正常区间。通过能耗分析，物业服务企业可以了解建筑物在运营过程中的能源管理问题，从而进一步采取针对性的节能措施。

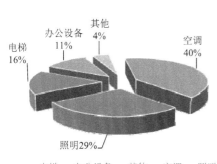

图 11-11 某写字楼的能耗结构

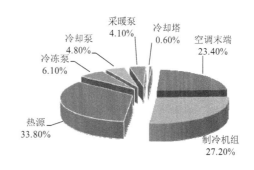

图 11-12 某空调系统能耗构成

影响建筑物能耗的因素大致有五个：①社会经济因素，如能源价格；②行为因素，如使用方式、设备开启时间；③环境因素，如当地气候、季节变换；④管理因素，如用电机组运行方式、设备维护策略；⑤技术因素，如建筑设计特点、新型节能材料的应用等。对于社会经济因素和环境因素，企业无法控制，其余三个因素是建筑物能源管理的突破口。所以，物业服务企业可以从行为、管理、技术三个方面采取相应的节能措施。同时，企业还要考虑建筑物的类型，类型不同节能措施应当有所差异。以办公建筑和商业建筑为例，前者一天运行时间短，全年运行约 200~250 天，空调负荷呈峰谷状态；而后者一天运行时间长，几乎全年无休，空调能耗相对较大。

二、能源管理措施

物业服务企业针对建筑物能源管理通常有三种措施[20]（见表 11-4）：①行为措施，指主要通过影响建筑能源使用者的用能行为和习惯来达到减少及节约用能的目的；②管理措施，指通过连续的调试使建筑各功能子系统之间、系统各设备之间以及设备与服务对象之间实现最佳匹配；③技术措施，指对设备、系统进行诊断，针对能耗较大的采取一定的技术手段升级换代。物业服务企业在项目管理初期，就应当着手系统分析建筑物的能耗状况，在此基础上针对能耗大的子功能系统，建立能源管理方案。

表 11-4　物业服务的建筑物能源管理措施

节能措施	优　点	缺　点	适　用
行为措施	无成本投入	见效慢、难度大	普遍适用
管理措施	无额外成本投入，见效快，易于实施，利于提高运行管理水平	专业性要求较高、一定的人工投入	物业企业可自主实施
技术措施	能显著提高能效；提高运行管理水平；减少能源费用；减少人力费用	初期投入成本较大；决策评估技术要求高；改造需要一定时间	业主方认可并投入资金

表 11-5 是以某办公楼项目的电梯为例，围绕三种节能措施列举的一些节能行为[21]。行为措施有：根据客流量，非上下班高峰期调整电梯运行的台次和时间；夜间只保留一台电梯运行。管理措施有：定期地维护保养，对设备转动部分如曳引机齿轮箱、导轨等润滑，防止机械磨损增加能耗；定期对电梯的主要部件和设施进行详细巡检，如轿厢、机房、底坑和井道。技术措施有：电梯在非服务状态时，关闭电梯轿厢内部的楼层等信息显示、降低层站显示部件的亮度，使电梯处于休眠状态，提高电梯的待机能耗；采用电能回馈器将制动电能再生利用。

表 11-5　电梯节能措施

类　别	措　施
行为措施	1.宣传引导，让客户文明使用电梯
	2.根据项目特点将电梯设置成高、低区停靠，减少电梯频繁启动
	3.根据客流量，非上下班高峰期调整电梯运行的台次和时间
	4.夜间只保留一台电梯运行
管理措施	1.定期地维护保养，准确把握测试、润滑、调整、检查的频次
	2.定期对电梯的主要部件和设施进行详细巡检
	3.空调使用管理，包括电梯机房的空调及轿厢空调使用管理
技术措施	1.曳引系统节能，如降低曳引绳自重
	2.驱动系统的节能，如采用永磁同步无齿轮曳引机，省去了齿轮传动系统，提升传动效率
	3.控制、显示节能，如电梯在非服务状态时，关闭电梯轿厢内部的信息显示
	4.门机系统、轿厢照明、通风节能，在轿厢照明方面，采用 LED 节能灯替代传统日光灯和白炽灯照明
	5.能量回馈和存储，如将电梯重载下行和轻载上行过程中产生的能量进行回收，在变频器直流母线电压升高到设定阈值时通过逆变模块将直流电逆变成三相交流电回馈电网

本章参考文献

[1] 陈肇元，卢谦. 建筑物全寿命周期质量安全管理制度研究[C]//工程科技论坛第 70 场.

[2] 张德海，万元虹. 基于 BIM 技术的建筑运维管理需求分析[J]. 建设监理，2020(4)：3.

[3] 吴楠. BIM 技术在公共建筑的运维管理应用研究[D]. 北京建筑大学，2017.

[4] BORRMANN A , KÖNIG M, KOCH C, et al. Building information modeling: Why? What? How?[M]. Springer International Publishing, 2018.

[5] 李潇，朱卫国. 建筑功能的非限定性特征探析[J]. 中外建筑，2016(8)：36-39.

[6] EZEH C, HARRIS L C . Servicescape research: A review and a research agenda[J]. The Marketing Review, 2007, 7(1): 59-78.

[7] BITNER M J . Servicescapes: The Impact of Physical Surroundings on Customers and Employees[J]. Journal of Marketing, 1992, 56(2): 69-82.

[8] 谢静，于浣. 芬芳之旅——香氛在酒店营销和管理中的应用[J]. 营销界，2020(28)：139-140.

[9] 袁春燕. 城镇房屋安全管理与应急体系研究[D]. 西安建筑科技大学，2008.

[10] 王晓，范悦，苏媛. 日本城市住宅维护更新研究——以埼玉县某住宅大规模修缮为例[J]. 建筑与文化，2015(5)：105-107.

[11] ROPER K, PAYANT R. The facility management handbook[M]. Amacom, 2014.

[12] MOTAWA I, ALMARSHAD A. A knowledge-based BIM system for building maintenance[J]. Automation in construction, 2013, 29: 173-182.

[13] 柳涌. 大厦维修保养使用手册[M]. 北京：中国建筑工业出版社，2006.

[14] HORNER R M W, EL-HARAM M A, MUNNS A K. Building maintenance strategy: a new management approach[J]. Journal of quality in maintenance engineering, 1997, 3(4): 273-280.

[15] ZHU J, LI D. Current situation of energy consumption and energy saving analysis of large public building[J]. Procedia Engineering, 2015, 121: 1208-1214.

[16] 丁勇，等. 建筑能源管理[M]. 北京：中国建筑工业出版社，2021.

[17] 黄斯俊. 金茂大厦绿色运营管理与节能策略研究[J]. 建筑科技，2020，4(3)：24-27.

[18] LI C Z, ZHANG L, LIANG X, et al. Advances in the research of building energy saving[J]. Energy and Buildings, 2022, 254: 111-556.

[19] 施月. 朝阳市大型公共建筑能耗分析及节能监管对策研究[D]. 大连理工大学，2015.

[20] 郭立，黄志刚，扶庆鹏. 大型公建优化运行管理节能分析——深圳电子科技大厦节能启示[J]. 城市开发：物业管理，2011(4)：78-79.

[21] 高鹏，王璇，杨阳，等. 电梯节能技术进展、发展困境和应对策略[J]. 中国特种设备安全，2018，34(7)：44-48.

第十二章　物业服务的质量管理

第一节　物业服务质量

一、物业服务质量的概念

戈巴迪安(Gobadian)等认为，服务质量是客户感知质量，用来衡量所提供的服务满足客户期望的程度[1]。客户对质量的感知是对服务交付体系的整体判断，是他们认为企业的服务应该提供到的程度(即他们所期望的)与他们对所提供服务的绩效感知比较后的结果[2]。只有当服务提供者对客户如何感知服务有相当明确的了解时，才能区分满意的服务接触和不满意的服务接触，才能将服务行为引导到客户喜欢的方向。

物业服务是服务于建设规划区域内建筑物的功能，满足区域内服务接收者需求的经济活动，服务的提供者和服务的接收者处于同一个建筑空间内。这就意味着客户对物业服务质量的感知不仅受到"物业服务结果"的影响，还受到"物业服务过程"的影响。下面案例是某客户参观画展后在网络上的评论，保洁人员把卫生间打扫得很干净，这是服务结果，但服务传递过程中打扰了客户补妆，导致客户对质量的不满意。案例中服务结果的质量和服务过程的质量共同构成了该客户对服务质量的感知。

【案例】某客户在参观画展后对物业服务质量的评价

……"另外卫生间保洁阿姨，明明很新很好的环境设备，我还在镜子前整理补妆，她就像没看到有人，手里的工具乒乒乓乓地，堵在你前面擦镜子，被惊到了。我问：'阿姨，你没看到我在这里吗？为什么要和我硬挤？旁边都很空的。'她没好气色地回道：'不擦干净要被骂'。就不能等我收拾完再来擦吗？实在不理解物业管理水平，希望不是金玉其外、败絮其中。参观体验是贯穿全场到结束的，走进的那一刻到离开。"

这段话是某客户在一次参观画展后，在网络上对艺术馆内物业服务的点评，从字里行间可知，客户对项目的整体环境是很满意的，但保洁人员在服务传递过程中行为的不恰当导致了客户不舒服的体验，从而引起不满。

客户感知的物业服务质量是一个主观概念，由服务前的客户期望、实际的服务过程和实际的服务结果三者共同构成[1]，如图12-1所示。服务前的客户期望是客户接受物业服务前的预期或需求，其影响因素包括客户需求、过去的经验、物业企业的口碑、市场沟通、服务价格等。实际的服务质量是服务企业所提供的物业服务质量的真实水平，是由服务提供者决定和控制的，包括服务传递过程的质量和服务结果的质量。客户将服务前的期望与实际的物业服务过程和物业服务结果进行比较，并通过这种比较形成了自己的感知质量。感知质量和自己的期望一致——客户满意，感知质量超过了自己的预期——客户愉悦，感知质量低于自己的期望——客户不满意。

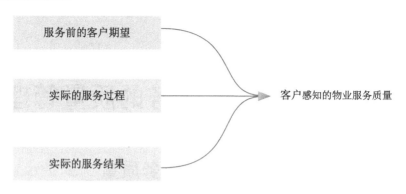

图 12-1　客户感知的物业服务质量

二、客户感知物业服务质量的特点

互动本质的不同带来了客户感知质量的差异。不同类别的服务，接触程度、互动类型不同，客户对质量的感知方式也不同。高接触度服务中，客户比较重视服务过程的质量。如医院的挂号服务，病人在挂号付款的同时，有时会向收费人员咨询相关问题，服务人员如果回答不礼貌，很可能会导致病人不满意。低接触度服务中，客户可能更关注服务结果。如小区道路两旁的路灯坏了，业主关注的是晚上灯能不能亮，对服务过程不是特别在意。从互动本质的视角来看，任务交互型服务客户相对来说更关注服务结果的质量，即问题解决了没有；而维护交互型服务客户可能更多关注服务过程，即双方互动时客户的体验；人际交互型服务客户可能过程质量和结果质量并重。

客户对物业服务质量的感知是对服务组合的整体态度。在第三章剖析过物业服务的属性之一是服务组合，物业服务是基于建筑物所产生的服务行为，建筑功能的不同决定了客户需求的差异，这些差异导致提供服务的类别较多，所以客户对物业服务质量的感知是综合各类服务后的整体态度。一个项目的物业服务交付体系中，客户可能对保洁服务很满意，但对保安服务不满意，有些客户可能对前台服务满意，但对维修服务不满意。这时，在对服务质量进行评价时，就涉及相应的权重，可以结合 KANO 模型去综合评估。

客户类型不同带来了感知服务质量角度的差异。物业服务区别于其他服务业的另一个特征是，物业服务的客户并不唯一，对质量的感知角度也不唯一。建设规划区域内的服务接收者通常有业主方人员、工作人员、办事人员、来访人员四类，不同的客户在同一建筑空间内的需求不同，对物业服务有不同的期望，对服务活动有不同的理解。有些物业服务企业认为只要让业主方人员满意就行了，殊不知其他类型的客户也有话语权，很可能发生由于没有满足其他类型客户的需求，而导致质量评价不高的情况。

客户对物业服务认知的不同使得客户期望差异较大。由于物业服务在我国是一个新兴行业，没有形成系统的理论框架，大家的理解认知不一，并且计划经济模式下的住房观念在有些地方还一定程度存在，完全转变成市场模式需要一个过程，造成了物业服务质价相符的概念相对模糊，这一点居住业态尤为明显。以酒店业为例，五星级酒店就是五星级的服务，五星级的收费，三星级酒店就是三星级的服务，三星级的收费，服务方和接收方没有歧义，质价相符非常清晰。新民晚报讯 2023 年 4 月 21 日，上海市房管局针对住宅小区物业服务不规范等问题，将着力做好"五个抓实"，首要就是抓实明明白白消费。在我国的一线城市都有这样认知上的差异，说明在全国范围内该矛盾还是比较突出的。

客户对物业服务质量的感知方式动态变化。物业服务和餐饮服务不一样，它并不是一次性服务，它是随着建筑物生命周期而存在的，常规周期是一年，有的甚至服务了十几年。在漫长的服务过程中，客户的期望是动态变化的，其感知质量的方式也会随之改变。以机构物业为例，政府在服务外包前大多是自行管理的，很多后勤人员是事业编制。随着机构改革，政府逐步将后勤服务外包给专业的物业公司。外包刚开始，物业公司专业的服务让政府工作人员眼前一亮，觉得专业单位的服务就是不一样。但随着时间的推移，政府工作人员感觉仅仅提供基础的物业服务是不够的，对服务的要求、人员的要求越来越高。同时，伴随着使用年限越来越长，建筑物的折旧、老化等现象也使得物业服务的内容和要求随之动态调整。

第二节　测量物业服务质量

一、物业服务质量的测量

基于上述客户感知物业服务的特点可知，测量物业服务质量是个难点。服务组合的属性决定，我们很难将某个质量问题归因于物业服务的某个特定环节，如装修阶段的住宅小区，若楼层始终无法保持干净的责任完全怪罪于保洁服务，则可能并不合理。同时，人的个性和外界因素的不可预测，带来了物业服务传递过程中的不确定性，从而使对服务提供和质量的控制变得复杂。当前，行业内测量物业服务质量的标准大致分为三类：一是专业的咨询公司自行设计的评价体系，二是业主方或者物业服务企业根据自身需要拟定的测量标准，三是地方行业协会出台的一些标准。图 12-2、图 12-3 分别是 C 物业企业针对具体某一项目使用的总指标体系和保洁服务的分项指标。

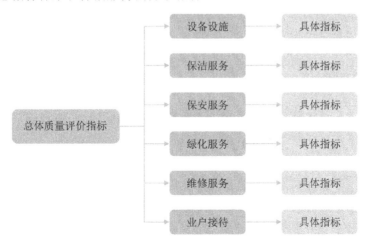

图 12-2　C 物业企业对项目的总体质量评价指标

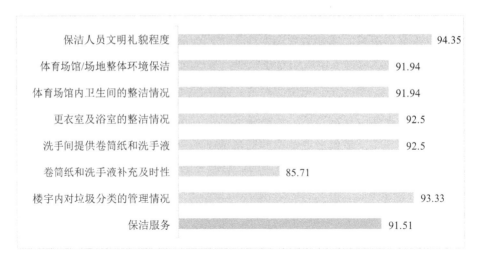

图 12-3　C 物业企业对项目的保洁服务分项指标

目前行业内使用的测量标准有几方面值得商榷：①它们大多数是基于物业服务类别出发的，并没有从客户的需求出发，反映的是物业服务某一方面的情况，无法系统地评估客户对质量的感知；②这些测量标准更多地关注服务结果，忽略了传递过程的服务质量；③部分指标是从行业监管角度提出的要求，客户无法感知，造成的结果是物业服务企业付出了很多，客户体验并没有提高。以某地《示范物业管理项目服务质量评价标准》为例，其中有这样一条"主动与物业所在地的房地产行政主管部门……居民委员会联络，共同协调解决物业管理中遇到的问题"，标准中规定"一项不符合扣 1 分"，显然这一条更多的是针对行业监管，和客户体验的关联度不大。

沃茨等认为测量服务质量由两部分构成：软性测量和硬性测量[3]。软性测量指不是简单的观察，不是通过计数或计时等方式，是建立在客户意见基础上，通过与客户交谈才能完成，分析的数据可以为员工满足客户需求提供反馈、指导和方向[4]。硬性测量是指通过检查计算、计时或仪器检测等进行的测量，通常涉及服务流程和服务结果[4]。基于物业服务行业的复杂性，针对其质量的测量应该同时考虑这两个方面，综合评估企业所构建的物业服务交付系统的感知质量[3]。

二、物业服务质量的软性测量

SERVQUAL 模型是目前服务行业应用得较为成熟的软性质量测量工具。帕拉苏拉曼(Parasuraman)、泽丝曼尔和贝瑞(Berry)于 1985 年的探索性研究表明，消费者在评估服务质量时使用的标准符合 10 个潜在的维度：可靠性、响应性、能力、可接近性、礼貌、沟通、可信性、安全性、理解/了解客户、有形性[5]，如表 12-1 所示。这 10 个维度及其描述构成了服务质量的基本要素，SERVQUAL 量表就是从这 10 个维度派生出来的。

表 12-1　服务质量的 10 个维度

维度	说明
可靠性	包括绩效的一致性和可依赖性，它也意味着企业在第一次就正确地提供了服务，也意味着企业信守承诺，例如： 1. 每次维修是否都能一次性修复； 2. 接到信息网络维护通知后，及时安排工程部门协调和配合，确保在约定的时间内完成； 3. 二次供水水质一年四次检测，水质化验报告符合标准并公示
响应性	与员工提供服务的意愿或准备程度有关，它涉及服务的及时性，例如： 1. 客户一旦有了诉求，是否能够尽快采取行动； 2. 电梯出现故障或险情，乘客被困报警后，是否立即启动应急预案，5 分钟内通知维保单位，维修人员 30 分钟内到场完成解困； 3. 服务项目接待报修后，应按规定的流程实施，物业急修项目能否 15 分钟以内到现场
能力	包括具备执行服务所需的技能和知识，例如： 1. 项目经理是否取得相应岗位证书，持证上岗； 2. 专业岗位操作人员是否持有专业岗位证书，包括消防设施操作员证，保安证，电梯维修工、高低压电工、公共卫生从业人员健康证等； 3. 生活水箱定期清洗、消毒，操作人员持证上岗并记录完整
可接近性	包括易于获得服务的程度以及便于联系的程度，例如： 1. 物业员工首问责任制； 2. 获得服务的等待时间不长； 3. 满足需求的服务时间和便利的服务设施
礼貌	包括物业人员的礼貌、尊重、体贴和友好，例如： 1. 物业员工是否能做到 1 米问候、2 米微笑； 2. 为客户服务时，做到用语规范、耐心周到； 3. 客服接待人员应热情回答顾客咨询，有问必答，窗口服务达标率达到 100%
沟通	用客户能够理解和倾听的语言让客户了解情况，意味着该公司必须针对不同的消费者调整语言，不仅能与受过良好教育的客户有效交流，也能和不熟悉业务的客户简单明了地交谈，例如： 1. 是否能有效地解释所提供物业服务的内容和方式； 2. 是否能有效地解释物业服务价格和服务内容之间的关系； 3. 是否能有效缓解客户的情绪
可信度	包括值得信任、值得相信、诚实，例如： 1. 物业服务企业的规模、行业地位； 2. 物业服务企业的类似业绩； 3. 物业服务企业曾经获得过的荣誉
安全性	指远离危险、风险或不确定性，例如： 1. 客户的人身安全； 2. 客户的财产安全； 3. 有些政府项目要求物业员工政审
理解/了解客户	包括努力了解顾客的需求，例如： 1. 清楚客户的具体要求； 2. 定期上门拜访客户； 3. 了解客户个性化的需求
有形性	包括物业服务的有形展示，例如： 1. 设立物业服务中心，公示物业服务内容和标准、收费依据和标准、固定服务电话； 2. 管理区域主出入口设有平面示意图或客户楼室分布(大堂)、联系方式等，各类标识设置规范、齐全、完好； 3. 物业服务人员上岗时统一工作服并佩戴胸卡或胸牌，仪表整洁

1988 年，他们将 10 个维度整合成 5 个维度(3 个原始维度和两个组合维度)[2]：①有形性。物理设施、人员、提供服务和交流的工具等整体外观。②可靠性。能够可靠、准确地执行承诺的服务。③响应性。愿意帮助客户并提供及时服务。④保障性。员工的知识和礼貌，以及他们激发信任和信心的能力。⑤移情性。公司为客户提供关爱、个性化的关注。每个维度都包含了几个测量问题，合计 22 个，采用 7 分量表，从"非常不同意=1"到"非常同意=7"。客户需要测量两次，一次是期望的测量，一次是实际感知的测量，然后计算每个问项、维度之差，得出整体服务质量的得分，作为企业服务质量水平的评价指标。经过实践，不少学者认为，一次性测量客户感知质量就行了，在已经测量感知的前提下再测量期望不具有额外的价值。

从实践角度来看，10 个维度更便于理解和界定，5 个维度中的"保障性"和"移情性"过于抽象和宽泛，应用起来有一定的难度。总的来说，无论是 10 个维度还是 5 个维度，SERVQUAL 模型构建的维度和问项只是一个基本框架，必要时可以对其进行调整或补充，以适应具体组织的特征或特定的研究需要[2]，物业企业应当根据项目的具体情况和测量目的进行构建。

SERVQUAL 模型的核心思想是"满足客户需求"，物业企业应用该模型的具体步骤如下。①分析物业项目的特性以及客户的特点。企业应当对具体项目进行分析，运用 KANO 模型梳理出相应的客户需求，了解服务质量对于他们的意义，以确保指标的有效性。这是构建测量体系的起点[6]，因为不同类别的客户、不同的业态，SERVQUAL 模型的维度、权重、问项都不相同。②模型维度和问项的设计。在第一步分析的基础上，确定与客户感知质量最适合的维度，根据服务组合中的每一类服务，构建相应的问项，大致样式如表 12-2 所示。③评价指标的重要性排序和服务属性权重的确定。模型中的各个维度、各类服务并不是同等重要，应当根据需求分析的结果赋予相应的权重。④调查的组织实施。软性测量方法应当通过与客户交谈、倾听客户声音来收集数据。⑤服务质量分值的计算。⑥结果分析评价以及制定改进措施。

表 12-2　SERVQUAL 模型物业服务质量维度设计

测评维度 服务类别	有形性	可靠性	响应性	保障性	移情性
客服服务	1.接待人员着装规范，仪表整洁； 2.公示服务承诺、收费标准； 3.接待空间干净整洁	1.维修资金账目清楚、定期公布； 2.投诉处理件答复率100%	1.电话接听及时； 2.报修受理及时； 3.投诉处理及时	1.客服人员有管理员上岗证； 2.财务人员有会计上岗证； 3.上岗前的专业培训	1.首问责任制； 2.礼宾服务； 3.特约服务：订餐、代拿快递
保安服务	1.着装规范，仪表整洁； 2.岗亭干净，物品摆放有序； 3.停车、安全标识标牌齐全； 4.车辆停放有序	1.突发事件处理到位； 2.上下班高峰期指引规范	1.突发事件及时到位； 2.客户诉求及时到位	1.每月组织消防演练； 2.保安人员有上岗证	1.泊车服务； 2.电梯引导

续表

测评维度 服务类别	有形性	可靠性	响应性	保障性	移情性
环境服务	1.接待人员着装规范，仪表整洁； 2.环境干净整洁； 3."小心地滑"标识齐全清晰	1.严格遵守保洁频次的承诺； 2.明显污物清扫及时； 3.积水积雪清扫及时	1.客户临时产生的垃圾清理及时； 2.客户诉求及时到位	1.保洁人员有《无犯罪记录证明》； 2.水箱定期清洗，并进行水质检测	1.根据客户需求供室内保洁； 2.根据客户需求提供专项保洁；清洗地毯、家具蜡等
工程服务	1.标识、标牌齐全； 2.设备设施台账完整，维护措施到位	1.制订维保计划，并定期进行维护保养； 2.客户报修一次性解决	1.急修项目15分以内到现场； 2.突发事件及时处置	专业岗位操作人员持有专业岗位证书	1.便利的报修方式； 2.24小时受理报修

三、物业服务质量的硬性测量

仅仅靠软性测量无法全面评估服务质量，物业企业还应当根据客户需求和所提供服务的特点，构建硬性标准去弥补软性测量的不足。硬性指标同样必须围绕客户需求制定，尤其不能忽略其和相应软性指标的关系应当是强相关，因为整个服务质量测量体系是由软性测量和硬性测量共同构成，两者是互补的关系。

硬性测量的方式通常有如下几种：①通过观察，如建筑物外观完好、整洁、无破损、无脱落、无渗水；②通过计时，如物业急修项目15分钟以内到现场、电梯关人故障30分钟内被困人员施救完毕；③通过计数或频次，如二次供水水质每年检测4次、消防演练每年不少于两次；④通过检测，如天然大理石的光泽度≥90°、夏季室内温度控制不低于26℃、相对湿度60%～65%；⑤通过计算，如绿化存活率≥99%、公共区域照明完好率≥99%。表12-3是按照服务类别列举了一些常规的硬性指标。

表12-3 物业服务质量硬性指标(列举)

测评维度 服务类别	观察	计时	计数(频数)	检测	计算
客服服务	1.服务接待环境； 2.仪容仪表、着装规范	1.投诉处理时效≤1天； 2.电话铃响3次内接听	1.顾客满意征求数2次/年； 2.第三方调查1次/年	1.首问责任制的解决情况； 2.熟悉各类办公软件的应用	1.客户咨询答复率达到100%； 2.维修电话回访率达到100%； 3.投诉处理及时率达到100%； 4.投诉回访率达到100%

续表

测评维度 服务类别	观察	计时	计数(频数)	检测	计算
保安服务	1.交接班记录详细、完整； 2.消防灭火器压力检测； 3.突发事件处理报告	1.保安监控值班时间24小时； 2.保安监控录入资料≥30天	1.灭火器每月点检1~2次； 2.火灾发生率为0； 3.消防演练≥2次/年	1.发生应急预案在规定的时间内到场； 2.穿戴消防员装备时间为2分钟； 3.熟悉各类消防监控设备的操作	1.安(消)防系统报警处置及时率达到100%； 2.巡视频次、线路、记录实施达标率100%
环境服务	1.仪容仪表、着装规范； 2.各制度、巡检、记录资料齐全	单项保洁在计时时间内完成，如擦玻璃、不锈钢保养	1.绿化年普修次数≥8次/年； 2.绿化切边整理次数≥3次/年	1.大理石光泽度90Gu~100Gu； 2.室内空气舒适度监测	1.日常保洁抽查标准率99%； 2.保洁覆盖达标率100%； 3.乔、灌、草等绿化存活率达到98%
工程服务	1.仪容仪表、着装规范； 2.各制度、巡检、记录资料齐全	1.急修到场时间≤15分钟； 2.电梯故障维修到场时间≤30分钟	1.每天水泵房巡检1次； 2.每月对设备进行维保1次	1.新风系统送风能力≥30立方/小时； 2.避雷系统中接地电阻≤4Ω；弱电设备接地电阻≤1Ω	1.维修响应及时率达到100%； 2.维修合格率≥99%； 3.机房设施、弱电系统设施、给排水系统、能源管理完好率达到100%； 4.照明系统中亮灯率≥99%

第三节 提高物业服务质量

一、服务质量差距模型

服务行业中广泛使用服务质量差距模型来提高质量，它系统剖析了客户期望的服务质量和感知到的服务质量之间出现差距的原因[7]，如图 12-4 所示。模型上半部分和客户相关，下半部分和服务提供者相关，差距1、差距5发生在服务提供者和客户之间，差距2、差距3、差距4发生在服务提供者内部。

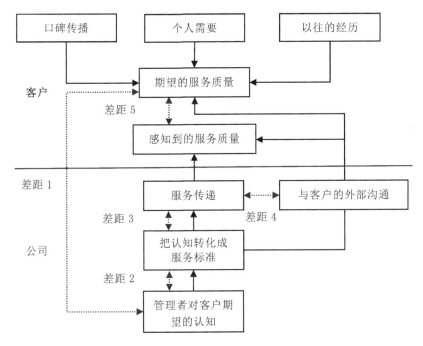

图 12-4 服务质量差距模型

差距 1：客户期望与管理者对客户期望的认知之间的差距，主要涉及需求分析(第四章)。例如，客户认为小区物业应该有代收快递服务，而物业企业认为代收快递的法律风险较大，现有的物业服务费未包含该服务，不应该提供此项服务，双方的认知产生差距。

差距 2：管理者对客户期望的认知与将认知转化成服务质量标准之间的差距，主要涉及服务设计(第六章)。例如，客户家里分室门的把手坏了，希望物业的维修人员马上上门维修，但物业企业认为这属于一般维修，行业主管部门的服务规范是"急修项目 2 小时内到现场，其中市区设置管理处的小区 30 分钟内到现场；一般修理项目 3 天内修复"，无须当天解决，双方的认知形成了差距。

差距 3：服务质量标准与实际服务传递之间的差距，主要涉及物业服务的实施(第七、八、九、十一章)。例如，公司规定保安车管岗要熟悉客户的车辆以及车库的情况，白班保安小王昨天临时有事，请今天休息的保安小李顶岗，小李是大堂岗的保安，对车辆情况不熟悉，保安主管也忘记培训，导致早上重要客户车位被占。

差距 4：实际服务传递与客户沟通的服务之间的差距，主要涉及利益相关者关系管理和建筑物管理的部分内容(第十、十一章)。这里有两种情况，一种是过度承诺，物业公司在宣传自身服务时，承诺楼道每天扫一次拖一次，实际每天扫了一次、每周才拖一次；另一种是服务传递的信息不透明，明明楼道保洁人员刚刚打扫过，但物业公司没有记录，客户又没注意，觉得没有打扫，客户和服务企业发生信息不对称。

差距 5：客户感知或实际经历的服务质量与自己期望的服务质量之间的差距，这个差距可能是差距 1、差距 2、差距 3、差距 4 中的某一个造成的，可能是差距 1~差距 4 的叠加，也可能是服务交付系统以外原因，如客户今天正好情绪不好。

二、客户期望的引导

由上面的一系列分析可知,服务质量是客户的主观感知,所以客户期望是影响服务质量的重要因素。但有些时候,客户并不能清楚地表达他们想从服务提供者那里得到什么,甚至有些期望并非完全合理,服务提供者无法满足。客户期望受很多因素的影响,如以前的经历、服务的价格、个人的需求等,前面剧场理论曾经分析过,"观众"也要学习,也要引导,一场精彩绝伦的演出是由专业的"演员"和有素养的"观众"共同创造的,所以服务质量提高的第一步就是科学地引导客户期望。

客户期望可以分为三类[8]:隐性期望(Implicit Expectation),客户的期望是一种约定俗成的事,客户觉得这种服务就应该提供,服务双方大家都心知肚明,无须表达出来;模糊期望(Fuzzy Expectation),客户对服务提供者应该提供什么服务或提供到什么程度,不能完全表达清楚,如果服务没达到他们的期望,客户总觉得缺了点什么,但不知道具体原因;显性期望(Explicit Expectation),客户期望得到什么服务非常清楚,又分为现实期望(Realistic Expectation)和非现实期望(Unrealistic Expectation)。

图 12-5 是在奥亚萨洛(Ojasalo)的研究成果基础上适当改进的客户期望引导模型[8]。隐性期望需要物业服务企业将其"翻译"出来,让其显性化,培训到位,以防止企业员工在服务传递时忽略,造成客户的不满意。模糊期望是客户的真实期望,客户概念上比较模糊,需要物业服务企业有针对性地引导和挖掘,尽可能将其精确化。现实期望物业服务企业应当进行服务设计,提高客户体验,尽可能地让客户满意;非现实期望可能超出了物业服务企业的能力,可能是经济原因,也可能是客户一些不切实际的想法,这就需要物业服务企业做好解释工作,取得客户理解,避免对企业产生误解。

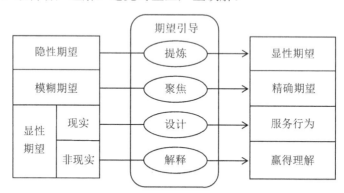

图 12-5　改进的客户期望引导模型

三、物业服务质量的提高[9]

根据服务质量差距模型可知,物业服务企业应当从客户期望的引导和服务交付系统两个方面入手,提高服务质量。为了详细阐述物业服务质量提高的过程,本章选取一个居住项目——A 花园来探讨。A 花园是南方某市当年 3 月正式交付的新建全装修商品房小区,由该市 B 物业企业服务,周边大多是 20 世纪八九十年代的动迁安置房,离市中心大约 30 分钟车程，总建筑面积 10 万多平方米。小区地下两层，由 10 幢 10～30 层的住宅组成，700户不到，物业管理费每月每平方米 5.5 元。该项目进户后，行业主管部门、上级单位、物业企业经常收到业主的各类投诉，客户满意度较低。A 花园提高服务质量的步骤框架如图 12-6 所示。

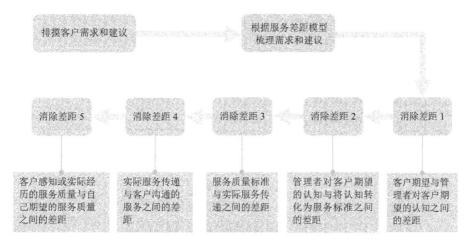

图 12-6　A 花园提高服务质量的步骤框架

步骤1：排摸客户需求。B 物业企业于项目进驻半年后针对所有客户做了一次满意度调查，整体客户满意度只有 50%左右，限于篇幅，本章将业主提出的有共性的建议汇总在表 12-4 中。由于是前期物业服务，所以针对建设方的建议也比较多，本章将其归类于"其他建议"。

表 12-4　A 花园业主意见汇总表

类　型	建议/问题内容
综合管理	1. 物业制度及收费上墙、明确服务细则 2. 管理工作混乱、人员不足、增加管家人员 3. 提供规范的服务及其流程、提高服务意识、不推卸责任 4. 晚归业主护送、安装 AED 急救工具 5. 换掉欢迎回家的丑牌子 6. 有效响应业主建议 7. 增加绿化标识标牌 8. 物业水平能匹配收费标准 9. 擦窗服务 10. 增开电梯、增加平板车数量 11. 组织社区活动
保洁服务	12. 上门收生活垃圾 13. 增加垃圾投放点、增加垃圾桶 14. 清洁重细节 15. 外墙清洗 16. 地下车库保洁 17. 公示保洁内容

续表

类　型	建议/问题内容
保安服务	18. 外来人员管理、无法区别业主 19. 服务意识不高，人员不足 20. 加强装修、施工人员及车辆管理
工程服务	21. 电梯维修进展缓慢 22. 公区维修慢或未维修 23. 公区二次装修保护破损 24. 新设应用程序或公众号，以便业主报修、付费等 25. 电梯维保抽烟
其他建议	26. 代收快递、代送牛奶 27. 增加非机动车停放点 28. 家政服务 29. 车库漏水 30. 架空层增加娱乐设施及活动场所，室外增加滑滑梯 31. 调整机动车收费标准 32. 开通门禁系统 33. 增设监控 34. 尽快开启机动车充电 35. 跑道换材料重新铺设

步骤2：根据服务差距模型梳理建议。业主在意见征询时是按照服务类别提出的建议，为了分析产生质量差距的原因，企业应当进一步按照差距1～差距5归类，如图12-7所示。差距1的建议最多，占总数的37%，可见服务双方在需求的认知上有较大差异；其次是差距2和差距5，都分别占20%；沟通差距最少。

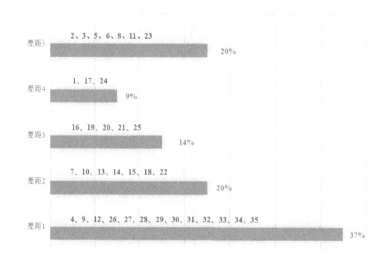

图12-7　服务差距归类汇总

步骤3：消除差距1，即客户期望与管理者对客户期望的认知之间的差距。表12-4中差距1的问题最多，说明了客户对服务的认知和B物业企业对客户期望的理解有较大差距。在和业主的访谈中，多数不满意的业主认为，既然B物业企业收每月每平方米5.5元的物业管理费，比周边小区高出许多，就应当是高端的物业服务，企业所提供的服务不应当局限于传统的基础服务内容，应当有代收快递、代送牛奶等其他服务。而物业公司认为，该城市新开盘的商品房物业管理费都在每月每平方米6元左右，5.5元并不算贵，并且该企业是原来的国家一级资质，按照现有的人工成本测算，5.5元每月每平方米的物业管理费提供的就是常规性的商品房物业服务。

建议措施：①第4、12、33项属于模糊性期望，客服人员可以进一步上门沟通，将业主的建议显性化，然后设计针对性服务方式。②第9、26、27、28、29、32、34项属于现实期望，应当尽可能去满足业主的需求。第9、26、28项物业服务企业应当提供增值服务；第27项(属于必备型需求)应当尽快和街道相关部门、居委会沟通增设非机动车停放点；第29、32、34项物业企业应当尽快和建设方协调，督促建设方尽快解决，并将进展情况反馈给业主。③由于小区已经入住，现在是前期物业服务，业主委员会还未成立，第30、31、35项超出了物业企业的能力范畴，属于不现实期望，应当做好解释工作，取得业主谅解。

步骤4：消除差距2，即管理者对客户期望的认知与将认知转化成服务标准之间的差距。从图12-7中可以发现，差距2的问题也相对较多，说明该公司在保洁、保安、工程的服务设计上存在缺陷。

建议措施：①调整优化原先的服务设计，修改保洁、保安、工程服务的作业流程和规范，尤其是调整保洁的服务频次，确定保洁的操作步骤以及外墙清洗的时间，修改访客作业流程、公区维修作业流程；②增设服务设施，如垃圾桶、绿化标识、平板车；③确定服务承诺，公示保洁每天的频次、维修响应及时率、维修合格率；④建立针对性的服务质量测量体系。

步骤5：消除差距3，即服务质量标准与实际服务传递之间的差距。对第16、19、20、21、25项仔细分析发现，业主所提的建议针对的是保洁、保安、电梯维保，而这三个部分B物业企业都外委给了合格供应商，说明该企业在对服务类供应商的管理方面存在较大的问题。

建议措施：①加强对外委服务人员的培训，使其能够正确理解企业的服务理念，不能"一包了之"，物业企业打造的是服务交付体系；②建立有效的监管机制，及时纠正一线服务人员出现的偏差；③完善考核体系，对服务类供应商的流动率、服务态度、服务结果进行考核；④增加智能设备和应用新技术，增加智能化的设备，应用新技术协助车辆识别和人员识别；⑤团队建设，运用第八章的相关结论增强员工的凝聚力。

步骤6：消除差距4，即实际服务传递与和客户沟通的服务之间的差距。第1、17、24项的主要问题是信息不对称，一方面是物业服务企业没有将无形的服务显性化；另一方面是报修和付费方式单一、传统，没有采用微信小程序、线上支付等智能化方式，SERVQUAL模型中可接近性维度没做到位。

建议措施：①尽快将服务内容、标准、收费明细公示，让业主消费得明明白白；②建立多渠道报修和付费方式，采用一些新技术(如App小程序)，增强工程服务和付费方式的可接近性。

步骤7：消除差距5，即客户感知或实际经历的服务质量与自己期望的服务质量之间的差距。经过分析可知，该项目差距5这些问题产生的原因都是差距1、差距2、差距3、差距4的叠加。

在前面的措施基础上，建议：①公示物业项目团队的岗位职责；②提供业主需要的、免费的便民服务，如急救箱、商务代办服务、助老服务等，满足业主居家的一些常规需求；③增设专人负责社区活动的策划、推广、宣传、实施，切实满足客户的社交需要，让业主都能知晓并参与进来；④引导业主的期望，联合居委会开展一些座谈会、茶话会，让业主代表了解小区物业的用工情况、收支状况；⑤建立首问责任制。

在实践操作中，物业经理提高服务质量，大多数是把作业流程的要求做到位，把礼仪礼节培训好，督促检查一线员工是否做到规定的标准。应该说，这种做法是有一定效果的，但并不能确保他们采取的所有措施都有针对性，提高的环节一定就是客户所期望的。另外，他们采取的这些提高措施大部分都是碎片化的，无法系统地提高项目整体的服务质量。上述步骤围绕服务差距模型对A花园的服务质量进行了系统分析，要求服务行为必须以客户的需求为出发点，整体性思考服务质量的提高，这也恰恰体现了物业服务是服务组合的本质。本章案例选择了一个居住项目，提供的服务也是常规的基本服务，其他业态和服务类别大同小异。

提高物业项目的服务质量是一个难点，需要考虑的问题很多。本节的案例仅仅是从提高服务质量的视角进行探讨，并没有考虑实践操作中的其他影响因素。物业企业在具体运用服务差距模型提高服务质量时，要结合企业的整体经营情况、承受能力、项目的具体特点、项目的定位、建筑物所处生命周期的阶段、业主方的相关要求等多种因素综合考量。最后需要提醒的是，本章案例中服务差距的分类仁者见仁智者见智，采取的相应步骤也不一定完全正确，仅仅是提供一种分析框架和思路。

本章参考文献

[1] GHOBADIAN A, SPELLER S, JONES M. Service quality: concepts and models[J]. International journal of quality & reliability management, 1994, 11(9): 43-66.

[2] PARASURAMAN A, ZEITHAML V A, BERRY L. SERVQUAL: A multiple-item scale for measuring consumer perceptions of service quality[J]. 1988, 64(1): 12-40.

[3] WIRTZ J, LOVELOCK C. Services marketing: People, technology, strategy[M]. World Scientific, 2016.

[4] WILSON A, ZEITHAML V, BITNER M J, et al. EBOOK: Services Marketing: Integrating customer focus across the firm[M]. McGraw Hill, 2016.

[5] PARASURAMAN A, ZEITHAML V A, BERRY L L. A conceptual model of service quality and its implications for future research[J]. Journal of marketing, 1985, 49(4): 41-50.

[6] MARTÍNEZ J A, MARTÍNEZ L. Some insights on conceptualizing and measuring service quality[J]. Journal of Retailing and Consumer Services, 2010, 17(1): 29-42.

[7] ZEITHAML V A, BERRY L L, PARASURAMAN A. Communication and control processes in the delivery of service quality[J]. Journal of marketing, 1988, 52(2): 35-48.

[8] OJASALO J. Managing customer expectations in professional services[J]. Managing service quality[J], 2001, 11(3): 200-212.

[9] 仲勇. 物业服务质量提升策略探析[J]. 中国物业管理，2024，(05)：110-112.

第十三章　物业服务失误与补救

第一节　物业服务失误

一、服务失误

服务失误是指在提供服务过程中发生的任何类型的错误、失误、缺陷或问题，延迟或阻碍客户需求的满足[1]，进而导致客户的不满意。例如，卫生间的保洁人员没有按照规定的频次保洁，写字楼的客户向物业服务中心投诉"卫生间的味道太重"，对卫生间的保洁工作不满意；小区的维修工没有按照约定的时间上门维修，姗姗来迟，业主投诉"工程人员维修不及时"等。据统计，服务失误是企业失去客户最主要的原因，68%的客户因为糟糕的服务而不再与一家企业做生意[2]。

图 13-1 是服务失误后客户常见的行为。有时候服务失误尽管让客户不满意，但在容错范围内，他们通常不会采取行动，继续购买企业的服务。例如，服务提供方和客户的关系已经达到了"伙伴"关系，偶尔的服务失误，客户并不会计较，甚至会从服务提供方的角度体谅对方。如果服务失误让客户觉得烦恼或者给他带来损害，客户的反应通常有两种：一种是没有任何抱怨，直接离开选择其他企业的服务，因为他们认为不值得花时间去投诉，或者即使投诉该企业也不会听取，不会对他们的投诉采取任何措施；另一种是采取相应的行动，包括向企业的相关部门或第三方投诉、采取法律行为、口头传播该公司的负面信息，详见案例 13-1。

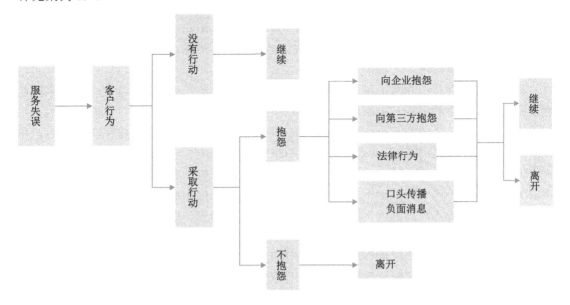

图 13-1　服务失误后的客户行为

【案例13-1】A公司发展过程中的一个惨痛教训

2023年7月，A物业公司和该市文旅局下属B单位对接，希望承接该单位年底即将竣工的文化馆项目的物业服务。B单位对本市的物业服务企业做了一下排摸，发现A物业公司在本市的市场占有率排名靠前，于是将其纳入初步候选人之一。8月，文旅局召开全系统第三季度安全会，会议间隙闲聊时，B单位的领导向其他单位咨询A物业公司的情况。这时，一位曾经和A物业公司合作过的C单位领导大倒苦水，抱怨A物业公司的服务质量如何不好，管理人员如何没有水平。事后，B单位领导班子决定将A物业公司从备选名单中去除。

原来C单位在两年前和A物业公司合作过，当年的10月份，由于A物业公司扩张速度太快，人员开始跟不上发展速度，保安人员缺岗，门岗保安一个月都是安排晚班的人继续上早班，影响非常不好，并且事后A物业公司没有采取措施予以补救。当年年底，事先没有任何沟通，C单位决定不和A物业公司续约，这件事成为A物业公司发展过程中的一个惨痛教训。

二、物业服务失误的类型

物业服务失误有以下两种类型。

第一大类是服务传递过程的失误，分单项服务失误和联动服务失误。单项服务失误是指具体某一类服务的失误，如保洁服务、保安服务等。单项服务失误可能发生在服务传递过程中，如2023年9月合肥市某区住房和城乡建设局针对辖区内一物业企业保安人员言行不规范、工作态度恶劣发出黄牌警告，要求该企业"加强员工管理，举一反三，强化各岗位员工教育培训"。显然，该物业企业的保安在和业主服务接触过程中，让客户产生了不舒服的体验，投诉到了政府监管部门。单项服务失误也可能是服务结果失误，同样是在2023年9月，福州市某小区电梯故障事件引起了大家的投诉，业主声称"这不仅仅是电梯故障的举报，更是关系到业主生活便利性的问题。该小区共有两部电梯，其中一部自去年12月起就出现故障，至今仍未修复，给业主带来诸多不便"。当然，单项服务失误还有可能是过程和结果都发生问题。

联动服务失误是指两个工种以上联动配合出现问题导致的失误，或者是交付体系中前台和后台联动发生的失误。由剧场理论可知，很多场景下物业服务需要"前后台"的相互配合、各类"角色"的通力协作，才能展现一场完美的"演出"，灯光和音效不配合，甲演员和乙演员不默契，都会降低演出效果。2023年10月的一个工作日早晨，一知名物业企业在某市的一个住宅项目的出口道闸无法抬杆，由于小区机动车主干道只能单向通行，很多私家车拥堵在小区大门口出不去。维修人员的电话迟迟打不通，一名巡逻保安无奈之下让堵在后面的车掉头逆向行驶，尝试让大家从小区入口出去。由于没有相应的应急预案，再加上入口处客服人员没有通知到位，导致从入口处进入小区的车辆和掉头逆向行驶的车辆又堵在道路上，整个小区乱作一团。维修人员和保安人员的联动失误、保安人员和客服人员的联动失误，使得该场景下业主的通行需求没有得到满足。

第二大类是服务交付体系构建中的失误，指物业企业在构建交付体系时服务设计错误或发生漏项。例如，客户在某一方面有需求，但是需求比较模糊，物业企业在最初描绘客户旅程地图时，没有仔细研究，发生遗漏，导致客户的需求得不到满足。以学校搬运服务为例，某物业企业在最初承接学校项目时，按传统基础服务的思路考虑问题，没有仔细分析学校的搬运需求，老师们每次有搬运需求时，物业经理都是随意找几个保洁人员去搬运。而保洁人员大多是女同志，很多物件搬不动，去搬运后，自己的本职工作又来不及做，导致进驻一段时间后学校反映服务人员响应不及时，服务质量一般。后来，通过对学校的搬运需求进行分析，发现企业构建的服务交付体系有漏项，没有梳理出搬运需求，同时在做搬运工作时没有针对性服务设计。物业企业在仔细分析后，发现校园内主要分为常规性搬运和阶段性搬运，针对这两种类别，企业进行了服务设计，制定了不同的服务方案，最终将问题彻底解决。

第二节　服务补救及其作用

一、服务补救

我国服务行业中，很多企业的宣传资料、官方网站中，都可以找到相关的企业文化，包含着"专注为客户提供最佳服务""打造一流的用户服务体验""用户至上、用心服务"等字眼。这些企业非常注重服务传递过程的打造，希望能给客户带来一流的服务体验，但客户期望变化和高度人为参与等因素使得服务传递过程不可能不出现失误。很多时候客户对服务失误本身并不一定特别在意，他们在意的是企业在失误后的反应。一系列的服务补救行为，如解决问题、安抚客户的情绪、让客户感受到尊重、确保类似问题不再发生等，不仅是服务失误后企业应该具备的一种姿态，也是其所构建的整个服务交付体系的重要组成部分。

服务补救是指识别服务失误、有效解决客户问题、分析根本原因，将分析的数据与其他绩效指标相结合去评估和改进服务系统的管理过程[3]。服务补救是由一系列活动构成的管理过程，目的并不局限于弥补客户未满足的需求，还包括借助从服务失误及其后果中提取信息和问题分析，重新评估企业构建的服务体系是否存在系统性问题，努力加以改善，以此来推动组织的持续改进。案例2-1中，科瑞物业在巨人生物科技产业园服务失误后，引发了该企业管作分离的组织变革。企业负责人要求管理团队把主要的精力放了解业主方的需求上，找寻出他们主要的烦恼，主动提出后勤解决方案，同时和专业机构合作共同为业主方解决或提供服务[4]。服务失误后，通过反思引发了观念的转变，从而驱动管控方式的转变，科瑞物业完成了一次华丽的转身。

二、服务补救的作用

(1) 挽留客户。有些客户在服务失误以后不会跟提供方讲什么，他们会直接选择其他的服务供应商，这时如果企业意识到问题尽快予以补救的话，很可能会挽回客户。要知道，吸引一位新客户的成本是留住一位老客户成本的5~10倍[2]。有效的服务补救不仅可以让客户的需求得到满足，还能让客户体会到他在对方心里的重要性，这种尊重需求的满足加上补救得当，通常可以使客户回心转意。在案例13-2中，D保洁公司一系列的服务补救措施，不仅挽留了甲方，而且系统提升了公司的整体服务品质。

【案例13-2】D保洁公司成功服务补救挽留了客户

2023年7月，某物业公司新接了一个活动中心项目，前期物业公司经过内部招标流程，选聘了一家长期合作的D保洁公司。正值D保洁公司市场拓展步伐较快，原来的区域覆盖不过来，于是D保洁公司将该业务交由项目附近的另一个区域团队管理。随着工作的逐步开展，很多问题开始暴露出来，新的区域团队不适应原来物业公司的文化，在人员编制、品质要求上和物业公司的现场团队经常发生矛盾。物业公司领导层考虑到项目的重要性，接受了现场团队的建议更换了D保洁公司，此时在项目进驻后还不到两个月。

收到通知的当天，D保洁公司的领导非常惊讶，立即开始服务补救。首先，公司负责人和物业公司的领导进行了沟通，了解解除合同的原因。同时，连夜召开项目所有人员开会，自我剖析。另外，安排熟悉物业公司情况的相关人员私下联系活动中心项目的负责人，从另一个角度了解原因。三管齐下后，D保洁公司采取如下的补救措施：①无条件配合，平稳退出；②调整管控机制，由原来的区域团队统一管理该物业公司的所有项目，避免多头指挥；③安排最熟悉物业公司文化的专人负责配合职能部门对接该公司所有项目；④对所有员工进行现场管理、人员形象、服务品质、配合度几方面的专题培训；⑤将熟悉物业公司企业文化的主管纳入到选拔小组，严把新项目负责人的选聘；⑥原则上今后从该物业公司新接的项目，其负责人从原有项目中提拔。

事后的一段时间，D保洁公司将服务补救的措施和成果跟物业公司的领导做了沟通，并保持经常性的联系。这次事件后，D保洁公司在该物业公司的项目质量普遍提高。半年后，双方在另一个项目上重新合作，D保洁公司成功挽留了客户，目前已经成为该物业公司的主要保洁供应商之一。

(2) 增进客户关系。换一个角度看，服务失误其实给了物业企业一次接近客户的机会，企业通过服务补救可以将"不利的事情"向"有利的事情"转化。在服务传递过程中，服务双方都很自然地扮演着各自的"角色"，除了常规的服务接触，一般不会涉及服务内容以外的话题，大多数客户没时间也没有意识要和物业企业坐下来沟通。服务失误后，客户要么是需求没得到满足，要么是情感体验不舒服，这时客户需要问题解决或情感上的抚慰。服务提供方如果能够把握第二次机会，及时补救到位的话，会加深客户对企业服务的印象，企业可以把客户从"熟人"关系向"朋友"关系慢慢转化。

(3) 提升服务质量。服务失误后，物业企业可以通过有效的补救从两方面提高服务质量。一是借助这次机会，跟客户深层次沟通，进一步了解其隐性期望和模糊期望，挖掘需求，更精确地加以满足，提高客户满意度；二是仔细剖析服务失误的原因，寻找自身管理中的不足，推动服务体系的改进。构建服务体系不仅仅是服务提供方的事情，它需要服务提供方和服务接收方共同打造，而这正是进一步磨合打造的契机。案例13-3中的物业公司围绕这次投诉立即采取了服务补救，不仅系统排查了有堵塞隐患的管道，调整计划更精准地服务，防患于未然，而且对所有员工进行了一次礼仪礼节培训，整体提高了服务接触的质量。

【案例 13-3】E 物业公司遭到投诉后的服务补救

2023 年 11 月，E 物业公司总部接到一位老年业主的投诉，称维修人员的服务态度恶劣，要求物业公司给个说法。事情的经过如下：两天前的中午，该老年业主向物业报修门口的污水管堵塞，污水泛到家中。物业称下午会安排管道师傅到现场，看看能否用高压水枪进行清理。下午管道工维修时，疏通设备的电瓶坏了，需要借用业主家中的插座，双方因设备用水用电产生的费用问题发生了口角。老年业主认为疏通设备产生的水费电费不应由其承担，维修人员认为谁报修的谁承担。双方各执一词，争执不下，老年业主打了 110，在警察的协调下，维修人员疏通完毕。老年业主事后觉得维修人员的服务态度恶劣，于是投诉到物业总部。

E 物业公司品管部受理了投诉，在了解了事情的原委后，采取了如下的服务补救：①由项目经理带着维修人员一起到老年业主家中赔礼道歉，并和其探讨今后的改进措施，征得其谅解；②E 物业公司给项目新购置了一台疏通器，确保能满足小区的管道疏通需求，不再借用业主家里的电源；③对小区地下污水总管、出墙管堵塞等报修频次较高的单元进行了梳理，针对这些有堵塞隐患的部位，将原来的半年疏通一次调整为每季度疏通一次；④人力资源部分批次对公司所有员工进行了服务接触时的礼仪礼节培训，并全员签署了《物业服务人员承诺书》，借此机会提升服务接触质量。

事后，老年业主非常满意，声称没想到这么一件小事物业公司处理得这么到位。

(4) 促进组织绩效的提高。服务补救是物业企业所构建的服务交付体系的一部分，所以在服务设计时就应当将其考虑进去，如服务蓝图中针对潜在失误点 F 设计的相关补救流程。它不同于接到客户投诉以后的抱怨处理，前者是管理过程，包括了一系列的主动发现和积极应对措施，后者是被动的应对。并且，服务补救要求物业企业在基于失误原因分析的基础上重新评估企业构建的服务系统，审查出现问题的环节。通过针对性地弥补漏洞，服务体系得到了进一步完善，同样的问题不会再次发生，企业的竞争力得到了增强，促进了组织绩效的提高。

第三节　物业服务补救机制的建立

一、物业服务补救机制

正因为服务补救是服务交付体系的一部分，所以需要根据物业企业的服务理念来设计，借助于精心设计、不断改进和认真执行的系统，加上迅速的行动，以及感同身受的同理心，才能实现持续良好的补救。施威克哈特(Schwerkhart)等根据时间维度，将服务补救划分为三个时间段：预防阶段，在客户不满意发生之前；当前阶段，在不满发生的时候；事后阶段，在表达不满之后的一段时间[5]。该研究结论是基于服务接触的视角，为了便于实践理解和操作，本章基于物业企业的视角做了适当改进，详见图 13-2。

同样是基于时间维度，笔者建议物业企业分三个步骤构建服务补救机制：首先是服务补救的前期准备，即在服务失误发生前所做的一些准备工作；其次是采取适当的失误补偿行为，即服务失误发生后针对受损客户实施的立即补偿行为；三是分析改进，弥补客户损失后，企业自身查找问题，举一反三，从失误中学习，改进服务系统的相关管理活动。案例 13-4 是陌生人闯入客户办公室后的服务补救，为了便于理解补救机制的建立，本文将案例的服务补救拆分为三个部分，分别对应于三个步骤。

图 13-2　物业服务补救机制

【案例 13-4】陌生人闯进园区客户办公室(一)事件背景

　　一天，某总部办公园区，一名外来人员驾驶车辆经门岗的出口通道驶入(出口通道道闸损坏还未修复)，当天正值下雨，门岗人员来不及阻拦，就通过对讲机联系机动岗前去查看。

　　该外来人员停好车后，直接步入园区 3 号楼大堂进行登记，机动岗看见其主动到大堂岗登记就没再跟进。外来人员说他是接到会议通知的参会人员，大堂岗因其车辆已进入，潜意识认为门岗已与内部工作人员确认过了来访信息，此时只是补录信息登记，因此未再详细询问，放行让其前往会议室。没想到该外来人员上楼后，直接闯入客户的办公室，而客户正在小范围商讨重要事项，造成会议中断，产生了不良影响。

二、服务补救的前期准备

　　前期准备工作是为服务失误后相关人员能够迅速实施一系列的补救行为所做的工作，内容没有统一规定，需要根据项目业态、企业文化等特性，具体情况具体分析，本章只阐述一些大致上的准备工作。

　　不是所有的服务失误都会引起客户不满，因此物业企业构建服务交付体系时应当辨析出哪些环节的服务失误容易引起客户不满，针对这些失误设计补救流程。物业企业可以从客户旅行地图中具体场景下的客户痛点入手一一辨析，这些痛点反映了他们的需求，一旦发生，很可能会引起客户的不满。物业企业还可以通过服务蓝图中的 F 点去辨析。以图 6-4 业务洽谈环节为例，保洁人员的服务内容是在客户洽谈结束的规定时间内，将用过的茶水杯或垃圾收掉，如果发生服务失误，客户往往会觉得服务不及时、感觉不舒服。这时，物业企业就需要建立相应的预防机制，如主管的定时巡检、门岗保安的提醒等。设计相应的预案，有针对性地进行服务补救，以防止服务失误后没有事先准备，导致措手不及。

【案例 13-5】陌生人闯进园区客户办公室（二）服务补救：前期准备

G 公司在最初进行服务设计时，发现在办公室场景下，客户其中一个痛点就是陌生人的闯入，打断客户正常的办公秩序。公司要求现场团队制定作业规范时，在相应章节设计补救预案，并针对预案进行岗前培训和模拟演练。同时，将该类服务失误定为二级，一旦发生必须 1 小时内上报至副总经理。

当天，物业经理听客户的行政办公室人员，说有陌生人进入 10 楼打断了重要会议，客户比较恼火，意识到服务失误发生了，于是立即上报分管的副总经理，副总经理马上启动了补救预案。

第二项工作是建立提早发现机制。很多客户在对服务不满后并不会对物业企业抱怨，他们会将其藏在心里，等到适当的时候向别人大倒苦水。这时，物业服务企业就需要做到早发现、主动发现。可以从两个方面建立提早发现机制：一是对建筑空间内的重要区域进行监控，如写字楼的主出入口、大堂等；二是对服务传递的重要时间段实行过程管控，如住宅小区的上下班高峰期、新服务刚刚开始还没有稳定阶段、新老员工交接阶段等。提早发现机制的建立，可以让物业企业迅速采取补救措施，很多时候服务失误本身带来的后果并不严重，却因为没有及时补救导致了事态的进一步扩大。

第三项准备工作是培训模拟。首先通过培训提高员工的服务意识和补救意识，知道哪些关键环节容易发生服务失误，事先予以警惕。同时让员工意识到，服务补救是满足客户需求、让客户满意的第二次机会，这个机会如果把握不好，可能会带来更严重的后果。其次，通过服务补救流程的培训，让员工不至于在服务失误后束手无策，延误时机，一旦发生可以迅速执行规范的服务补救行为。最后，提高补救能力最有效的方法是模拟服务传递过程中的情景和角色扮演。因为服务补救最终还是要通过不同层级的员工去执行，这意味着直接与客户接触的员工扮演着不同的角色，除了循规蹈矩、按部就班地按照补救流程实施以外，还必须具备变通、主动、即兴的能力[6]。

第四项工作是分层授权。物业企业针对不同类型以及引起不同程度后果的服务失误分层授权，也就是说，必须赋予物业经理、主管、班组长等不同层级员工相应的权力、责任和激励，让他们认识到、关心并关注客户的需求。与客户发生服务接触的员工是第一个发现失误的人，也是知道如何做才能让客户满意的人。良好的服务补救的关键是让物业服务人员发现失误后迅速纠正，在一定范围内自由地做出有利于客户的决定。如果失误产生后，需要层层汇报，通过物业企业的组织层级去纠正，服务补救的效率会大打折扣。

三、失误补偿措施

通过时间维度划分服务补救机制，第一个步骤和第二个步骤之间的分界点是服务失误是否发生，一旦发生则进入补救机制的第二个步骤立即实施失误补偿。物业服务的传递过程中发生了服务失误，给客户带来了不满，并且企业已经意识到问题，那么首先就是分析服务失误的直接原因。仍旧围绕案例13-4探讨，G公司的副总经理知道服务失误发生后，根据补救预案，立即安排人调取当时的监控，查找原因。

其次是分析服务失误给客户带来的后果。服务失误给客户带来的后果至少有两个不同的层面：第一个层面被称为"情感层面"——当服务体验低于客户的期望时，客户情感体验不舒服，会生气、愤怒等；第二个层面被称为"客观需求"，客户在该场景下的客观需求没得到满足，建筑功能无法实现、经济上遭受损失等。除非知道服务失误给客户带来的后果是什么，否则物业企业无法针对性地解决问题，所以所有好的补救都是从分析后果开始的，不同的后果应该采取不同的服务补救形式[7]。

再次是采取相应措施补偿客户的损失。客户如果仅仅是情感层面体验不舒服，通常的补救措施是对客户的情绪进行安抚，措施大致为：①向客户承认错误、赔礼道歉；②处理相关责任人并通报客户；③将改进措施通报客户，杜绝类似问题再次发生。如果是客观需求，那么首先就是要解决问题，措施大致为：①承担责任，赔礼道歉，满足客户需求；②给予客户相应赔偿；③处理相关责任人并通报客户；④将改进措施通报客户，杜绝类似问题再次发生。

实践中，并不是所有的服务失误都采用千篇一律的方式去解决，物业企业还应当根据给客户带来后果的严重程度去选择合适的方式。例如，客户抱怨"卫生间味道重"只需要马上改正即可，不需要赔礼道歉；而上文的投诉"保安态度恶劣"，可能道歉远远不够，需要选择适当措施用"组合拳"去服务补救。值得指出的是，我们国家的文化比较倾向于服务补救最好由高一层级的企业管理人员牵头实施，这样更能让客户看到企业的诚意，满足其尊重需求。同时，要特别注意补偿速度，客户的问题要快速解决，把给客户带来的不便降到最低，快速反应是服务补救的关键。

【案例13-6】陌生人闯进园区客户办公室(三)服务补救：立即补偿过程

G公司副总经理带领相关职能部门来到现场首先调取监控，查看事情发生的经过，并和相关人员交流，分析服务失误的根本原因。经过查看监控发现，由于前两天主要出口处的道闸损坏，虽已上报甲方，但甲方签约的维保公司还未修复，而现场的物业团队没有采取任何应对措施，还是按照原来的操作流程实施。门岗保安仍旧站立在入口一侧，出口一侧没有采取任何防范外来人员的物理措施，导致陌生人驾驶的黑色车辆从出口通道驶入，当天正值下雨，门岗人员来不及阻拦(见图13-3)。再加上门岗、机动岗、大堂岗警觉意识淡薄、联动失败，最终导致服务失误发生，触及了客户的痛点。

事情发生的直接原因：①物业经理意识淡薄，管理存在缺陷，对公司培训的服务失误置若罔闻，在出口处道闸损坏的情况下，抱着等待维修的想法，未设计防范流程；②工程主管在重要设施损坏，甲方维保人员跟进缓慢的情况下，未采取临时过渡措施；③保安队长(机动岗)未严格按工作流程执行人员车辆进出管理制度，未核实人员身份就放其进入办公楼，仅凭主观意向判断人员身份，且岗位联动培训不到位；④当班门岗未严格执行人员进出管理制度，出现问题未及时汇报给管理人员。

接着，副总经理通过熟悉的人了解客户的情况，并带领团队分析此次服务失误给客户带来了什么损失。通过打探和分析，发现客户主要是情感上的损伤，客户觉得重要会议被打断的心情很不舒服，觉得物业的日常服务不到位。经过仔细研究后，G公司采取如下补偿措施：①副总经理亲自登门向客户赔礼道歉，承诺改进服务流程，确保同样的错误不会再犯；②该损坏道闸的费用由物业公司承担，并安排人员马上维修；③对相关责任人按公司制度进行处罚，并报备客户；④对门岗进出流程重新评估，完善门岗服务流程，并报备客户，杜绝类似事情再次发生。

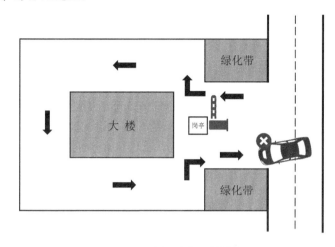

图 13-3　车辆从出口处进入

四、失误分析改进

服务补救的第三个步骤分析改进，需要进一步沿着服务失误的类型深层次剖析根本原因，是服务体系构建上的问题还是服务传递方面的问题，如果是服务传递方面的问题，那么是单项服务失误还是联动服务失误？是传递过程失误还是传递结果失误？是前后台联动的失误，还是各工种之间联动的失误？案例主要是客户办公场景下的需求没有满足，触及了客户痛点，属于第一种失误类型。新情况发生后项目经理缺乏意识、没有加以警惕，工程和保安之间没有联动，门岗没有严格执行操作流程，保安各岗位之间的联动失败。

服务失误剖析完后，物业企业应当尽快解决系统性问题，弥补管理上的漏洞，避免类似事件再次发生。单项服务失误中，如果是员工行为不当造成的，物业企业可以对员工进行重新培训，例如卫生间打扫手势不规范；如果是工具设备造成的，物业企业可以重新购置工具设备，就像上述案例中的疏通设备；如果是流程设计的问题，可以改善流程，如保洁人员会议结束后的垃圾清理，可以增加主管巡检环节等。联动服务失误中大多是工种之间的步调不一致、前后台配合不一致等问题，这时就需要企业管理层召集相关人员开会统一思想，设计联动流程、联动方式，平时定期培训和模拟演练。

接着是企业层面的举一反三。举一反三有两个方面。一是相关服务人员自身，如案例 13-4 中是陌生人的闯入，说明门岗在人员进出方面没有做到位。那么现场团队需要反思：仅仅是人员进出有问题吗？物品、材料进出有没有相应的管控？白班出问题了，晚班有没有问题？二是企业层面同类型其他项目的举一反三，这件事在甲项目发生了，会不会在乙项目发生？所以，项目上要针对服务失误举一反三，企业在其他项目上也要举一反三。

最后是建立服务失误分析系统，从失误中学习，改进完善物业服务体系。大多数企业都了解客户抱怨处理、服务补救的重要性,许多物业企业都有相应的部门、系统和程序来完成这些活动。然而,很少有企业建立服务失误分析系统,系统地收集、归类、分析各种类型的服务失误。物业企业应当借此建立以客户为中心的学习、持续改进和流程重新设计的机制,改进和提升整个物业服务体系。

【案例13-7】陌生人闯进园区客户办公室(四)服务补救:失误分析改进

经过副总经理登门赔礼道歉后,客户感受到 G 公司的诚意,原来愤怒的情绪得到了安抚。事后,副总经理牵头召集职能部门和涉事人员开会,详细剖析这次服务失误的类别和深层次的原因,分别从解决问题、举一反三、改进物业服务体系三方面采取了措施。

解决问题的措施如下:①由于原来甲方的维保人员迟迟没有维修,G 公司派出了自己的维修人员将其修复;②早高峰双人双岗时间由 7:30—8:30 调整为 7:30-9:00,项目经理、保安队长高峰期到岗协助引导车辆、登记信息,上下班高峰期园区内出口处增加立岗1人,引导车辆出行;③除出示会议通知信息、微信群中已提前预约车辆信息、办公人员提前告知,所有外来人员及车辆必须在与客户后勤主管部门或受访人电话确认后方可放行;④外来人员到访核实身份信息后,门岗需用对讲机通知巡逻岗,由巡逻岗带领前往需到访的办公室。若人手不足时,请受访部门前来带领来访人员进入,或安排客服人员进行跟进。

举一反三的措施如下:①加强门岗出入管理,所有进入园区总部办公楼的外来送货、施工车辆,门岗需安排人员跟进,必要时物品经检查后方可放行;②门岗所有队员(含夜班)重新培训门岗操作流程,淘汰不合格人员,定期对门岗进行考核;③G 公司职能部门将该案例整理好,下发《外来人员进出管理不当案例》至所有项目,要求所有项目严格对照检查,提高警惕,杜绝类似失误再次发生。

改进服务体系的措施:①将该案例纳入物业经理、保安主管、保安队员岗前培训的内容;②针对特定场景,增加岗位联动的模拟演练;③公司人力资源部编制容易发生服务失误环节的清单,作为物业经理培训教材。

本章参考文献

[1] BALIGA A J, CHAWLA V, VIJAYA S M, et al. Service Failure and Recovery in B2B Markets – A Morphological Analysis[J].Journal of Business Research, 2021, 131: 763-781.

[2] ROPER K, PAYANT R. The facility management handbook / Fourth editon[M].American Management Association,2014.

[3] SWARTZ T, IACOBUCCI D. Handbook of services marketing and management[M]. Sage,2000.

[4] 张一民. 由一个失败案例引发的观念变革——上海科瑞物业对转型升级的认识与行动[J]. 中国物业管理,2014(1):15-17.

[5] SCHWEIKHART S B, STRASSER S, KENNEDY M R. Service recovery in health services organizations[J]. Journal of Healthcare Management, 1993, 38(1): 3-21.

[6] HART C W, HESKETT J L, SASSER JR W E. The profitable art of service recovery[J]. Harvard business review, 1990, 68(4): 148-156.

[7] BELL C R, ZEMKE R E. Service breakdown: the road to recovery[J]. Management review, 1987, 76(10): 32-35.

第五部分
物业服务的发展

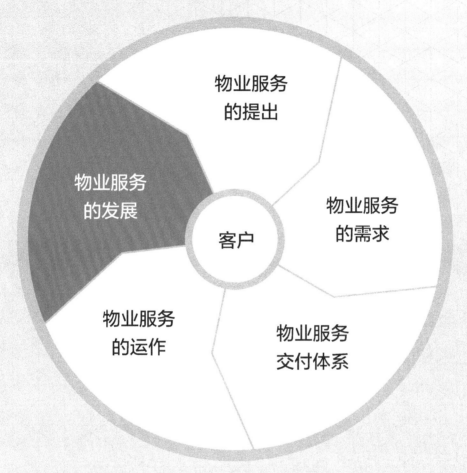

第五部分阐述了物业服务未来在新技术应用、区域化、品牌化方面发展趋势的思考。新技术的应用对物业服务传递方式的改变、对企业服务能级的提升,使得针对物业服务对象的区域统筹成为可能,而区域化运营方式会逐步提高行业的集中度,驱动物业服务企业向品牌化方向发展。

第十四章 新技术在物业服务中应用的思考

第一节 新技术与物业服务

一、新技术对物业服务的影响

物联网、人工智能、区块链等新技术正改变我们生活的方方面面，物业服务行业也不例外。中国物业管理协会于2023年对智慧物业进行了调研[1]，受调研的127家物业企业中，已建设基于PC端信息化系统的占76%，已建设基于物联网、传感器等场景的占53%，越来越多的企业希望借助新技术完善服务体系，提升服务能级。目前，我国物业企业新技术的应用大致围绕三个方面：一是建筑物的管理，如智慧消防系统、RBA远程楼宇设备自控系统、设施设备管理系统等；二是企业运营和业务管控方面，如OA系统、财务系统、停车识别系统、视频监控系统等；三是面向客户服务的应用，如业主报修系统、缴费系统、社区生活消费平台等。

新技术对物业服务的影响大致有四个方面，首先是对企业管控方式的影响。图14-1是某物业企业的智慧服务平台[1]，业务应用一栏整合了社区、商办、公共服务、增值服务等各类信息，覆盖了该企业前台和后台的数据，信息和知识的倍增以及整合改变了传统各部门上交报表的方式，使物业企业的管理效率更高、决策更科学。智能设备底座一栏将物联网、视频监控等技术相结合，使物业服务人员能够更完整和实时掌握设备设施的状况。同样以BIM技术为例，一张CAD图纸提供的是某一楼层平面的信息，而BIM可以将各个楼层和各类设备集成到一张图上，全面、立体地展现建筑物所有信息，使得物业企业的装修服务、应急管理等更加专业、精准。

其次是对物业服务接触的影响。随着微信等新技术的兴起，公众号的推送等成为物业服务企业新增加的物理接触，很多原来线下的人际接触转变成线上的虚拟接触(即服务双方通过数字手段发生的人际接触)。现在很多业主家里的水、电发生故障后，无须到前台报修，直接将故障部位和损坏的零部件拍照通过微信发给管家，约定好维修时间，工程人员根据照片上材料的型号采购后，直接上门维修，报修环节的虚拟接触改变了以前先要上门查看的线下人际接触。但是物业企业会接到新的客户投诉，反映管家经常不回微信，虚拟接触中微信不回的行为是客户体验过程中产生的新的不满意。

再次是对物业服务传递方式的影响(包括更精准地满足客户需求)。新技术的进步正改变着行业一些传统的服务传递方式，智能保洁机器人的应用就是其中之一。2022年4月15日澎湃新闻《智能保洁机器人，正式亮相汉口火车站！》中讲述了应用扫地机器人对客站传统保洁方式的改变，"这款扫地机器人不仅可以自主规划清洁路径，还可以学习并完成工作人员制定的清洁路径，可在客站保洁劳动组织优化后补充重点区域的保洁力量，其清洁效果明显优于人工"(见图14-2)。还有智能机器人巡检系统在综合管廊物业服务中的应用[2]，改变了保安服务的传递方式，有效减轻了传统人工巡检的保安人员的负担。同时，作为移动监控模式，可以弥补管廊监控系统定点监控的缺陷，进一步提高管廊监控能力。

图14-1　某物业企业的智慧服务平台

图14-2　汉口火车站的智能保洁机器人

最后，新技术催生新的服务内容。招商积余在2023年第三季度报告中披露，深化条块结合协同发展模式，基于"建筑物"的管理及基于"人"与"空间"的服务齐手抓，智能化工程稳步发展，实现充电桩及光伏等第二曲线业务有效拓展，前三季度累计接入充电桩超 2 万台，此外"招小充"商标取得注册证书，助力公司品牌战略和能源管理平台化市场发展。万物云在 2023 年的中报中披露，企业远程运营服务新增 22 个外部客户；空间远程运营服务已连接超 200 个政府及国企客户，累计在 42 个项目落地；BPaaS 解决方案服务共带来收入 6.47 亿元。这两家企业都是我国物业行业的标杆企业，从报告中可以发现，新技术不约而同地促使它们培育新的服务。

新技术对物业服务四个方面的影响只是一种大致划分，边界并不十分清晰，不是非此即彼的关系，仅仅是提供一种分类方式，本章后面的分类都是沿用这种思路。

二、物业服务应用新技术的目的

物业服务企业在应用新技术之前应该好好思考，为什么要应用新技术？新技术可以给企业自身带来什么？给客户带来什么？这几个问题回答不好，盲目应用新技术，会得不偿失。因为新技术需要企业的投入，并且还是长期的。以软件系统为例，新开发一种软件费用较高，每年还有维护费用，而一个物业项目的利润没有多少，后续软件更新时又是一笔费用。所以，笔者建议物业服务企业从两个角度思考新技术应用的目的：短期视角，即新技术可以给企业现有的服务体系带来什么；长期视角，即新技术能否促进企业服务能级的提升。

新技术的应用给现有的服务体系带来什么？首先应该思考新技术是否能更好地满足客户需求、提高服务体验，从而提高客户满意度。以物业费收缴为例，传统的收费方式要么是业主到物业服务前台去交，要么是物业员工带着 POS 机等工具上门收取，支付宝、微信等线上支付工具逐步取代了传统的收缴方式。2020 年 12 月 25 日《广州日报》报道"8 月下旬，深圳市金域蓝湾业主已完成业内第一笔通过数字人民币线上缴纳物业费的真实交易，万科物业面向广大业主的'住这儿'App 上线数字人民币支付业务至今，已有 28 笔共计 1.1 万余元物业费通过该方式完成了线上缴纳"。线上支付技术的应用，省去了业主上门缴费的时间，提高了服务传递过程中缴费环节的客户体验，让物业服务更加"可接近"。

其次还应当从物业企业自身的角度思考，盈利是企业生存的基础，所应用的新技术是否可以提高运营效率，是否可以提高企业的经营绩效？新技术应用的好处大家都能理解并接受，但投入应用后工作效率究竟提高了多少，物业企业应当专门量化新技术的效率改进。以某企业应用暖通空调维护可视化平台为例，经过数据分析，与以前的实践相比，能够将任务完成时间减少 58%，完成任务的中位数时间从 12 分 32 秒减少到 5 分 12 秒[3]，工作效率大大提高。另外，物业企业要思考有多少新增的收入或利润来源于新技术的应用，或者新技术的应用节约了多少成本。例如，某企业新的一年应用了智能配电运维系统，取代原来高压配电房传统的人工值守方式，年底统计数据显示，一年时间该技术帮助企业节约了 120 万元的人工成本[1]。

长期视角应当结合物业企业的发展战略思考，新技术是否能创新商业模式，促进企业服务能级的提升。能级是指原子、分子、原子核等在不同状态下运动所具有的能量值，这种数值不是连续的，好像台阶一样。服务能级是指每个物业企业都有一个属于其自身的网

络位置，而决定企业在社会网络中所处位置的根本因素，就是拥有社会资本的多少，社会资本越多，其影响力就越大，在社会网络中就越重要。如果物业服务企业拥有的社会资本超过其所在网络的上限，其服务能级将发生跃迁，进入到位置更高的社会网络。

2020年10月31日，万科物业发展股份有限公司正式更名为万物云空间科技服务股份有限公司(简称"万物云")。该公司声称，劳动密集型是物业管理行业一直以来的标签，效率低、不透明、服务结果难量化、人员流动大、服务标准难以持续等问题是物业管理行业传统模式的症结，对此，万物云做出了改变。相比于传统的物业管理公司，其定位是物业科技平台型公司，数字化、智能化技术驱动传统业务流程的变革，成为万物云"重塑空间效率"的基础标准[4]。显然，万科将新技术应用和企业发展战略结合起来，希望用空间科技服务取代传统物业服务，创新商业模式，提升企业的服务能级。

第二节　现有服务体系框架下需求对象的视角

一、确保建筑物功能实现方面

物业服务建筑物管理的目的是使建筑物处于安全耐久、舒适便利、资源节约的使用环境，所以新技术的应用应当促进这三方面的工作。2023年参与中国物业管理协会调研的企业中，有68.75%的物业企业建立了设备设施管理系统，功能模块高度趋同，包括台账管理、巡检管理、维保管理、统计分析等子模块[1]，有40%的企业建立了能源管理系统，这两方面新技术的应用相对成熟，文章不再赘述。本节简单探讨一下新技术在建筑物安全方面的预警和促进建筑空间的舒适便利两方面的应用。

2023年下半年，我国连续发生两起建筑物坍塌事故，说明建筑物安全方面的预警非常有必要。物业服务企业可以逆向思维，建筑物发生的安全事故有结构坍塌、火灾、浸水、高空坠物、特种设备(如电梯、机械车位)事故等，这些事故的发生和演变有一定的规律，企业应当对相应的危险源、重点区域、关键设备、参数阈值、发展态势等仔细研究分析。尤其是在事故发生前或者事故发生初期，建筑物哪些构配件的状态会发生变化，关键设备的哪些参数会发生变化，建筑空间内哪些区域的环境条件会发生变化。在此基础上，采用新技术收集特定的数据和信息，尽早发现事故苗头，将其消除在萌芽状态，降低事故发生概率或避免事态的进一步扩大。

以结构坍塌为例，可以收集建筑物的应力变化信息(结构应力监测)、振动加速度(结构振动监测)、倾斜程度(结构倾斜监测)以及裂缝情况(裂缝监测)等数据。物业服务企业针对这些信息建立相应的监测系统，将其与Web端口进行连接，可得到柱子、钢梁等承重部位的状态变化，同时设置一个监测阈值，判断数据是否超过该阈值，结合物联网、BIM、早期预警系统和云服务等新技术，对该建筑物构配件进行监测，实现建筑结构缺陷早期预警[5]。同样，以建筑物火灾为例，温湿度、氧气浓度、烟雾浓度、火焰亮度等都是重要的火灾特征量,物业服务企业可以应用物联网感、传、知、用技术架构,对重点区域和重点设备实时监控,动态分析数据,及时进行预警并发送告警信息[1]。

应用新技术促进建筑物的舒适便利,是指物业服务企业应用新技术对建筑物做适当改进,让客户在各场景能感觉到更舒适方便。舒适主要是满足客户的"五感"需求,有些物业企业在写字楼接入空气质量管理系统,利用传感器、监测设备和自动控制技术来监测、分析和控制室内空气质量,为租户提供健康、舒适的室内环境。在便利方面,有些写字楼应用新技术建立"一码通",分访客卡和员工卡。打开访客卡,系统就会弹出一个二维码,刷该二维码一方面可以进出大堂,另一方面可以打开梯控,并且该码还兼具一个卡包的功能,可以在大楼内进行消费。

二、建筑空间内使用者方面

新技术在使用者方面应用的目的就是如何更好地满足建筑空间内使用者的需求。企业可以从三个方面思考新技术针对服务交付体系的应用,分别是提高接触体验、改进现有传递方式(包括更精准地满足客户需求)、创新服务内容。

应用新技术提高客户服务接触体验,首先应当了解技术、物业服务人员、客户三者之间的接触模式,如图 14-3 所示[6]。图中五种模式在当前物业服务日常运作中都存在,从(a)到(e)客户和物业人员面对面的接触越来越少。(a)模式是纯粹的面对面接触,如客户到服务前台报修,服务员工手工填写报修单;(b)模式是技术辅助物业人员工作,如客户到前台付费,物业人员借助财务收费系统打印电子发票;(c)模式是三者同时发生接触,如写字楼的新租户办理装修手续,物业服务人员借助 BIM 模型解释管线走向;(d)模式是客户和物业员工虚拟接触,如管家通过微信收缴物业费;(e)模式是自助服务,如客户通过物业企业的自助服务平台查询信息。

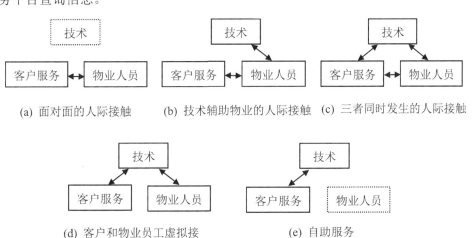

图 14-3 技术、物业人员、客户之间的服务接触模式

物业企业在服务设计时就应当考虑三者之间的接触方式。哪种物业服务类别采用哪种模式,传递过程中哪些环节应用新技术,取决于服务是否"可接近",即客户能够更方便、

更及时地获得服务。例如，微信支付程序的应用让客户节省了上门缴费的时间，客户报修系统可以让业主365天24小时报修，无须担心前台客服人员是否休息。同时，物业企业还应当考虑哪种沟通方式更有效，客户体验更好。微信的直接联系、利用微信群协同工作、公众号的节日问候等都使得客户和物业人员的沟通越来越方便，效率越来越高。新技术的进步正在改变服务提供者与服务接收者接触的方式，也使得客户对物业服务体验有了新的看法。

应用新技术改善现有服务传递过程，应当根据不同的互动方式，从SERVQUAL模型的可靠性、响应性、可接近性、能力、可信度等几个方面分别去思考。三种互动方式按照个性化程度的高低，新技术应用的程度随之从低到高(见图14-4)，尤其是低接触度、重复性的服务传递方式。IBM公司在《2024年五大趋势》中认为，"我们预计会有更多的组织引入AI来与员工协作，全天候运行的AI机器人将处理日常的重复性任务，从而让人类专注于处理更高价值的战略性工作"。

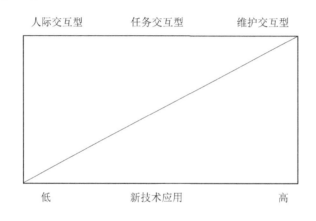

图14-4 三种互动方式新技术的应用程度

维护交互型的服务传递过程相对标准化、常规化，物业企业应当尽可能应用新技术，以增强服务的可靠性和可接近性，如自动售票机取代了人工售票服务，避免员工下班后无人售票；智慧停车系统取代了人工收费方式，可以规避人工差错；智能配电运维系统取代了高压配电房人工值守，可以规避夜间值守人员睡觉。在任务交互型服务传递过程中，非生产性活动(如餐饮服务中的收银环节)以及知识、信息管理方面可以考虑新技术的应用，以提高企业的服务能力和服务响应性。例如，有些物业企业将物联网与工单管理系统联动，通过物联网监测，当监测值超过了设定区间后会自动发送工单，服务响应时间大大提前。人际交互型服务个性化程度最高，服务接触度高，因而新技术的应用有一定的限制条件，需要具体情况具体分析。

新的服务创新或者开拓新的业务。物业服务除了确保建筑功能实现的需求外，还应当满足空间内使用者的其他需求，新技术的进步使建筑空间内使用者其他方面需求的满足成为可能，企业可以沿着这个思路尝试。有些物业企业在智慧社区建设的基础上，将信息化管理应用于居家社区养老，建立居家社区养老中心智慧管理平台，打造医生、老人、家属App，链接各类可穿戴设备，提供居住空间的养老服务。新的应用场景突破了传统的物业服务内容，使建筑空间内客户的其他需求得到满足，也为企业开辟了新的服务内容。

第三节　现有服务体系框架下企业自身的视角

一、提高服务运营方面

首先是新技术能否增强物业企业的服务能力，即企业满足客户需求的知识和技能是否提高。知识方面例如客户关系管理系统，整合软件、硬件和网络技术，对客户信息进行收集、管理、分析，帮助物业企业精确地描绘客户画像，有助于将隐性期望变成显性期望，将模糊期望变成精确期望，提高企业满足客户需求的能力。技能方面例如 BIM 技术的应用，让非工程专业出身的客服、保洁、保安等员工能快速地熟悉建筑物管道的走向、阀门的位置，碰到突发事件，可以第一时间采取专业措施，控制事态的扩大，增强紧急情况下的应对能力。

其次是应用新技术提高企业运营效率或服务效率。图 14-5 是一家物业企业 OA 办公系统的合同审批页面，原先该企业的合同流转都是通过人工，现场项目的合同管理员拿着审批表格以及合同文本到公司总部逐个部门流转，耗费纸张不说，还非常耗费人工，因为有时这个部门人在，那个部门人不在，一份合同来来回回要跑好几次。自从上线 OA 办公系统后，合同管理员不需要再跑到总部，直接在网上进行合同的流转、审批，实现了对信息资源的高效利用，极大地提高了工作效率。

图 14-5　某物业企业 OA 办公系统的合同审批页面

最后是应用新技术能提高企业的管控水平。以医疗废弃物监管平台为例，它整合物联网、二维码、智能称重、无线传输等技术，对医废的收集、入库暂存、出库交接全过程管控、全流程追溯、闭环式管理，实现废弃物重量校核、信息校核、异常报警等功能(见图14-6)，在降低人工疏忽和遗漏的情况下，还增强了企业防范医废丢失、非法处置风险的能力[7]。

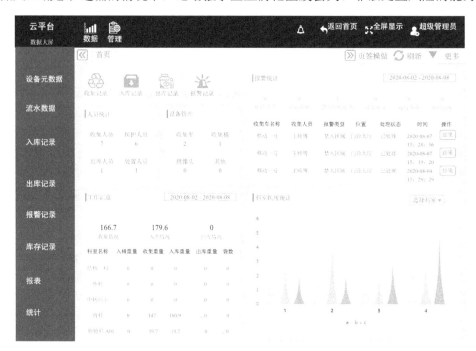

图 14-6　医疗废弃物监管平台

二、提高经营绩效方面

经营绩效方面无非就是"节流"和"开源"。首先是"节流"，新技术的应用能否降低物业服务企业的经营成本。物业服务项目的成本构成主要是人工费、材料费和能耗支出，新技术的切入点应当从这三个方面考虑。例如材料方面，卫生间智能抽厕纸的应用，创新性出纸口设计，一次自动出一张，免接触下一张纸巾，不仅每月的用纸量可节省，还能节省员工换纸的工作量(见表14-1)，并且内置无线传感器，耗材数量、电量余量随时监测。其次是"开源"，新技术能否开拓新的利润增长点，如新的服务内容、新的目标市场等，前面已有案例，不再赘述。

表 14-1　某项目智能抽厕纸和传统方式月数据对比

项　目	内　　容	传统卷纸架	智能出纸机	调整后的优缺点
配置费用	购置成本	无	2980 元/台	
	维护成本	无	有	定时电池充电；仅可购买原供应商的耗品

续表

项目	内容	传统卷纸架	智能出纸机	调整后的优缺点
卷纸使用量管控	月使用量/箱	34	31	感应出纸，长度固定；减少马桶堵塞率；减少垃圾袋更换频次和遗失率
	单价/(元/箱)	165	168	
	月成本/元	5610	5208	
	月节省用纸成本 402 元			
人力管控	月更换卷纸/次	3400	372	
	月减少更换卷纸 3028 次			

第四节 新技术促进服务能级提升的思考

当前，大多数物业企业在新技术方面的尝试和应用都处于现有服务体系框架下，但新技术的发展日新月异，物业服务行业前景广阔，企业应从长远角度思考如何借助新技术改变传统商业模式，提升自己的服务能级。这方面一些标杆企业正在积极探索，例如彩之云"彩惠人生"的探索[8](见图 14-7)、万物云走出居住空间开辟城市空间服务等。本节结合万物云的案例，融合企业技术层面、市场层面、竞争层面以及资源层面，探讨物业企业如何借助新技术创新商业模式，提升自己的服务能级。

图 14-7 彩惠人生平台

从服务能级的角度理解企业的技术层面，新技术应用就不能仅仅在现有服务体系框架下考虑，应当创新现有的商业模式，结合企业的使命、愿景、发展战略，思考新技术能否影响物业服务的产业结构，能否影响企业的竞争态势，能否成为企业变革的核心驱动力。

以万物云为例,该公司现在进场一个新项目改变了传统做法,首要工作就是数字化基础设施投入,包含 IoT PaaS、视频接入云、音视频对讲云、基于 BIM 的数字化建模等,将该项目数字化展示出来,通过应用平台集成互联,将流程、软硬件、服务人员和运营人员深度绑定,实现现场状况和远程指挥的即时联动[4],科技赋能使打破单个项目围墙的限制成为可能。

服务能级的市场层面是指新技术的应用能否突破现有的市场结构,或者进入到新的目标市场,赢得期望的市场地位。万物云的前身万科物业一直聚焦于住宅物业市场,并且以优质的服务赢得了口碑,如图 14-8(a)所示。近年来,该公司基于自行研发构建的面向产业互联网的新一代基础设施,如 Pervasive Computing(万物互联需要的普适计算)需要的云、边、端的一体化容器技术,以及重构物业产业作业流程的 SaaS 等新技术[4],进入新的目标市场,如图 14-8(b)所示。该公司 2023 年中报披露,上半年商企和城市空间综合服务收入同比增长 11.3%,AIoT 及 BPaaS 解决方案服务收入同比增长 13.9%。

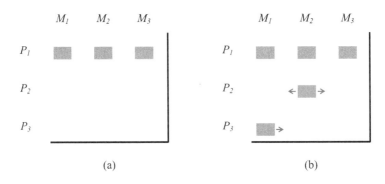

图 14-8　万物云目标市场的变化(P 为产品线,M 为目标市场)

服务能级的竞争层面是指新技术的应用是否帮助企业重塑核心竞争力,改变现有的竞争态势。核心竞争力是物业企业赖以生存的基础,它能够为公司进入目标市场提供支持,在满足客户需求方面有着重要的贡献度,同时让竞争对手难以模仿[9]。目标市场中,物业服务企业的竞争地位大致分四种:领先者(Leader)、挑战者(Challenger)、追随者(Follower)以及利基者(Nicher)。万物云用数字化方式,将城市运营服务中的岗位、设备、调度系统等连接成网络,并通过持续运营、持续开发、持续集成,以同一套运营管理标准,快速响应和处置城市服务中的任务事件,形成"线上+线下"运营闭环[10],成为目前城市物业细分市场中的领先者。

服务能级的资源层面是指物业服务企业在自身的社会网络中所能获得的社会资本,包括财富(如物业企业的经济实力等)、权力(如物业企业在行业中的话语权、供应商体系等)、声望(如物业企业的品牌价值、影响力等)[11]。物业服务企业应该思考新技术的应用能否帮助企业整合资源,提高资源利用率,拓宽企业的资源获取渠道等。以万物云的星尘空间数字孪生 PaaS 平台为例,这一平台可以看作连接平台,空间里的设施、设备、资产、人、商业活动等都能接入系统,目前该平台已经连接了 96 个设备厂商[10]。万物云借助新技术整合供应链上下游以及各类生态合作伙伴,使得其服务能级的提升成为可能。

万科物业借助新技术向万物云转型,融合技术、市场、竞争、资源等多个层面,创新商业模式,服务能级大幅度提升,赢得了资本市场的青睐。技术、市场、竞争、资源等层面并不是割裂的，某一方面的提升谈不上服务能级，物业企业应当将这些层面和新技术应用融合起来考虑，才有可能实现企业质的飞跃。值得提醒的是，服务能级的内涵很广，涉及的层面很多，不仅仅局限于上文探讨的四个层面，本章仅提供一种思考路径，并不十分准确。

第五节 物业服务企业新技术应用的建议

物业服务企业在应用新技术时，千万不能盲目上马，尤其是投资比较大或对现有业务流程有较大影响的。这些新技术在具体实施时应当仔细分析自身的发展阶段、竞争态势、经营状况、商业模式、人才结构等内外环境，在此基础上思考企业希望借助新技术实现什么目标，然后从现有服务体系和服务能级两个层面寻找可以切入的环节，防止"今天做的事给明天带来障碍"。案例中 A 物业公司就是因为跟风，导致新技术应用失败，交了一笔昂贵的学费。本章从管理层面和技术层面对这些新技术的应用提出一些建议。

【案例】A 物业公司盲目探索智能化的失败

随着大数据、云计算等新技术的普及，数字化、智能化转型受到各行各业的青睐。2018 年，A 物业公司领导到 B 施工单位参观，看到 B 施工单位信息中心的综合智慧大屏幕能实时展示施工现场的状况，提高了施工管理的效率，非常感兴趣。当时正值 A 物业公司亟待转型，对智能化应用满怀憧憬，在未充分摸排市场信息及实际需求的情况下，盲目与给 B 施工单位开发软件的科技公司签订合同，为 A 物业公司开发一套智慧管理云平台。完成后，A 物业公司投入大量的人力、物力在高档住宅、办公楼、学校等项目的工程条线、保洁条线、保安条线进行尝试。

正式使用过程中，该系统软件、硬件方面的问题逐步暴露，出现了设备老化、系统不稳定等情况，操作的项目人员均表示体验不好，增加工作量的同时难以优化原先的服务流程，对该系统存在抗拒心理。考虑到后期投入成本高，且该科技公司主营建筑施工领域，对物业行业不熟悉，即使二次开发系统也不一定有成效。为了避免损失的进一步扩大，经综合考量，A 物业公司放弃了该软件的推行。

开发软件的科技公司不是很熟悉物业服务行业，A 物业公司也没有提出明确的需求，照搬了一个软件，最后发现企业的各项服务无法和软件融合，导致智慧平台变成了一个摆设，直至弃用。

一、管理层面

从新技术应用的大致流程看，顶层设计、投资回报、工作推进小组、培训及全面实施前的试点等几个环节值得公司领导层重视。

(1) 做好顶层设计。物业服务企业应用新技术的场景非常多，并且行业今后的发展趋势之一就是从劳动密集型向专业技术型转型，物业服务企业应该通盘考虑如何分批应用新技术，逐步实现企业的转型。这就需要物业服务企业建立起新技术应用的总体框架，做好顶层设计，在总体框架指引下分批推进新技术的应用，并且事先考虑不同时间所应用不同技术之间的相互兼容，避免形成信息孤岛。

(2) 计算投资回报率。物业服务企业在确定了应用的新技术后，首先需要估算大概投资，以及正式应用可以给企业带来多少收益或降低多少成本。如果是提高客户体验方面的新技术应用，直接收益较难计算，物业服务企业可以从客户视角思考，估算新技术应用后可以将客户满意率提高多少，或者可以吸引多少新客户，以此来权衡新技术是否应该应用，以及应用到何种程度。

(3) 成立新技术推进工作小组。有些物业服务企业推进新技术的工作人员对相关技术并不了解，而有些科技公司的工作人员对物业服务行业也不了解，导致新技术成型后，无法满足企业的实际需求。同时，新技术应用涉及企业多个部门，部门和部门之间的协调配合也成为推进过程中的难点之一。所以，物业服务企业应当由公司领导牵头，将对新技术有所了解的员工、对原有业务流程熟悉的员工、涉及的相关部门工作人员联合起来，组成跨部门工作小组，确定相关责任人和权限，制定分工和工作计划，推动各部门之间的协作。

(4) 根据人员性质建立针对性的培训。物业服务行业目前有一部分从业人员文化程度不高，有些员工年龄比较大，这给新技术的推进带来了一定难度。物业服务企业前期需要安排专人对接使用培训，不厌其烦地处理反馈每一个系统问题，缓解使用人的压力，增强其对新技术的适应能力。还可以在新技术开发时，同步建立有应用场景的培训基地，挖掘一些培训骨干，针对不同对象采取不同的培训方式。

(5) 试点成熟后再全面推行。大多数情况下，新技术的应用不应当完全推翻原作业流程，应该是对原作业流程的优化，需要一个磨合的过程。并且每家企业的情况都不一样，人员结构也不一样，这家企业成功应用的新技术并不一定适合另一家企业，同样的新技术面向的企业生命周期阶段不同，应用的程度也有所差异。所以，物业服务企业应当在一定范围内先行试点，围绕磨合期内发生的问题进一步完善，试点成熟后再向全公司推行。

二、技术层面

技术层面的问题更多体现在物业服务企业在和新技术公司商务谈判中，如目标和需求、技术性能、用户体验、信息安全等，这些环节在合同签订时要仔细斟酌。

(1) 明确目标和需求，即解决什么问题。技术层面物业服务企业首先应当分析现有业务流程和管理痛点，在现有流程基础上优化，而不是推倒重来。物业服务企业应当和新技术公司充分探讨、细化需求分析，制定需求文档，以便在选型时作为参考，确保所应用的新技术能够解决实际问题。同时选择有经验(类似成功业绩)的供应商，安排熟悉企业业务流程的人员，持续跟踪和不断完善。

(2) 新技术性能稳定。物业企业所应用的新技术在市场上应当相对成熟(有成功案例)，性能稳定。物业服务企业需要特别关注新技术的成熟度、可扩展性(自定义模块)等方面的信息，选择类似业绩好、售后服务优、信誉良好的公司，同时保留接口开放，确保后续二次开发以及与其他新技术的兼容。

(3) 注重用户体验。新技术的应用要考虑到使用人的接受程度，做到技术易用、界面友好，方便员工或客户快速上手。在实施过程中，要关注员工和客户的反馈意见，及时调整优化，提高用户满意度。

(4) 新技术的信息安全问题。应用新技术要特别注意可能带来的信息安全问题，因为它辅助物业服务企业的业务流程(如合同审批系统)，一旦发生信息安全问题，业务流程和财务运作会面临风险。物业服务企业在和供应商商务谈判时就应当沟通后续的防范措施，如完善技术防护措施，部署必要的安全产品；建立安全管理制度，对系统定期进行安全检查；强化应急管理等。

本章参考文献

[1] 《中国物业管理》杂志社编.2023智慧物业管理调研报告[R].2023.

[2] 谢军，吴晓维，汪胜. 智能机器人巡检系统在综合管廊中的应用研究[J]. 电气自动化，2018，40(2)：105-107.

[3] YANG X, ERGAN S. Design and evaluation of an integrated visualization platform to support corrective maintenance of HVAC problem–related work orders[J]. Journal of Computing in Civil Engineering, 2016, 30(3).

[4] 胡嘉琦，石丹. 万科万物云：传统物业的"蝶城"之变[J]. 商学院，2022(8)：44-47.

[5] 侯绚昕. 基于物联网技术的建筑物监测预警系统[J]. 电子技术与软件工程，2021(4)：79-80.

[6] FROEHLE C M, ROTH A V. New measurement scales for evaluating perceptions of the technology-mediated customer service experience[J].Journal of operations management, 2004(1): 1-21.

[7] 张涛. 浅谈医疗废弃物智能监管平台建设与应用[J]. 数字技术与应用，2021，39(6)：118-120.

[8] 肖剑. 彩生活：全球最大社区服务运营商的云上转型样本[EB/OL]. (2019-07-19)[2024-10-26]. https://www.sohu.com/a/328027376_384789.

[9] PRAHALAD C K, HAMEL G. The core competence of the Corporation[J]. Harvard Business Review, 1990.

[10] 万物云空间科技服务股份有限公司. 空间科技[EB/OL]. [2024-01-21]. https://www.onewo.com/16582148715853/index.html.

[11] 林南，张磊. 社会资本：关于社会结构与行动的理论[M]. 上海：上海人民出版社，2005.

第十五章　物业服务区域化的思考

第一节　物业服务的区域化

一、物业服务的区域化趋势

上观新闻 2021 年 2 月 24 日报道，"上海浦东新区物业行业以高东镇为试水样本，目前初步形成了高桥镇凌桥社区、北蔡镇动迁房、陆家嘴老旧小区等不同类型的区域化管理样本，同时全面启动曹路、周家渡、祝桥等区域化管理方案"。万物云 2023 年中报披露，"截至 6 月 30 日，集团在全国主要城市共布局 601 个蝶城，其中有 177 个标准蝶城、184 个主攻蝶城及 240 个目标蝶城"。蝶城是万物云目前的发展战略之一，是区域化的一种形式，指在 3 公里半径的地理空间内，打破传统单个物业项目的围墙，人员从单个项目变为跨项目调度，基于空间物联技术构建社区共享服务网络[1](见图 15-1)。这些实践探索都充分体现了"区域化"是物业服务行业发展的一种趋势。

图 15-1　万物云的蝶城战略示意图[1]

上海浦东新区高东镇区域化试点的成功是从需求方的角度推动的。建筑物的地理属性决定了物业服务行为受到区域的限定。同一个地区，同类型建筑物的结构、设备、设施比较相近，建筑空间内客户的生活方式、行为习惯等也比较类似，需求的接近导致物业服务

内容也大同小异。尽管项目的产权方不同,但地理因素使得需求方的交易成本大大降低,经常会发生某物业企业由于 A 项目做得好,邻近位置的 B 项目业主方看到了,邀请该企业接管 B 项目。

万物云蝶城战略的成功是从供给方——企业的角度推动的。同一个地区,物业企业的外部环境相对类似,利益相关者、属地政策、文化习俗等都比较接近,为企业区域化拓展创造了客观条件。这样一来,在一定区域范围内,原来单个项目的固定成本可以分摊到区域内的多个项目,物业服务企业便于形成规模经济,以万物云坂田街道为例,区域化后 2022 年上半年毛利率较去年同期增长 9.6 个百分点[1]。同时还可以提高资源的利用效率,原来单个项目有些岗位员工的工作量并不饱和,尤其是工程服务人员,区域化后可以统筹安排,实现人、财、物的资源共享。

建筑物的地理属性促使物业服务行业需求端和供给端都有"区域化"的设想,可以预见"区域化"将会成为我国物业服务行业发展的主要趋势之一,是物业服务"万花筒"未来在我国结出的另一硕果。

二、物业服务区域化的优势

物业服务行业推进区域化最大的优势就是实现资源共享。《卓越绩效评价准则实施指南》中将资源分为人力资源、财务资源、信息和知识、技术、基础设施以及利益相关者,这些资源的共享使得物业企业的运营效率和经营绩效大大提高,从而推动企业服务体系的优化和服务能级的提升。

以人力资源为例,通常一个物业服务项目的特点是,进场初期由于要导入企业的服务体系,各类工种非常繁忙,承接查验、交接、培训、熟悉现场等需要大量人手。等到项目步入正常运作期,各服务岗位的工作量逐步稳定,项目特性基本了解,有些岗位的工作量会趋向不饱和,这时容易产生人浮于事的现象。区域化的推进可以克服传统物业服务模式的弊端,以工程维修为例,原来单个项目一天的维修量可能只需要 4 个工时,现在区域内多个项目,维修量相应增加,提高了这些岗位员工的劳动生产率。人力资源共享还体现在区域内辅助性岗位的合并,提高了物业企业的经营绩效。以行政内勤岗为例,这些岗位一般从事采购、财务、人事、档案等辅助性工作,区域整合后,这些辅助性岗位的合并可以降低项目的固定成本。

以信息和知识资源为例,区域内每个项目团队的特点不一样,有些项目工程服务能力强,有些项目会务服务能力强,区域化后培训工作的统一推进,原来单个项目拥有的知识和技能在全区域分享,单个项目的优点可以推广复制到全区域。同时,这种共享使得专业化的"条线监管"成为可能。条线是指具体的某一类服务,如保洁服务、保安服务等。区域团队可以成立条线监管小组,单项服务相对优秀的员工可以成为小组成员,定期对区域内所有项目的条线工作培训、督导、检查,提高区域整体服务品质和服务能力。

区域化推进还有一大优势是激励员工。项目化运作时,很多员工长年累月固定在一个项目,天天面对同样的人和事,一直做同种业态的产品,时间一长会逐渐失去工作热情,并且自身技能也得不到提升。区域化推进需要物业服务企业进行组织架构调整,区域内各岗位工作重新设计,岗位工作扩大化、内容丰富化、技能多样化,提高员工的积极性。工作扩大化是指同一类工作横向合并，如原来的项目行政工作变成了全区域的行政工作；内容丰富化是指不同类型的工作合并，如有些项目经理需要兼任区域的条线经理；技能多样化是指员工需要掌握不同的技能才能完成任务，如原来单个项目可能没有中央空调系统，现在区域内的其他项目有，员工就需要掌握空调技能的相关知识。区域化整合后，跨项目运作使得员工可以接触到不同的产品业态，接触到不同的人和事，工作有了新鲜感。

第二节　物业服务区域化推进

一、物业服务区域化推进的总体思考

区域化是物业服务行业未来的趋势之一，但未必适用于每个物业企业，本节结合一些企业区域化实践后的经验教训进行初步探讨。和万物云的"蝶城"有点类似，本节探讨的区域化是指一定地域范围内所有单个物业项目整合成一个区域，统一管理，不分产品业态。其目的是为了实现资源共享，优化物业企业内部资源配置，推动服务体系和服务能级的提升，并不是整体推翻原有的服务交付体系，面对项目客户端的服务传递过程并没有改变。

区域化推进首先需要建立起整个区域的视角，打破单个项目建设规划范围的限制，摒弃过去以项目化视角去看待物业服务。为了便于理解，本节结合 A 物业公司 B 区域的整合，对企业如何推进区域化做一些探讨。为了促进企业的新一轮发展，A 物业公司决定组织变革，由原来的管控方式项目化向区域化转变，以一定地域范围内体量最大的重点项目为中心，基于路程时间(自行车骑行 20 分钟以内)、收入等指标将周边项目整合在一起组建若干个区域服务中心，重点项目的项目经理提升为区域经理，B 区域就是其中之一，其项目地图如图 15-2 所示。

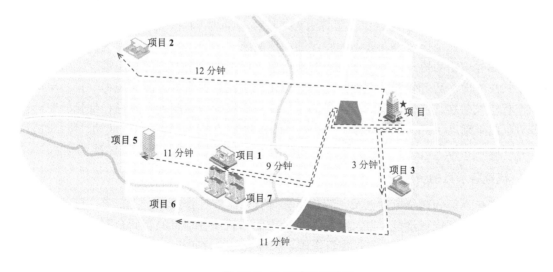

图 15-2　B 区域项目地图

A 物业公司在整合 B 区域前,七个项目的大致情况如表 15-1 所示,3 个机构物业、2 幢办公楼、1 个工业园、1 个商品房小区(包括约 8300 平方米社区商业),全部处于正常运作期。B 区域体量最大的非居住项目为项目 4,一幢 50 000 多平方米的办公楼,是该物业公司的示范项目之一。A 物业公司将其确定为重点项目(图中用红色"★"标注),围绕它构建区域服务中心。项目 7 为一个约 14 000 平方米的商品房项目,物业公司将其作为该区域的次重要项目。项目 4 到其他六个项目骑行时间都在 15 分钟以内(见图 15-2),七个项目属于同一个街道管辖,按照管理现状将各项目的服务内容梳理如下:①前台服务;②会务服务;③保安服务;④保洁服务;⑤工程服务;⑥绿化服务;⑦餐饮服务。

表 15-1　B 区域所辖物业项目基本情况

类　型	项　目	建筑面积 (约 平方米)	服务内容	人员配置/人
机构物业	项目 1	14 000	②　③　④　⑤　⑥	46
	项目 2	5 450	②　③　④　⑤　⑥	19
	项目 3	3 000	①　②　③　④　⑤　⑥　⑦	14
办公楼	项目 4	51 000	①　　　③　④　⑤　⑥	52
	项目 5	12 000	③　④　⑤　⑥	13
园区	项目 6	21 000	①　　　③　④　⑤　⑥	22
住宅	项目 7	住宅: 135 000 商铺: 8 300	①　　　③　④　⑤　⑥	63

二、物业服务区域化推进的步骤

1. 物业服务对象分析

物业服务对象分析主要包括客户需求、客户特征以及建筑物特点,从区域视角分别梳理出共性和个性服务内容。以客户需求为例,就是前面服务设计中梳理出的物业企业需要提供的服务内容,例如 B 区域保洁服务内容包括楼层保洁、私区保洁、专项保洁、地库保洁、垃圾库房、外围保洁等,其中地库保洁、垃圾库房等为共性服务,私区保洁为个性服务。再比如建筑物的梳理,每个项目都有配电房,但不是每个项目都有避难层,那么前者就属于共性方面,后者就属于个性方面。区域化推进在共性服务方面的统筹安排和单个项目运作有较大差别,这样梳理的原因是为了后续对原有的资源配置方式进行优化。在分析服务对象的基础上,整合各项目特点,从区域的视角建立客户喜好、需求波动、重点位置、重点时间段、容易失误环节等反映区域特性的清单,为制定区域运营制度做准备。

2. 梳理各项目的资源

首先是按层级和岗位梳理人员,管理层如项目经理、运作经理、主管等,操作层如前台接待、门岗、楼层保洁等。其次是财务资源方面,梳理各项目的合同台账,了解收入、成本、费用、员工薪酬等。接着是物资资源,如办公用的打印机、电脑,工程用的疏通器、冲击钻,保洁用的扫地机、洗地机等。信息和知识资源的梳理主要包括各项目的基本情况、任务交互型服务、人际交互型服务知识和技能等资源的整理,如 B 区域项目 4 使用的过程管控系统，项目 7 使用的物业收费系统等。还有利益相关者资源的梳理，由于项目的业态不同以及地点不同，面对的利益相关者形形色色，有些有共性，如 B 区域所有项目都是同一家自来水公司，有些不同，如每个项目的业主方等不同。

3. 区域资源整合

资源梳理完成后就应当实施整合，这是区域推进最重要的环节，财务资源、信息知识、利益相关者维护可以直接整合，主要难点在人力资源、物资资源两个方面。人力资源可以按照层级进行整合。一是管理岗位的整合，物业服务项目稳定后，有些管理岗位的工作量并不饱和，这时就可以针对这些岗位进行合并。例如，B 区域原先项目 1、项目 4、项目 6、项目 7 分别有四位客服主管，区域整合后取消了项目 1、项目 6、项目 7 的客服主管，新设立一个区域客服经理，平时驻点在项目 4，借助新技术统一管理整个区域的客服工作。二是操作岗位的整合，主要聚焦于辅助性岗位和可移动岗位，前者是指出纳、行政、人事等不直接为客户服务的内容有共性的岗位；后者是相对于定点岗位来说的，指工作位置不固定的岗位。如保安门岗就是定点岗位，该岗位位置固定；巡逻岗就是可移动岗位，位置不固定。物资资源可以采用分类整合，原来每个项目的储备物资仓库，现在可以取消，建立区域仓库统一物料和工具的管理，包括应急物资存放点也可以根据路程适当合并。

【案例 15-1】B 区域工程服务团队整合一年后的工作总结

B 区域整合前七个项目共有工程人员 18 人，区域整合后工程人员统一管理，精简到 12 人。项目经理不再直接管理工程人员，由区域工程经理统一指挥，区域化工作推进如下。

(1) 人员管理方面。经过一年的磨合，现有人员已经适应了区域化的理念，新进人员入职后第一时间接受区域化的培训，不再是项目的概念。已经解决各项目经理对驻点工程人员的工作安排问题，现在全部通过区域工程部统一调配，而不是打乱区域工程部原本的工作计划。区域工程部与项目经理之间已经协调完毕，平时通过协商解决人员调配问题。

根据工作需要，统一安排工程人员报名参加职业等级证及上岗证培训，逐步提升区域工程人员的技术水准。定期召开区域工程会议，统一思想，收集意见，布置下一阶段的工作任务。对区域工程人员进行了岗前及岗中培训，加快其熟悉工作的进程。对以前有些项目上个别能力不强的人员，平时会安排有经验的师傅定期对其单独指导，并陪同岗中实践。

(2) 巡检服务方面。巡检岗位已经整合完毕，区域工程经理每月下发计划表，巡检人员按照计划表的内容逐一进行巡检，发现问题后在微信群里及时提出，并另行安排维修或维保人员第一时间处理。经过实践发现，固定巡检人员后，时间一长巡检人员就会产生倦怠感，影响巡检质量，另外也不利于区域其他岗位人员对相互工作的熟悉。将巡检人员轮换，规定轮换频次为每月 1 人，轮换下来的人员换入其他岗位，力争区域工程人员都熟悉巡检岗位的工作要求，这样在人员发生变动时，不会造成工作断档。

(3) 维保服务方面。维保岗位分为外委维保和内部维保，限定外委公司维保时间，安排维保岗位人员对外委维保工作进行跟进。按照外委方提供的维保内容，仔细检查并督促外委工作人员维保到位，拍摄照片进行记录。内部维保方面，按照计划表定期对区域各设备机房中的设备设施进行维护保养。

(4) 维修服务方面。通过统一报修系统，区域内所有项目的报修单第一时间传送到维修岗位人员的手机里，每个人都能看见报修单，然后由管理人员和项目协调后调配人员前去维修，做到共享信息，统一调配。每月的维修工作量计入区域工程奖金的考核范围内，鼓励大家多劳多得。

4. 搭建区域组织架构

区域化整合后的管理方式和项目化运作有较大差别，主要体现在管理幅度、指挥链和职权分配上。以 B 区域为例，项目 4 的物业经理晋升为区域经理后，由原来的 4 位直接下属(工程、客服、环境、保安)改变为现在的 6 位直接下属，如图 15-3 所示。指挥链方面，A 物业公司规定，区域化整合后每个区域建立条线监管机制，某方面业务能力出色的物业经理兼任区域条线经理，条线经理负责整个区域该条线工作的培训、督导、检查，相当于"裁判员"的角色。职权分配上，原来项目经理拥有的权限全部划归区域经理，区域层面如何授权项目由区域自行决定。

B 区域整合一年半后初步的组织架构图如图 15-3 所示。可以发现，区域经理的管理幅度为 6 人，分别是项目 4 的副经理、四个项目的物业经理(项目 1、项目 2、项目 6、项目 7)、区域工程条线经理，项目 4 的副经理兼任区域客服条线经理，项目 2 和项目 7 的物业经理分别兼任区域环境条线经理和区域保安条线经理(图中兼管的岗位用双框标注)。项目 3 和项目 5 体量不大、员工人数不多，分别划归位置最近的项目 4 和项目 1 管辖，两个项目派主管兼顾。

条线管理上，除区域工程经理不兼任项目经理外，其余条线经理由物业经理兼任。操作岗位方面，绿化岗位、专项保洁岗、机动保洁岗和消杀服务全部合并，由区域环境条线经理统一管理(图 15-3 中左边的黑色方框)，工程岗位全部合并，由区域工程条线经理管辖，项目不再设置工程岗位(图中右边的黑色方框)。以专项保洁为例，原来区域七个项目的专项保洁服务是各自为政，体量大的项目单独设置专项保洁岗，体量小的项目由机动保洁岗定期定时做，区域化整合后，项目上的物业经理只负责日常保洁，专项保洁工作由区域环境条线经理统一调配，每月制订下月的工作计划。

5. 制定区域化运营的各项制度

区域化推进制度层面，原来构建的服务交付体系总体不变，只是局部微调，变化较大的是支撑交付体系的部分以及可移动岗位，所以区域化管理制度主要围绕这两方面修订。管理类制度修订的思路聚焦于资源的统筹管理，原有的单个项目的管理制度要相应调整为区域性管理，如统一人事、统一财务、统一物资等。操作类制度主要聚焦于合并后的辅助性岗位和可移动岗位，它们的工作内容和服务传递过程可能都发生了变化，需要跨项目服务，岗位职责、作业规范、质量标准、考核制度也应当相应调整。

图 15-4 是在总结 A 物业公司实践经验的基础上，给出的区域化推进方案。A 物业公司区域化推进工作截至 2023 年年底仍未成熟，依旧处于进一步深化阶段。需要特别指出的是，区域化是物业服务行业未来的发展趋势之一，市场上目前还未发现有成熟的模式，这里给出的方案只是一种探索和思考。物业服务企业在推行区域化时，应当根据自身的企业文化、发展状况因地制宜，不能照搬。A 物业公司的一些做法只是该公司按照自身的实际情况摸索推进的，并不完全合理。从该公司的现状来看，尽管区域化推进处于初级阶段，很多方面都需要进一步深化和完善，但实践下来，已经取得了非常显著的经济效益和社会效益。该公司初步解决了当前自身管理上面临的一些问题，如项目经理短缺、突发事件的应急、员工积极性不高、项目成本管控等。

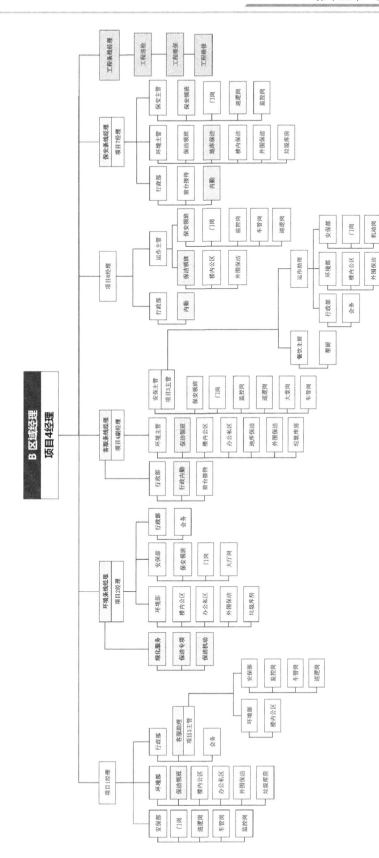

图 15-3 B 区域初步推进区域化后的组织架构图

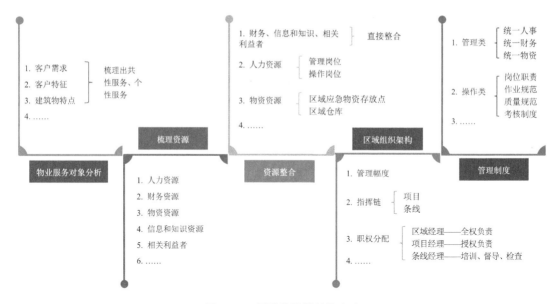

图 15-4　区域化推进总体方案

第三节　物业服务区域化推进的难点思考

一、员工从"项目化"到"区域化"的意识转变

目前我国物业服务行业中，大多数企业还是项目化运作，这种思维模式和行为习惯阻碍了一些员工接受区域化的理念。主要原因有三个：①区域化只是物业服务企业的一种探索，推进后员工对未来的角色并不确定，会产生角色模糊，从而带来角色压力；②很多员工都习惯于自己当前的生活方式和工作方式，只有迫不得已的情况下才愿意做出改变，而员工意识的改变是一个长期的过程，所以心理上有一定的抗拒；③对自己个人利益的担心，担心区域化后工作量上去了，而薪水没有改变。

物业服务企业应当通过引导和沟通，让管理层先建立起区域化的概念，在此基础上让他们做通骨干员工的思想工作，然后以点带面构建起区域化推进的工作氛围。在制定区域化推进方案时，让大家共同参与进来，一起探讨推进步骤和统筹管理方式，采纳员工的合理建议稳步推行，这样可以减少实施时心里抗拒带来的阻力。同时，建立区域化推进的奖惩机制，尤其是管理岗位和辅助岗位合并后带来的人员精简，企业的管理成本下降，利润率提高后，让员工能够共享区域统筹管理后带来的成果。

二、区域化对员工有更高的要求

区域化推进从管理学的视角看属于组织变革的范畴，通常涉及结构方面(如区域的组织架构调整)、技术方面(如工作流程的改变)、人员方面(如工作团队的整合)，这些最终都需要通过员工去实现，从而对员工提出了更高的要求。

首先体现在是否熟悉区域内其他项目的基本情况。有些跨项目的员工只熟悉自己所服务的项目，对其他项目的情况不熟悉，例如 B 区域项目 1 最初派出的兼管项目 5 的主管，对原项目的建筑物特点、安全隐患等基本情况都非常熟悉，但对项目 5 的情况并不了解，给工作推进带来了一定难度。

其次是很多员工在其职业生涯中只从事过一种业态，对其他业态不熟悉。例如项目 3 由项目 4 的保安主管兼管，项目 4 是商办物业，项目 3 是机构物业，服务内容有不少差异，尤其增加了餐饮服务，对保安主管的能力有较大挑战。这时候，带教培训就显得尤为重要。B 区域整合时为了服务好项目 3，区域经理在事先多次培训的基础上，安排有类似经验的区域副经理(项目 7 的物业经理)跟岗带教该主管整整 3 个月。

最后是对员工的知识和技能提出了更高要求。B 区域工程团队中有一位是项目 7(居住项目)的维修工，安排其做区域巡检时遇到了问题，他只有低压电工证，无法胜任高压配电房的巡检工作，这就迫使其进一步提高技能，考取高压电工证。还有就是对管理层的要求较高。以区域经理为例，以前只需要管一个项目、一种业态，整个服务体系的员工并不算多，而现在多个项目整合后，面临着多种业态，辖区员工人数是以前的几倍。同样，原来的项目经理工作量增加，需要兼任区域的条线经理，这就要求他们在具体的某一类服务上深入学习、钻研，以促进区域条线工作的开展。

三、项目工作和区域工作的平衡

这个难点主要体现在管理岗位和辅助性岗位上。以项目 7 的物业经理为例，他同时兼任区域保安条线经理，以前只要把小区业主服务好就行了，所有的工作都在建设规划范围内，现在需要跨项目对保安条线工作进行培训、督导、检查。同样，项目 7 的前台属于辅助性岗位，现在除了接待业主外，还增加了区域档案员的岗位职责。B 区域的经验是，在区域运营制度中，将他们的岗位职责分为项目工作内容和区域工作内容两部分，在每天的工作时间内留出一定时间做区域工作，总体要求是"先项目后区域"。

四、条线经理和物业经理工作矛盾的化解

在 A 物业公司区域化实践过程中，发现条线经理和物业经理的工作经常发生冲突，尤其在区域接管新项目时更容易发生。案例 15-2 是 A 物业公司另一个区域，由于双方工作发生冲突，导致物业经理辞职。这件事引起了该公司管理层对区域化推进过程中职权划分、人员调配权限、矛盾化解机制等方面的反思。

【案例 15-2】A 物业公司 C 区域条线经理和物业经理发生冲突

A 物业公司 C 区域共有 8 个项目，刚刚整合完成不久。A 物业公司新接了一个 50 000 平方米的工业园项目交由 C 区域管辖，在进场三个月内物业经理和条线经理几次发生冲突。

第一次冲突：由于是新接管项目，物业经理要求将园区内各幢楼内的常亮消防灯改为现场可控开关控制，区域工程条线经理不同意，认为整改项目应该是施工方的职责不应该由物业工程部整改，况且整改后不符合消防法的规定。但物业经理强硬要求在规定时间完成整改，这样可以节省电费，区域工程条线经理只好实施。但事后发现有误，双方互相指责。

第二次冲突：园区顶楼的电梯机房打算安装空调，送货方和区域工程条线经理联系了送货时间，送货的同时安装方也一起来到现场。区域工程条线经理这时身处其他项目，没有意识到工作日园区不能进行噪声施工，所以就同意安装。但在安装时，跟进的工程人员接到投诉，物业经理要求停止安装，但工程人员说没有接到区域工程条线经理的通知，不能停。物业经理非常恼火，直接让保安切断电源，把安装人员赶出了园区。

第三次冲突：项目在保修期内，按公司要求园区租户室内维修应当报开发商，由其通知施工单位维修，但施工单位及时率无法保证，客户经常投诉物业公司。为了提高客户满意率和物业费收缴率，针对有些爱投诉的租户物业经理要求驻点工程人员进行维修，导致工程人员无法完成区域工程部计划内的工作。上级检查时，区域工程工作受到了批评。

区域工程条线经理和物业经理因为各自的管理范围、各自的职责产生分歧，双方矛盾越积越深，甚至在大庭广众之下发生争吵，造成了不好的影响，双双被领导批评，物业经理愤而辞职。

仔细分析，条线经理和物业经理发生冲突，归根结底还是本位主义在作祟，看问题的视野都没有立足到"区域"。就像案例中区域工程条线经理只看到工程，不能换位思考，体会物业经理的感受；而物业经理只看到项目，没有和区域工程条线经理敞开心扉沟通，双方都没有跨前一步。同时，区域条线经理和物业经理的边界没有划分清楚。工程人员究竟是归条线经理管，还是物业经理管，在项目化运作环境下没有问题，物业经理全权指挥，但区域化后条线和项目的职责划分就显得非常重要。最后，还有区域化推进过程中矛盾化解机制的缺失。企业实施组织变革时肯定会产生新的问题，那么发生问题如何解决？整个案例看不到区域经理的身影，当他们发生冲突，区域经理采取了哪些行为，双方的矛盾为什么越积越深？如果有矛盾化解机制的话，事态可能不会演变到如此地步。

本章参考文献

[1] 腾讯云. 解密万物云的"蝶城"街道战略[EB/OL]. (2022-09-27)[2024-10-26]. https://cloud.tencent.com/developer/news/945641.

第十六章 物业服务品牌建设的思考

第一节 物业服务品牌及其建设框架

一、服务品牌

品牌是物业服务企业和客户沟通的桥梁，代表了企业与客户的一种隐性和无形的契约，承诺产品或服务将提供预期的结果[1]。随着我国服务业的进一步发展、物业行业集中度的逐步提高，品牌化将成为行业未来的另一个重要趋势。贝瑞认为服务品牌由品牌意识(Brand Awareness)和品牌意义(Brand Meaning)两方面构成[2]。品牌意识主要来源于企业的广告、服务设施、服务人员的外观、公司名称和标志等企业自身呈现的部分，品牌意义主要来源于客户在服务传递过程中的服务体验，而后者是服务品牌的核心要素。所以，贝瑞将服务品牌定义为"从客户视角将企业自身所描述的品牌、其他人的看法以及企业如何提供服务三方面整合起来的综合观点"。

优秀的服务品牌可以降低客户的交易成本、感知风险，释放出优质服务的信号，同时增加客户对服务企业的信任，帮助他们更好地理解和可视化他们购买的服务。以酒店行业为例，只要谈到"四季"，客户就会联想到高端奢华的顶级酒店品牌，卓越的设计、定制化的服务、待人如己法则等自然映入脑海。扬·罗比凯(Young & Rubicam)提出了品牌优势的测量维度[3]：差异化(品牌的独特之处)、关联度(品牌满足客户需要的程度)、品牌尊重(客户对品牌的尊敬程度)、品牌知识(客户对品牌的了解程度)。如果从这四个方面来衡量我国现有的物业服务企业，具备品牌优势的并不多。

二、物业服务品牌的建设框架

贝瑞的定义告诉我们，物业服务品牌不是企业创造的，也不可能完全按照企业设定的轨迹发展，它是综合各方面因素，最终在客户头脑中形成的对企业所提供服务的认知和感受。从企业希望实现的品牌形象到客户最终感知到的品牌形象，有相当长的一段路要走，需要企业科学地实施品牌建设。图 16-1 是物业服务品牌建设总体框架。

物业企业首先应当在公司战略框架的指引下确定自身的品牌策略，是公司品牌还是产品品牌，在此基础上对服务品牌进行定位。然后"双轮驱动"，一方面通过内部品牌建设让员工能自觉地实现企业所期望的品牌使命、愿景、价值观；另一方面通过外部品牌建设在客户心目中逐步建立起品牌承诺。内部品牌建设和外部品牌建设应当匹配，这样才能确保品牌实现和品牌承诺的一致性，最终实现期望的品牌定位，成为客户感知的优质服务品牌。其中，内部品牌建设是关键，外部品牌建设是辅助，图 16-1 中分别用实线箭头和虚线箭头标注。

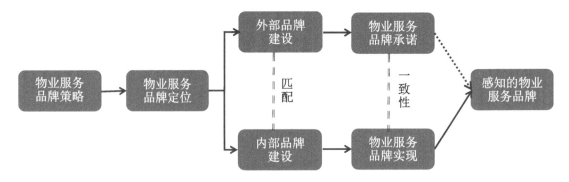

图 16-1　物业服务品牌建设总体框架

第二节　物业服务品牌策略和定位

一、物业服务品牌策略

物业服务企业品牌策略的选择大致有四种方式：品牌屋(Branded House)、合作品牌(Co-branding)、子品牌(Sub-brands)以及品牌家族(House of Brands)，如图 16-2 所示。子品牌和品牌家族主要基于产品层面，合作品牌需要看双方的发展意图，品牌屋主要基于公司层面。

品牌屋策略是指物业服务企业使用单一品牌覆盖不同领域的多种产品，这种品牌策略在我国当前物业市场最为常见。以新大正物业集团股份有限公司为例，该公司专注于智慧城市公共空间与建筑设施的运营和管理，旗下产品线包括航空物业、学校物业、办公物业、公共物业、医养物业、商住物业等，不同产品线都是使用同一个品牌"新大正物业"。

合作品牌策略是指不同物业服务企业将现有品牌整合在一起拓展市场。新浪财经 2022 年 11 月 8 日报道，美的控股下属美置服务与第一太平戴维斯在资产服务领域进行战略合作，强强联合成立一家新公司——美置第一太平戴维斯物业管理有限公司，聚焦国内整合商业物业、高端产业园物业及资产管理服务，为客户提供更加卓越的服务。

子品牌策略是指物业服务企业建立与主品牌或母品牌相关联的子品牌，每个子品牌都有其独特性。越秀服务 2022 年年报披露，该公司将居住产品分为"臻越""铂越""享越"三大子品牌，并发布各自的产品、管理、运营和作业手册，应业主的不同需求提供专业化、精细化和个性化的服务。"臻越"服务于高端居住物业，提供专业化、精细化、个性化的服务；"铂越"服务于中端居住物业，提供专业化和精细化的服务；"享越"服务于一般居住物业，提供基本的物业服务。

品牌家族策略是指该物业服务企业包括一组独立的品牌，每个品牌都能最大限度地扩大对市场的影响[4]。以万物云为例，旗下品牌"万睿科技"是空间服务的智慧化解决方案提供商，满足空间建设与运维的多种需求；"万物云城"专注于城市物业细分市场，是城市空间治理的运营服务商,以数字化管理与标准化运营承接街道与全域项目;"万科物业"专注于住宅物业市场,以技术驱动,营造健康、人本、丰盛的宜居家园;"万物梁行"聚焦于商企空间全生命周期管理服务的解决方案[5]。

物业服务企业选择何种品牌策略应当根据自身的发展战略和商业模式来确定。由于公司层面的物业服务品牌是当前我国物业市场最为常见的形式,所以本章主要围绕公司层面品牌建设来探讨。

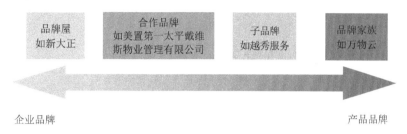

图 16-2 物业服务品牌策略选择[6]

二、物业服务品牌定位

物业服务的市场非常广阔,分散和充斥着形形色色的品牌,如何在客户心目中建立适当的品牌联想,将自身品牌与竞争对手区分开来,就需要通过品牌定位来实现。特劳特(Trout)等学者认为"定位是从产品开始,一件商品、一项服务、一家公司、一个机构,甚至是一个人……但定位不是你对产品所做的事情。定位是你对潜在客户的心态所做的事情,也就是说,你在潜在客户的心目中定位产品"[7]。由此可见,物业服务品牌定位的根本宗旨是企业希望自己所提供的服务在目标客户脑海中的认知、情感和行动倾向,所以品牌定位面向的是目标客户。

在进行品牌定位时,物业企业需要在战略框架下系统梳理和分析服务品牌的策略选择、优势劣势、市场前景、竞争态势以及客户需求。在此基础上,确定品牌的使命、愿景和价值观,以此来保证物业服务企业构建的服务体系在向客户传递利益、价值、文化和服务体验时的一致性。同时,要特别注重扬·罗比凯测量维度中的差异化和关联度,这两方面在当前我国物业服务市场相对比较欠缺。目前我国物业企业所提供的服务同质化比较严重,服务品牌若能和竞争对手有所差异,则强化了品牌的价值,可以使企业从市场竞争中脱颖而出。如果关联度高的话,不仅能满足客户必备型需求,还能提高服务传递过程中的客户体验,满足期望型需求和魅力型需求,可以增强服务品牌的黏性。

首先,物业服务品牌可以从服务产品层面定位,突出所提供物业服务的具体属性,它们是客观可测量的。例如,上海复医天健医疗服务产业股份有限公司,专注为医院提供专业的医疗支持服务整体解决方案。其次,物业服务品牌可以从服务产品利益层面定位,即给客户带来他所期望的利益。例如,同城即时速递服务——"闪送",解决客户"急、忙、懒、难"的困惑,一个闪送员全程只服务一个客户,直接从取件点送达指定地点,无须中转或分拣,这种服务模式确保了递送的时效性、确定性和安全性,还能提供各种专属化服务。最后,物业服务品牌可以从文化、信仰、价值观等抽象层面定位。例如,江森自控(Johnson Controls),其定位是智能建筑领域的全球领导者,创造安全、健康和可持续的空间。

第三节　物业服务内外品牌建设[8]

一、内部品牌建设——品牌实现

物业企业内部品牌建设的目的是寻求将服务品牌内化，以便员工更好地实现品牌对客户的显性承诺和隐性承诺。第十二章介绍过，客户感知物业服务的质量包括服务传递过程的质量和服务结果的质量，客户是在传递过程中逐步对企业所呈现的品牌形象产生概念，其中物业员工的意识、态度和行为至关重要。物业服务通常以年为服务周期，日常工作比较琐碎，每天会碰到不同的人或事，员工面临着各种角色压力。要想始终如一地向客户提供服务品牌承诺，仅靠填鸭式地灌输品牌概念是行不通的，企业应当通过内部品牌建设让员工从内心接受品牌定位，认同品牌文化，行为上自发支持品牌的实现。内部品牌建设大致有五个方面的工作，如图16-3所示。

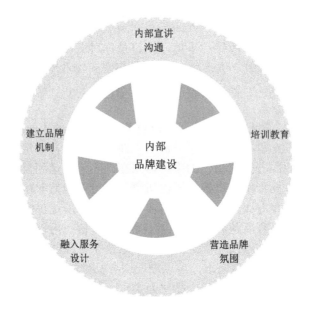

图 16-3　物业服务企业内部品牌建设

1. 内部宣讲沟通

内部宣讲沟通是指和员工阐述、解释、沟通物业服务品牌。首先让员工在脑海里建立起品牌的概念，物业服务行业是我国城市化进程的产物，很多从业人员以前并不从事物业行业，更没有服务品牌的概念。通过宣讲让大家知道服务传递过程中自己的态度、言行举止就是企业品牌的展现，服务品牌和企业的市场竞争、客户口碑关联在一起。其次，对品牌化达成共识，让员工理解企业的行为，提高个人接受度，员工/品牌关系的强弱和他们对品牌相关行为的表现主要是由员工个人的接受度驱动的[9]。再次，和员工沟通品牌建设的相关工作，分享所构建物业服务品牌的内涵以及品牌产生背后的研究和思考，倾听大家的建议，让员工体会到自己是"品牌建设者"的角色。除非员工理解并相信品牌，否则他们不会感受到自己是品牌的一部分，更不会心甘情愿将其付诸行动[2]。最后，应用期望理论描绘优质服务品牌成功建立后，企业在客户心目中的品牌形象，让员工知晓品牌化过程能给自己带来什么，这是提高个人接受度的另一个关键。

需要注意的是，企业的内部宣讲应当通俗易懂，采用员工容易接受的形式，如宣讲视频、品牌故事、品牌案例等，因为目前我国物业一线从业人员的文化程度并不高，过于专业晦涩的表达，员工难以理解。在案例16-1中，A公司并没有真正理解品牌建设，领导层的意图在层层推进时完全变了味，最终变成了直接让员工背品牌管理的相关概念，和品牌实现的初衷南辕北辙。

【案例16-1】A公司让员工背品牌管理的相关概念

A公司为了扩大品牌影响力，提出了"品牌价值提升"的战略设想。在经过一系列准备工作后，该公司不同层面分别采取相应措施推进品牌管理。

公司层面：该公司领导层召集中层干部开会，宣讲公司品牌的内涵，以及公司品牌建设的重要性，同时下达品牌建设任务。

职能层面：公司人力资源部制作品牌培训资料下发到部门和项目，要求大家在各种会议和培训中不断强调品牌意识，知晓公司品牌的相关概念。

项目层面：物业经理将公司品牌的相关概念做成小卡片，让每个员工背诵，并在晨会上抽查背诵效果。

一段时间下来，该公司领导层发现收效甚微，整个品牌建设仍停留在喊口号"大家要有品牌意识"的阶段。

2. 培训教育

培训教育的内容主要包括两个方面，一是培训和品牌相关的知识概念，如物业企业的品牌战略、品牌标识、品牌意义等；二是履行物业服务品牌承诺所需的态度、技能、知识，如服务传递过程中员工的作业流程、规范、礼仪等。前者立足于理论视角，后者立足于实践操作，后者是内部品牌建设的核心，是提高服务传递过程中客户体验的基础，员工如果不具备满足客户需求的技能或者服务传递过程中态度不好，其他品牌建设工作做得再好，只会适得其反，让客户觉得企业夸大其词、不讲诚信。

物业企业的培训对象通常包括自己的员工和供应关系企业的员工。供应关系企业是指物业服务企业的供应体系，这是内部品牌实现时的一个难点，往往也容易被忽略。物业企业构建整个服务体系为客户服务，供应关系是重要的子系统，服务品牌实现的成功与否，很大程度上要看供应关系的品牌化效果。尤其是服务类的供应商(如保洁公司、保安公司)，它们是独立的经济组织，有着自己的企业文化和价值观，物业公司希望他们能够理解自己的品牌内涵，并发自内心地去践行，这个思想转变有一个过程。如果物业企业对其再有内外之分，服务品牌的实现很可能会成为空谈。针对供应关系品牌建设的举措参见第九章。

3. 营造品牌氛围

营造品牌氛围是指创建和品牌建设相匹配的内部氛围。氛围是企业内员工所感受到的整体气氛，是物业员工对企业内部工作环境、满意度、领导力、团队合作和企业文化的集体感知。企业应该营造积极推进品牌建设的工作氛围，如对员工表现出的促进品牌建设的行为进行奖励；建立起关于品牌建设的上、下沟通渠道，倾听品牌工作的意见；整理品牌故事、品牌案例以及典型人物，在企业内部宣传；举办一些品牌研讨会、品牌设计比赛等活动，引发大家的共同参与等。

4. 融入服务设计

物业服务设计过程中内部品牌建设是为外部品牌建设做准备的，是向客户呈现企业品牌形象的紧前工作。首先是品牌形象设计，这是服务设计的组成部分。其次是将和品牌相关的工作融入整个物业服务设计过程，如客户旅行地图中哪些场景涉及服务品牌接触，服务蓝图中可视线上方哪些需要品牌展示，标准作业程序(SOP)中哪些工序涉及客户体验，构建服务体系时都需要仔细梳理。

5. 建立品牌机制

物业服务企业的品牌机制由两部分构成：一是品牌运作，二是品牌考核。客户感知是对整个服务体系的认知，所以品牌建设不是物业企业某一个部门的事，它涉及企业前后台所有部门，人力资源、公司财务、技术部门、运营部门、项目现场等——所有这些都在客户对品牌的认知中扮演着重要角色。一方面，企业应当成立由公司领导负责的跨部门品牌建设小组，将相关部门负责人纳入其中，同时建立专门的品牌运作部门，从事品牌的具体工作，如制定品牌指南、品牌形象设计、品牌宣传、品牌推广等。另一方面，企业应当将品牌化的相关指标纳入绩效考核体系，如品牌标识使用是否规范、是否有损坏品牌形象的行为等。

二、外部品牌建设——品牌承诺

物业服务企业外部品牌建设是将隐性的物业服务显性化，是建立和保持客户品牌关系的关键——品牌承诺的过程。企业希望实现的品牌价值、员工服务态度、信念、行为风格等通过外部品牌建设展现到客户面前，外部品牌建设大致包括品牌识别、营销沟通、客户体验、情感联系、品牌评估等几方面，如图16-4所示。

1. 品牌识别

品牌识别是指物业服务企业设计的区别于其他企业的对外有形展示，包括品牌名称、品牌标识、服务设施、公司网站、宣传语、员工服装等。物业企业对品牌的有形展示一方面可以让客户感觉到服务的专业性，有助于提高企业的整体形象；另一方面让客户建立起视觉上的印象，为客户购买物业服务时能够联想到自己企业的品牌提供线索。物业企业品牌识别需要考虑公司设计的品牌标志是否符合目标客户的特征，能否将服务定位时期望的差异化突显出来，并且在多大程度上容易被识别、被客户记住，容易产生品牌联想。

2. 营销沟通

营销沟通是指物业服务企业通过一定方式和客户沟通品牌价值以及建立客户关系。当前我国物业服务市场中部分企业的营销沟通存在一些问题：①缺乏有效的营销方式，手段比较单一，大多借助的是协会举办的展会、企业的公众号、公司网站等；②营销沟通的目标受众不明确，物业企业客户类型较多，不同业态面对的客户类型不同，营销沟通的对象针对性不强；③同一家公司不同渠道传播的沟通内容不一致，导致混乱的物业企业形象，期望的服务定位和客户心目中的形象发生错位；④过多依靠服务项目营销，导致自己的品牌形象、品牌价值不是很清晰，不利于企业的中长期发展。案例 16-2 中的 B 公司就是因为被贴上了"学校物业"的标签，导致在拓展其他产品线时遇到困难。

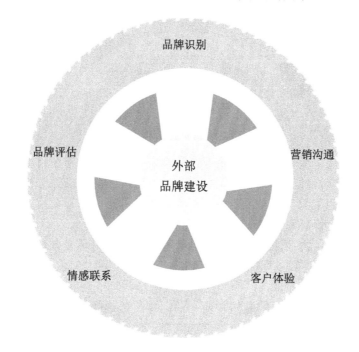

图 16-4　物业服务企业外部品牌建设

【案例 16-2】B 公司营销沟通策略带来的困惑

B 公司以前是一家规模很小的物业企业，在当地服务了几个规模不大的居住小区，公司领导层一直希望向各种类型的非居住物业拓展，做大做强。2018 年偶然的机会，该公司承接了当地有一定知名度的 C 重点中学。该公司举全公司之力用心服务，赢得了业主方的认可。公司上下很有成就感，觉得应该借此机会大力宣传。B 公司觉得自己的名气并不是很大，而 C 重点中学在当地的知名度很高，于是就定期通过网站和纸媒，宣讲 C 学校物业服务的相关事迹，逢人便宣称"某某学校是我们管的"，希望借助自己所服务项目的品牌来推广自己的服务。

一段时间下来，B 公司的营销方式取得了一定成效，当地的一些学校慢慢认可了他们的服务。B 公司学校业务拓展得较为成功后，希望拓展其他业态。没想到客户给 B 公司打上了只会做学校业务的标签，几年下来，该公司其他产品线市场拓展并不理想，领导层感到十分困惑。B公司后续分析发现，企业的营销沟通策略一直聚焦在学校细分市场上，好的是在这一条产品线上，企业逐渐打开了市场，不利的是企业并没有形成自己的品牌形象，给客户留下的印象始终是学校物业的服务企业。

物业服务企业的营销沟通，建议分为如下6个步骤(见图16-5)。

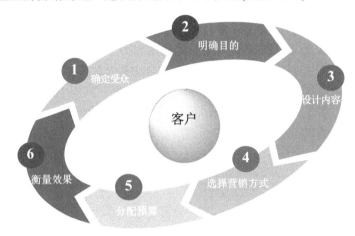

图16-5　物业服务企业营销沟通步骤

第一，确定受众。尽管物业服务企业在品牌定位中已经确定了目标客户，但他们的类型和特点不一定相同。例如，某企业正在服务一家医院，那么应该分析营销受众的对象是病人、医生、医院的采购决策者，还是购买物业服务的影响者。显然，客户特点不同，他们接受的沟通内容、营销方式都有区别。

第二，明确目的。物业企业借助外部品牌建设希望向目标受众传递什么信息：是希望他/她对物业服务感到信任？对服务体验感到满意？对物业服务员工表示理解？推广物业企业的服务？这是营销沟通的重点，恰恰也是实践中一些物业企业欠缺的。

第三，设计内容。营销内容是指物业企业向客户传递的信息内容。如安全警示标识上的内容是告诉客户在建筑空间内应该如何约束自己的行为，微信公众号上的节日问候是满足客户的情感需求，媒体上防台防汛事迹的报道是告诉客户物业员工的辛勤付出等。

第四，选择营销方式。营销方式是选择人际沟通渠道、非人际沟通渠道，还是组合营销。人际沟通渠道指两个或多人彼此直接沟通。人际沟通渠道有些是物业企业可以直接控制的，如前台向客户介绍自己的企业；有些是物业企业无法控制的，如企业服务在客户中传播的口碑。尤其是口碑影响，物业企业应当特别引起重视，很多企业承接新的业务靠的就是良好口碑，而有些企业市场拓展困难也是因为口碑不好。非人际沟通渠道是指没有人际接触的传播途径，如企业通过报纸、公司网站等。物业服务企业在选择营销方式时，应当聚焦于沟通受众和营销目的，整合各种营销手段有针对性地打"组合拳"。

第五，分配预算。物业服务企业应该量力而行，采取最有效、最经济的方式。不同的营销方式投入的费用不同，并且物业服务行业有其特殊性，并不是费用高就能取得好的沟通效果。

第六，衡量效果。前5个营销沟通步骤完成后，是否达到物业企业最初的设想，需要进行分析评估。企业可以进行直接衡量，如微信公众号有多少阅读量，也可以进行间接衡量，如这种营销沟通方式给企业带来了什么成果。

3. 客户体验

客户体验主要是指物业服务传递过程中的人际接触和物理接触给客户带来的体验感觉。由前面的物业服务质量分析可知，客户体验有两个来源：一是物业服务结果是满足了客户的必备型需求、期望型需求，还是魅力型需求，满足的需求类型不同，客户的体验也不同；二是在整个物业服务传递过程中，服务员工的态度、礼仪、行为方式等给客户带来的体验。客户体验是企业外部品牌建设的核心，只有真正经历了服务传递过程，客户才能将企业所呈现的品牌形象和自己的品牌体验结合在一起，判断物业企业是否履行了品牌承诺。从这个视角来看，提高服务质量是物业企业品牌化的根本。

例如，一家物业企业的品牌使命是"为居住社区提供卓越的客户服务和解决方案"。当客户家中卫生间台盆漏水报修后，该公司的工程维修人员按约定时间上门，态度友好、训练有素地将问题及时解决，最后有条不紊地做好落手清工作，在告知平时使用应注意的细节后，向客户礼貌告别，两天后专门进行了回访。该工程维修人员不仅帮客户解决问题，满足了客户需求，并且整个服务传递过程为客户提供了卓越的服务，客户感知的服务体验和企业的承诺一致，由此服务传递方和服务接收方产生了品牌共鸣。

4. 情感联系

情感联系指的是物业服务品牌与目标受众超越了纯粹的理性和纯粹的经济层面，在情感层面建立了联系[2]。物业服务企业可以通过帮助客户解决困难、赢得客户信任、社区活动、和客户共享价值观等方式与客户建立情感联系。2023年7月"Goddess Awakened"大秀后，耐克女性品牌副总裁韦尔登(Weldon)说："我们认为支持女性的最好方式之一就是为她们提供空间，让她们感到自己是被关注、被包容的，能感受到自己也是群体中的一员。……耐克品牌应当成为一个大平台，透过社群视角赞美和赋能女性，为她们提供自我表达和展示创造力的机会。"[10]一些国际知名公司经常会通过类似的品牌活动来促进与客户的情感联系，塑造企业的品牌文化。

5. 品牌评估

这里的品牌评估属于管理学的控制职能，并不是指品牌的资产评估，是物业企业定期对客户进行市场调查和评估，将客户对物业品牌的感知和企业的定位进行比较，以便及时调整内部品牌建设、外部品牌建设措施。例如，目标受众对物业服务品牌的认知和联想程度如何？客户对品牌的看法，即品牌的声誉如何？物业企业采取的一系列品牌建设措施市场效果如何？品牌化对任何企业来说，都是一个循环持续的过程。物业企业应当对目标客户的品牌评估结果仔细分析，然后针对性地实施改进，才有可能逐步建立起期望的品牌形象。

三、塑造品牌文化

物业服务在我国已经发展40多年，从业人员的辛勤付出，使得行业在我国城市化进程中得到了长足的发展，一大批优秀的企业脱颖而出。但企业仅仅有品牌知名度是远远不够的，我国的物业服务企业应该向苹果、可口可乐等优秀的国际品牌学习，塑造自己独特的品牌文化。文化可以帮助理解品牌，理解企业构建的物业服务体系，它为客户提供了一个强大的透镜，通过它来了解企业的底蕴、价值和传承。

品牌文化是品牌在经营中逐步形成的文化积淀，代表了企业和消费者的利益认知、情感归属，是品牌与传统文化以及企业个性形象的总和[11]。文化会赋予品牌生命，突破时空的限制，它需要物业企业在内部品牌建设和外部品牌建设中长期积累和沉淀，大致过程分为梳理、提炼、整合、认同(见图16-6)。

组织是由多个亚文化组成的，物业企业首先应当在内部品牌建设过程中，将支撑组织目标的各种亚文化的价值观和其他文化梳理出来。其次，结合使命、愿景、价值观等企业文化，和员工沟通、探讨，从中提炼出品牌文化的核心元素。通过内部品牌建设，将其融入培训环节和业务流程，并在日常服务传递过程中、亚文化中加以应用，从而建立起员工行为和品牌文化元素的联系。再次，通过外部品牌建设分享这些核心元素，尤其在和利益相关者的情感联系环节，将客户的价值观、行为风格和品牌元素整合。在此基础上形成品牌案例、品牌故事、品牌精神，通过建立共同的信仰、价值观和行为准则，逐步形成物业服务品牌文化的社会认同。

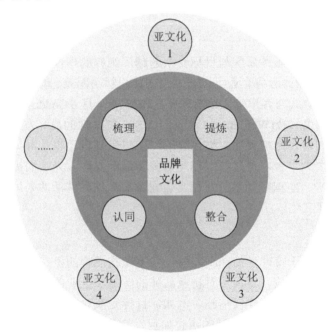

图16-6　物业服务品牌文化塑造步骤

本章参考文献

[1] DAVIS S. M. Brand asset management[J]. Driving profitable growth through your brands. San Francisco, 2000.

[2] BERRY L. L. Cultivating service brand equity[J]. Journal of the Academy of marketing Science, 2000, 28: 128-137.

[3] KIMPAKORN N., TOCQUER G. Service brand equity and employee brand commitment[J]. Journal of Services Marketing, 2010, 24(5): 378-388.

[4] AAKER D. A, JOACHIMSTHALER E. The brand relationship spectrum: The key to the brand architecture challenge[J]. California management review, 2000, 42(4): 8-23.

[5] https://www.onewo.com/about/overview/index.html.

[6] DEVLIN J. Brand architecture in services: The example of retail financial services[J]. Journal of Marketing Management, 2003, 19(9-10): 1043-1065.

[7] TROUT J., RIES A. Positioning: The battle for your mind[M]. New York, NY: McGraw-Hill, 1986.

[8] 仲勇. 物业服务企业品牌建设策略研究[J]. 城市开发，2024，(4)：110-112.

[9] KING C., GRACE D. Examining the antecedents of positive employee brand‐related attitudes and behaviours[J]. European Journal of Marketing, 2012, 46(3/4): 469-488.

[10] 耐克. 耐克携手 Parris Goebel 呈现"Goddess Awakened"大秀共同庆祝女性集体力量[EB/OL]. (2023-07-05)[2024-10-26]. https://www.nike.com.cn/goddessawakened.

[11] 张红霞，马桦，李佳嘉. 有关品牌文化内涵及影响因素的探索性研究[J]. 南开管理评论，2009，12(4)：11-18.